民族德育与
民族文化

邱世兵　著

中国社会科学出版社

图书在版编目（CIP）数据

民族德育与民族文化/邱世兵著 . —北京：中国社会科学出版社，2018.1
ISBN 978 - 7 - 5203 - 1593 - 7

Ⅰ.①民… Ⅱ.①邱… Ⅲ.①少数民族教育—德育—研究—中国 Ⅳ.①G751

中国版本图书馆 CIP 数据核字（2017）第 288505 号

出 版 人	赵剑英
责任编辑	车文娇
责任校对	王纪慧
责任印制	王 超

出 版	中国社会科学出版社
社 址	北京鼓楼西大街甲 158 号
邮 编	100720
网 址	http：//www.csspw.cn
发 行 部	010 - 84083685
门 市 部	010 - 84029450
经 销	新华书店及其他书店

印 刷	北京明恒达印务有限公司
装 订	廊坊市广阳区广增装订厂
版 次	2018 年 1 月第 1 版
印 次	2018 年 1 月第 1 次印刷

开 本	710×1000 1/16
印 张	14
插 页	2
字 数	213 千字
定 价	59.00 元

目　　录

导　论①

一　问题提出与研究意义

（一）问题提出

少数民族德育是整个中华民族德育的重要组成部分。我国有 56 个民族，各民族间的文化差异形成了道德教育对象的差异。然而，多年来我国形成了一种以汉文化为背景的道德教育模式。这一模式较少考虑各少数民族对象的特殊性，使得少数民族道德教育针对性不强、实效性差。道德教育实质上是一种文化教育、一种价值教育。在少数民族道德教育实践中，我们需要根据少数民族文化实际，将社会所要求的"思想观念、政治观点和道德规范"转换为适合少数民族传统文化的道德教育内容与形式，并采用少数民族文化易于接受的方式，建构充满文化意蕴的道德教育环境，实施少数民族道德教育。为此，本书从文化视角研究少数民族道德教育，以增强少数民族道德教育的针对性和实效性。本书的研究主要基于以下三个方面。

首先，少数民族德育实践呼唤着具有较强适切性的道德教育理论。任何有效教育活动都是在一定理论指导下进行的。而没有理论指导的教育实践是低效的。同时在理论对实践的指导中，也只有适合于具体教育对象和教育实践的教育理论才会真正发挥其对教育实践的指导作用。我国是一个多民族国家，各少数民族地区与汉族地区经济社会发展差异较大，而且各民族间的文化差异也较大。这使得少数民族

---

① 本书的"德育"概念坚持"守一而望多"的观点。所谓"守一"，意即德育就是道德教育，强调道德教育作为德育范畴的最基本的内涵；"望多"是指德育还应包括思想、政治教育等基本的内涵。

与汉族在道德教育环境和道德教育对象上有着较大差异。当前我国少数民族道德教育实践主要是以汉文化背景下的德育理论为指导的。汉文化背景下的德育理论对少数民族道德教育实践指导的适切性较低，这在一定程度上影响了道德教育的实际效果，而且德育实践强调实效，因而在教育实践中，针对文化异质性较明显的教育对象，教育者迫切需要运用与之相适应的道德教育理论。也就是说，在一般性的道德教育理论之外，少数民族道德教育实践呼唤着更具有适切性的新理论。正是在这一意义上，我们说当前少数民族道德教育实践迫切需要形成与教育对象适切度较高的道德教育理论。

其次，各民族文化自觉意识的增强需要积极探索新的德育策略。从现实看，我国各少数民族的民族自觉意识越来越强。各民族逐渐认识到自身文化的意义与价值。民族自觉意识增强需要各民族间彼此尊重，特别是文化上的尊重与接纳。少数民族德育的有效实施需要实现民族文化与少数民族德育的有机结合。在与少数民族的交往实践中，只有那些尊重、接纳、适应其民族文化的行为与活动才会得到少数民族的接纳与认可。当前我国以社会主义核心价值观的培育为主要目标的少数民族道德教育需要尊重、接纳、认可少数民族文化，以推动少数民族积极接受。如前所述，少数民族道德教育所关注的一个重要问题就是道德教育的实效性。少数民族道德教育实效的提升要注意尊重其民族文化。因此，在实践领域如何实现民族文化与道德教育的有机结合，如何实现社会主义核心价值形态的道德教育向民族文化的转换，是当前少数民族道德教育实践中的现实问题，而且这一问题对少数民族道德教育实效性的提升至为关键。所以，在实践层面探索基于民族文化的少数民族道德教育的机制、实践策略显得尤为迫切。

最后，少数民族社会主义核心价值观培育亟须探索新的路径。培育和践行社会主义核心价值观是当前我国教育宣传和政治生活的主题，也是当前我国开展道德教育的主题和核心内容。如何在我国各少数民族中培育和践行社会主义核心价值观，也是少数民族道德教育面临的现实问题。人类的一切行为都是在一定价值观支配下展开的。不同人类群体其价值观有较大差异。比如汉族与少数民族之间、各少数民族之间的价值观都有较大差异。当前我国正大力弘扬的社会主义核心价值观是从我国整体情况出发的。它既关注历史也关注现实，是在概括各类群体价值观的基础上凝练出来的。社会主义核心价值观与具体各少数民族自身的传统价值观具有一致性，但其传统价值取向和价值立场与社会主义核心价值观也具有一定差异。从文化视角探讨和发掘少数民族传统价值观与社会主义核心价值观的关系，有效培育和践行少数民族社会主义核心价值观是当前我国思想道德领域亟须解决的现实问题。

正是在上述基础之上，面对民族德育实践的现实，面对有着文化多样性的教育对象，本书在研究中着力探讨道德教育与文化的关系，着力探讨如何从文化角度开展民族德育的问题，并通过对文化视域下的少数民族道德教育研究，来探讨文化视域下民族德育的一般规律与策略。

（二）研究意义

本书的研究具有如下意义。

其一，有利于提升少数民族道德教育实效。在道德教育实践中，影响德育实效性的因素很多，但其中一个核心影响要素就是道德教育对象。因为道德教育效果的达成最终体现在德育对象对德育实践活动之道德教育要求的接受与践行。道德教育是一项关于人的教育。道德教育目标的达成必须考虑教育对象的特殊性，并根据教育对象的特殊性运用适合德育对象的方法、营造适合德育对象的德育环境、选取适合德育对象的道德教育内容等。从文化视角探讨少数民族道德教育，就是强调教育者需要根据少数民族道德教育对象的文化差异，针对不同对象，选取适合德育对象文化的道德教育内容，运用适合教育对象文化的方法，营造适合德育对象文化的德育环境，有针对性地开展思想道德教育，以增强道德教育实效。

其二，有利于促进少数民族道德教育的反思与进步。我国有56个民族，据2010年全国第六次人口普查，汉族人口占全国总人口的91.51%，少数民族人口占全国总人口的8.49%。虽然少数民族只占较小比例，但分布较广，而且大多生活在边远地区，其社会发展程度与汉族地区有一定差距。可以说，我国 55 个少数民族的道德水准和精神面貌也是社会主义精神文明的重要指标。在我国，只有少数民族思想道德素质也有了较大提高，社会主义精神文明建设的目标才能够最终达成。然而，由于受我国过去思想道德教育工作模式的影响，我国少数民族的道德教育较少考虑民族文化因素，也较少考虑道德教育对象的特殊性。这使得在少数民族道德教育领域，我国德育工作者虽然很努力，但效果仍不令人满意。本书提出从文化视角探讨少数民族德育。这一思路和视角对于反思我国少数民族思想道德教育存在的问题，探寻少数民族思想道德教育的出路具有重要意义。

其三，有利于探求少数民族道德教育的新方法。在德育实践中，当德育目标和内容确定之后，道德教育的方法就成为影响德育效果的决定性因素。可以说，道德教育方法的突破是道德教育实效取得突破的重要因素。从文化视角探讨我国少数民族道德教育，不仅是为了推进道德教育实效性的提高，更重要的是实现道德教育方式和方法的突破。本书力图从文化视角探寻一种新的文化德育模式或文化德育方法。这一模式或方法对少数民族道德教育具有很强的现实意义。

其四，为少数民族学校道德教育实践提供理论依循。在当代中国，学校教育是青少年思想道德教育的主渠道。在一定程度上可以说，学校思想道德教育的成功与失败对青少年的思想道德教育有重要影响。其实，当前人们对思想道德教育的不满意主要就是对学校思想道德教育的不满意。从文化视角对少数民族道德教育展开研究，一方面为少数民族道德教育实践提供了新的分析视角，以深化对少数民族德育的认识；另一方面也会为德育理论创新寻找新的生长点，以实现德育理论的创新发展。这两者的发展都会为学校德育实践提供新的理论解释和理论指导，进而形成学校德育的理论依循。

其五，从文化视角探讨少数民族道德教育还具有学科理论意义。当前我国思想道德教育实践效果不突出，一个重要原因就是我国道德教育理论研究的滞后。从文化视角探讨少数民族道德教育的学科理论意义在于将德育学科与文化学科相结合，在跨学科研究中尝试提出一种新的文化德育范式或文化德育模式。文化德育范式不同于以往的知识德育范式或规范德育范式，更强调知识或规范背后文化内涵的教育与传播。道德知识或规范背后文化内涵或价值内涵是道德知识或道德规范的深层根据。这种文化内涵或价值内涵的教育与传播必将促进德育实践的内涵发展。

二　相关研究综述

关于本书的论题，部分研究者在很多方面做了一些颇有价值的探讨，主要体现在以下方面。

（一）关于少数民族道德教育的研究

有关少数民族道德教育的专著不多，在已有的研究中，学者们提出了许多积极有益的观点。赵志毅的《中国民族德育论纲》是少有的关于民族德育的著作。书中对民族德育的对象、任务、方法，民族德育的宏观文化背景，民族德育与宗教信仰等做了论述，对把民族德育当作一门学科来研究做了积极的尝试。另外，李资源教授的《文明的呼唤——中国少数民族传统伦理道德研究》从整体上对中国少数民族伦理道德进行了探讨，并把少数民族伦理道德与中国社会主义精神文明相结合，阐述了少数民族地区的精神文明建设问题。易小明的《民族伦理文化研究》探讨了全球化条件下伦理发展问题，并以土家族、苗族伦理文化发展为案例，研究分析了民族伦理发展的自身历史逻辑。郑英杰的《中国少数民族伦理文化通论》在探讨民族文化的基础上，探讨了民族伦理文化的基本内涵，并从社会生活、人生礼仪、民族宗教、民族节日、民族关系等维度对民族伦理做了深入探讨。王飞的《云南少数民族传统文化与道德教育研究》从六个维度对少数民族道德教育展开了探讨，即把人生礼仪文化归结为认知维层的道德教育，把生活文化归结为情感维层的道德教育，把宗教信仰文化归结为价值维层的道德教育，把节日文化归结为交往维层的道德教育，把生态文化归结为责任维层的道德教育，把禁忌文化归结为行为维层的道德教育。另外还有马进的《西北少数民族伦理道德研究》，李伟、潘忠宇的《回族伦理文化导论》等。这些成果是少数民族道德教育研究的拓荒之作，为少数民族道德教育研究奠定了基础，但这些研究少有从文化视角专门研究少数民族道德教育的。在期刊论文方面，通过CNKI 数据库检索，截至 2015 年 10 月，论文篇名中含有"民族＋德育或道德教育或伦理"或含有"'壮或满或回或苗或维吾尔或彝'＋德育或道德教育或伦理"的论文共有 700 余篇（壮族、满族、回族、苗族、维吾尔族、彝族，是人口数排前六位的少数民族）。这些研究论文中也少有专门从文化维度探讨少数民族道德教育的成果。

（二）关于文化与德育的研究

1. 关于德育文化

郭凤志在其博士论文中指出，所谓德育文化是以文化视角解读德育。他强调在世界观层面上，德育具有文化本性、独特的精神文化价值和文化力量。朱炜在其博士论文中指出，现行德育模式存在"文化性"和"整体性""联系性"缺失的问题，提出应建构一种"文化全息"式的德育模式，并对其操作方略和原则作了一系列的阐述。这些研究成果对于认识德育与文化的关系，以及从文化视角探讨民族德育具有重要价值。

2. 关于多民族、多元文化的德育问题

鲁洁认为，我国的教育是在一种异彩纷呈的文化背景下进行的，作为一种价值教育的道德教育，难以排除它与不同文化、不同价值取向之间的关联。班华指出，中华民族是由 56 个民族组成的，然而多年来在德育研究方面，基本上以汉文化的德育为对象，忽视了对其他各民族德育的研究，这对中华民族的道德建设来说是一个很大的缺陷。

3. 关于德育与文化

国外对此有多种不同的声音。针对"熔炉"理论，里普曼、布鲁克斯等指出，在所有美国人被同化后，无形中就否定了非英语国家的移民对他们的背景和出生的价值判断，其结果是加重了他们的自卑感，因此道德教育应该多元化，尊重彼此的文化差异。"熔炉"理论的守护者坚持认为，我们这个社会出现的很多问题很大程度上归因于我们没有共同的道德标准，致使今天社会成了各种相互对立的道德系统的"杂货店"。而折中派认为，既不能认为多元文化百利而无一害，也不能固守"熔炉"理论不放，一个真正的多元文化社会尽管尊重其中的文化多样性，但并不一味如此，而且它也强调社会亲和力。国外这些理论对我国多民族、多元文化的德育研究有启迪意义。今天中国如何借鉴这些理论思想推进中国民族德育研究需要我们积极探索。

（三）关于土家族及其文化与德育的研究

土家族是湘鄂渝黔毗连地带的一支历史悠久的少数民族，主要居住在云贵高原东端余脉的大娄山、武陵山及大巴山麓的 10 万余平方千米的土地上，主要分布于湘鄂渝黔毗连的武陵山地区。根据 2010 年第六次全国人口普查统计，土家族人口数为 835.39 万人，仅次于壮族、满族、回族、苗族、维吾尔族和彝族。关于土家族文化的研究，代表性的成果有：田发刚等著的《鄂西土家族传统文化概观》（长江文艺出版社）、宋仕平著的《土家族传统制度与文化研究》（民族出版社）、胡炳章著的《土家文化精神》（民族出版社）、曹毅著的《土家族民间文化三论》（中央民族大学出版社）等。这些论著从不同角度对土家族的宗教信仰、节庆礼仪、丧葬习俗、民间文学艺术做了较深入的研究。关于土家族德育的研究，主要散见于有关土家族教育研究的论著中，主要有黄仕清的《关于土家族教育问题研究》（民族出版社）、谭志松主编的"武陵地区民族教育研究丛书"（《武陵地区民族教育的历史与现状》《武陵地区民族教育调查报告》《武陵地区民族教育理论与实践》）等。这些著作力图通过对土家族历史和传统文化的剖析，弘扬土家族文化的精华，剔除土家族文化中的糟粕，提高土家族人的文化素养。在这些作品中，没有关于土家族道德教育的专门研究，没有关于民族文化与民族德育的一般关系和特殊关系的研究。

从以上关于民族德育、德育与文化、土家族及其文化与德育的相关研究看，研究者多从汉文化意义上探讨文化与德育的关系。在德育实践中，少数民族的道德教育较少考虑少数民族文化的特殊性。从某种程度上说当前我国少数民族德育与少数民族文化还存在"两张皮"现象，即道德教育的形式、内容、方法与少数道德教育的德育对象及其文化不能达到有效契合。少数民族的道德教育是整个中华民族德育的重要组成部分。道德教育实质就是一种文化教育、一种价值教育。

我国55个少数民族文化异彩纷呈、博大精深，只有从文化的角度加强少数民族道德教育的理论探讨，才会提升少数民族道德教育的实效。

三 研究思路与方法

本书遵循提出问题、分析问题、解决问题的思路，从民族学、文化学视角对少数民族思想道德教育进行研究。首先对当前少数民族思想道德状况展开调查，弄清我国少数民族思想道德教育的现实境遇和存在的问题，总结经验，提出问题，把握方向。然后从文化的角度解决当前少数民族道德教育存在的问题，并强调少数民族道德教育要植根于民族文化。接着从民族文化及与少数民族道德教育的一般关系、民族文化对民族德育的影响和制约两方面对民族德育植根于民族文化的理据展开探讨。在此基础之上，本书提出少数民族道德教育要积极融入民族文化，并形成文化自觉。最后从道德教育的内容、道德教育的方法及道德教育的环境三个方面探讨文化视角下的少数民族思想道德教育的策略。

在研究方法方面，本书以马克思主义理论为指导，按照理论与实践相结合、历史与逻辑相统一的基本原则，综合运用调查研究、比较分析、文献研究等方法展开研究。具体如下：一是文献法。文献法是搜集和分析各种现存的有关文献资料，从中选取信息，以达到某种研究目的的方法。学者及政府部门在相关研究中搜集、积累了与本书相关的大量资料，提出了许多很有价值的见解。在本书中，我们搜集了大量的相关资料和一手文献，并对相关重要文献加以分析、总结、提炼。二是调查法。调查法就是为了达到研究目的，制定一个全面计划以比较全面地搜集研究对象某一方面情况的各种材料，并做出比较、分析、综合，得出某一结论的研究方法。本书主要对武陵民族地区少数民族思想道德教育状况及其发展变化开展调查，以把握现状，弄清问题，为本研究获取一手资料。另外，本书在研究中也有针对性地对国内有关专家、学者展开了调查访谈。三是比较法。比较法就是对物与物之间和人与人之间的相似性或相异程度进行研究与判断，寻找其异同，探求普遍规律与特殊规律的方法。本书涉及汉族与少数民族、少数民族地区与非少数民族地区、武陵民族地区与其他民族地区以及国内与国外少数群体的比较。这其中涉及不同时期、不同地区，研究者需要在历史演变、区域比较、中外结合中进行横向比较与纵向比较。另外，本书一个重要特色是开展了跨学科研究，即将德育学科、文化学科相结合，在跨学科研究中尝试提出一种文化德育范式或文化德育模式。

四　主要研究内容

本书主要研究以下几方面的内容。

一是少数民族道德教育的现状研究。本书以武陵民族地区土家族和苗族为例，对其道德教育实践开展广泛调查研究，通过了解土家族、苗族青少年道德教育现状与问题，进而理解与推论我国整个少数民族道德教育问题，并以此建立本书研究的起点。本书中的调查共设计了 25 个方面的问题。调查表明，当前少数民族道德教育主要存在以下问题：（1）少数民族道德教育普遍存在着注重道德教育的一般性，而忽视少数民族道德教育的民族性问题。（2）我国少数民族道德教育缺少对个人成长的关注。（3）在教育方法上，由于受传统模式的影响，我国少数民族道德注重采取强制性管理和灌输式方法，而轻视启发诱导。（4）少数民族道德教育强调把道德教育作为社会政治、经济服务的工具，而忽视民族德育的主体价值。（5）少数民族家庭道德教育滞后，同时家庭道德教育中隔代施教现象严重。（6）少数民族学校道德教育仍处于知识化教学的应试教育模式之中。（7）在市场化影响下，民族道德教育与传统民族德育产生了一定程度的冲突，存在民族德育与社会现实脱节现象。（8）在市场化影响下，少数民族忽视传统文化的德育价值。

二是从文化视角切入少数民族德育的必要性研究。针对民族德育存在的问题，本书提出从文化视角切入少数民族德育来解决。首先，从文化视角切入少数民族德育缘于民族德育具有典型的文化属性。民族德育的文化属性是由民族德育的民族性决定的，这是因为民族是特定地域内所形成的具有共同文化的人们共同体。其次，从文化视角切入少数民族德育缘于民族文化对民族德育的深刻影响。这是因为，文化传统决定着道德教育的内容，文化传统决定着人的思维方式，文化传统决定着德育环境，文化传统决定着道德教育的方法。再次，从文化视角切入少数民族道德教育可促进民族德育的反思与进步，可提高道德教育实效性。从文化角度对民族德育的反思主要是德育理念、德育模式和德育方法的反思，这种反思体现的是一种道德教育模式的整体反思，通过反思形成一种新的德育理念，可促进民族德育的改革与发展、增强德育实效。最后，从文化视角切入少数民族德育，在于将民族文化引入民族德育，并将民族德育融于民族文化，其目标是形成民族德育的文化自觉。民族德育一旦形成文化自觉可增强文化德育的主动性与自觉性，可促进对文化与德育关系的理性重估，促进文化德育的内涵生成。

三是民族德育与民族文化结合的底据研究。底据是一个观点或见解所能提供的为他人所接受与接纳的最根本的依据或理由。在文化视域下研究少数民族道德教育，把道德教育植根于民族文化，实现民族德育与民族文化的有机结合，有其强有力的底据。这一底据来源于道德教育与文化的内在联系及彼此的相互影响。本书认为，民族德育本身是一种民族文化，民族文化是民族德育的基础和核心，同时，民族德育也是一种文化的传承与创造。道德是人类的一种独特的人化创造，本身就是一种文化，而且这种文化现象是人类文化的核心和深层次的组成部分。道德的这种独特性需要我们在道德教育中充分利用社会中的文化因素开展道德教育。同时，道德教育不是仅局限于道德规范的教育，而蕴含于道德规范之中的道德价值内涵才是道德教育的根本。一定的道德价值内涵总是蕴含于一定的文化之中。文化决定着道德的价值内涵，并构成道德教育的基础和核心。道德教育活动是一种主体间交往的活动。在道德教育实践中道德教育者与受教育者之间的关系不是简单的道德教育信息传递与传承，还包含着道德教育实践中的创造与超越。另外，民族文化深刻地影响着民族德育：民族文化构成民族德育的资源与载体，民族文化形成民族德育生成的土壤，民族文化影响着德育对象的思维方式，民族文化决定着民族德育的内容与方法。

　　四是民族德育融入民族文化的对策研究。文化视域下的民族德育研究或民族文化与民族德育的有机结合的具体实现需要一定的方法与策略。方法与策略是从理论走向实践的桥梁与中介。少数民族德育融入民族文化之策略的核心是本书提出的"文化德育范式"。少数民族德育需要根据少数民族文化实际对德育的内容、方式、环境等做出适合其民族文化的阐释、转换与重构。首先，民族德育内容之文化阐释缘于受教育者对德育内容可接受性的要求，缘于个体的接受模式受制于相应的文化模式。民族德育内容的文化阐释需要遵循可接受原则、目的性原则、本土化原则和生活化原则。其次，民族德育方式的文化转换可增强少数民族道德教育的适应性，可充分发挥原有德育方式方法的功能与潜能，可拓展道德教育方法与途径，以增强德育实效性。民族德育方式的文化转换需要遵循适应性原则、可操作性原则、实践性原则和科学性原则。最后，民族德育环境的文化重构可以增强道德教育环境的适切性，可凸显民族文化的道德教育价值，可优化和改善道德教育环境，促进少数民族良好道德素质的生成。民族德育环境之文化重构需要遵循民族性原则、育人性原则、系统性原则、开放性原则。

第一章　民族德育的现状与问题

　　道德水平的高低是衡量一个社会文明程度的标志。为大力加强公民道德教育，我国颁布了《公民道德教育实施纲要》《未成年人道德教育实施纲要》《大学生思想政治教育实施纲要》等指导性文件。同时，各地区、学校和村社高度重视公民道德教育工作，并制定了道德教育的操作性细则，努力提升我国公民的道德水平。然而，过去我国德育界一直缺乏对少数民族道德教育的关注。随着经济体制改革的深入和民族地区社会环境的新变化，我国少数民族的道德教育面临着新的挑战。究竟少数民族道德教育的现实状况如何，以及如何根据少数民族实际开展卓有成效的道德教育是一个值得研究的课题。少数民族道德教育是整个中华民族德育的重要组成部分，其现实状况如何关系到整个民族文明程度和发展水平。为能在复杂的教育现象中把握住少数民族道德教育基本情况，弄清少数民族道德教育存在的主要问题，并探寻少数民族道德教育的基本规律，以为新时期我国少数民族道德教育实践提供有益参考，本书以武陵民族地区为地域范围，力图对该地区土家族、苗族等民族的青少年的道德教育中存在的各种问题展开全面调查，并在此基础上展开分析和研究。

第一节　民族德育的现状调查

一　调查计划的设计与实施

（一）调查的着眼点和主要问题

少数民族道德教育是一个相对复杂的、抽象的、动态的系统。随着社会发展，少数民族道德教育中的各个要素正发生着深刻变化。要把握少数民族道德教育的基本情况，并对少数民族道德教育实施的具体内容、具体环节和方式方法做出客观的评价，需要对新时期少数民族道德教育所处的环境、少数民族青少年的思想观念和价值取向展开深入全面调查，并在此基础上总结规律，提出有关少数民族道德教育的新见解和新观点，以在新时期推进少数民族道德教育实践的新发展。

为此，本书以武陵民族地区土家族、苗族青少年为调查对象，对其道德教育的各个方面和环节展开深入、全面调查。调查的主要问题如下：（1）家庭城乡分布。（2）父母的文化水平。（3）父母从事的职业。（4）家教（家庭教育）的方式。（5）家教（家庭教育）的内容。（6）青少年对家庭教育的评价。（7）受教育者的年龄、职业。（8）学校德育的内容。（9）学校德育的方式。（10）青少年对学校德育的评价。（11）社区德育的开展情况。（12）社区德育的内容。（13）社区德育的方式。（14）青少年对社区德育的评价。（15）青少年对传统德育内容的看法。（16）青少年对传统德育方式的看法。（17）青少年对社会公德的看法。（18）青少年对个人品德的看法。（19）青少年对家庭美德的看法。（20）青少年对职业道德的看法。（21）青少年对市场经济中不道德现象的看法。（22）青少年违纪、违法犯罪情况。（23）青少年中的好人好事情况。（24）青少年道德冲突。（25）产生道德冲突的原因。

通过这些问题的调查，主要是想了解少数民族家庭差异对少数民族青少年道德教育的影响，道德教育的方式对道德教育的影响，青少年对家庭教育、学校德育以及社区德育的评价，少数民族青少年道德状况，青少年对传统德育以及道德教育方式的看法，市场经济条件下青少年的道德教育冲突及其原因，以及少数民族青少年所乐于接受的道德教育方式等。

（二）调查的范围和抽样设计

为了使调查取得较好效果，在开展调查前对调查的地点选择做了较为周密的安排。由于本调查的目的是了解武陵民族地区土家族、苗族青少年道德教育现状及普遍存在的问题，为有效开展少数民族道德教育提供实证，在调查设计上考虑了以下几个方面。

（1）在调查区域的选择上。根据土家族、苗族的分布情况以及研究的方便，研究小组在湘西土家族苗族自治州的龙山县、湖北恩施土家族苗族自治州的利川市、重庆黔江区和贵州铜仁沿河土家族苗族自治县等土家族聚居区选择了四个农村乡镇和一个城区街道办事处，再根据随机抽样选出四个土家族人口相对较多的四个村和一个社区，并对这些地区的土家族青少年思想道德教育状况展开调查。

（2）在调查对象的选择上。由于调查对象为土家族和苗族青少年，在年龄结构上主要集中在 25 岁以下，包括小学生、初中生、高中生、大学生和研究生，以及辍学在家和参加工作的青少年，但主要集中在 18 岁以下。调查对象中男女比例基本一致，家庭城乡比例为 1∶2。同时，还专门选取部分对青少年道德教育有影响的重要人士展开调查。

（3）在被调查者职业的选择上。选择的职业主要包括四个部分：一是在校学生，主要包括小学生、初中生、高中生、大学生和研究生；二是在业青年，主要是在本地城市或沿海城市工厂的工人以及在家跟随父母从事农业劳动的农民；三是无业青少年，主要是因各种原因辍学在家没有固定工作的青少年；四是青少年道德教育的教育者，包括家长、老师和部分社会知名人士。

（4）在被调查者家庭背景的选择上。因为家庭教育在道德教育中占有十分重要的地位，为使调查结果更为客观，本书从四个角度对被调查者的家庭背景进行了分类，力争了解不同家庭环境下青少年的道德教育状况。一是在家庭的城乡居住环境上进行了划分；二是在家长受教育的程度上进行了划分；三是从家长所从事的职业类别进行了划分；四是从青少年所在家庭的结构方面做了划分。

为更准确把握少数民族道德教育状况，在问卷调查之外，研究小组还进行了大量的个人访谈和座谈，听取了土家族青少年关于道德及道德教育的不同看法。同时，还对部分土家族青少年道德教育的实施者包括家长、学校老师、学校管理层人员以及部分政府官员进行了访谈，以了解他们关于该地区和该民族青少年道德教育的意见和看法，并就有关问题与他们进行了详细讨论。

（三）调查的方法与实施情况

此次调查主要采取问卷调查和访谈的方式展开，用录音笔和照相机记录调查访谈过程。根据不同的调查对象，此次调查设计了两类调查问卷，一类是针对小学生，另一类是针对中学生、大学生和社会青年。调查的问题如上所述，主要调查少数民族青少年的道德价值观，了解家庭差异对少数民族青少年道德教育的影响、道德教育的方式对道德教育的影响、青少年对传统德育以及道德教育方式的看法、市场经济条件下青少年的道德教育冲突及其原因以及少数民族青少年所乐于接受的道德教育方式等。访谈内容则主要深入被调查者的内心，了解他们关于道德价值及道德教育的建议和看法，了解青少年对传统文化及其德育方式的态度。在调查中，我们力图把实事求是、准确客观地把握少数民族的道德教育状况作为第一原则。本书的研究调查主要分为四个阶段。

第一阶段：调查主要在湖北省利川市，时间是 2010 年 7—8 月。调查对象主要是利川市第三高级中学（位于利川白杨镇）、白杨镇初级中学、白杨镇中心小学以及利川市白杨镇的龙桥村。选取白杨镇是因为，它是少数民族集中居住的规模较大的乡镇，具有较为浓郁的民族传统文化。

第二阶段：调查工作主要在湖南省龙山县，时间是 2010 年 8 月。调查对象主要是龙山县板桥河村、龙山县高级中学、龙山县石门小学、龙山县走马初级中学，以及龙山县武陵街道办事处湘峰社区居委会，该区也是土家族聚居地区。

第三阶段：此阶段调查工作主要在贵州土家族苗族地区，时间是 2011 年 1 月。考虑到贵州土家族集中居住地区，此次调查选取了贵州铜仁市，主要对贵州铜仁坡脚村、两河口初级中学和铜仁学院、铜仁职业技术学院、铜仁市高级中学展开调查。

第四阶段：此阶段调查工作在湖北来凤县和恩施市展开，时间为 2011 年 3 月。主要对来凤县翔凤镇李家沟村、来凤县湘峰初级中学、来凤县高级中学和来凤县职业中学展开调查。同时，在恩施市三岔乡玉岭居委会、恩施市舞阳街道办事处窑湾居委会，以及湖北民族学院、湖北民族学院科技学院和恩施州职业技术学院展开调查。选取湖北民族学院是因为它是一所少数民族院校，少数民族学生占较高比例。

此次调查共发放问卷1200份，回收有效问卷1086份，其中，小学生226份、初中生349份、高中生342份、大学生564份、其他97份。另外，在调查中还对部分青少年、家长、教师和教育部门官员做了访谈。

通过周密策划和细致工作，本书通过问卷调查、访谈、召开座谈会和讨论会，搜集了大量一手资料，这些资料对于把握少数民族的道德教育状况和开展少数民族道德教育研究具有重要意义。

二　问卷调查的统计结果

（一）关于调查对象的自然状况

本研究主要对武陵民族地区的青少年展开调查，主要调查区域包括贵州铜仁土家族苗族自治县，湖南湘西土家族苗族自治州的龙山县，重庆黔江区，以及湖北恩施土家族苗族自治州的恩施市、利川市和来凤县（见表1-1）。选择这四个地区主要是因为它们是土家族、苗族居住较为集中的地区，所选样本具有代表性。

表1-1　　　　　　　　　调查对象的地域分布

	频数	比例（%）	累计比例（%）
黔江	195	18.0	18.0
铜仁	239	22.0	40.0
湘西	260	23.9	63.9
恩施	392	36.1	100.0
总样本量	1086	100.0	

调查对象的受教育层次。此次的调查对象包括小学生、初中生、高中生、大学生和研究生。其中，被调查的小学生和初中生比例较高（见表1-2）。这是因为小学生和初中生在接受学校教育的同时，受

家庭教育的影响相对较为明显。调查中也对部分研究生展开访谈，因为他们有较高的学历和知识水平，对道德教育及其影响因素有相对理性的态度和看法。

表 1－2 　　　　　　　调查对象的受教育层次

	频数	比例（%）	累计比例（%）
小学生	413	38.0	38.0
初中生	316	29.1	67.1
高中生	207	19.0	86.1
大学生	107	9.9	96.0
研究生	43	4.0	100.0
总样本量	1086	100.0	

调查对象的民族比例。本书主要集中对土家族的道德教育展开调查研究，因此此次调查对象主要为土家族。同时，土家族和苗族多数属混合杂居、相互通婚的情况，调查中也包括较大比例的苗族，还有侗族、朝鲜族、壮族、蒙古族、回族、彝族等其他少数民族（见表1－3）。以某一民族为主要对象，同时兼对其他民族道德及德育状况展开调查，更能显示研究的一般意义。调查对象中，父母均为少数民族的占71%，父母一方为少数民族、一方为汉族的占29%。

表 1－3 　　　　　　　调查对象的民族构成

	频数	比例（%）	累计比例（%）
土家族	511	47.1	47.1
苗族	423	38.9	86.0
其他少数民族	152	14.0	100.0
总样本量	1086	100.0	

调查对象的家庭城乡比例。不同家庭环境对青少年思想道德教育有较大影响。由于目前我国少数民族地区城镇化进程比较快，本书在对青少年思想道德教育状况进行调查时对青少年城乡比例做了适当考虑。调查中我们把教育对象来源分为农村、乡镇和城市，以便真实掌握我国少数民族德育状况（见表1－4）。

表1-4   调查对象的家庭来源

	频数	比例（%）	累计比例（%）
农村	413	38.0	38.0
城市	315	29.0	67.0
乡镇	358	33.0	100.0
总样本量	1086	100.0	

　　调查对象父母的文化水平情况（见表1-5）。父母文化水平和受教育状况影响着青少年的道德教育方式、教育水平和教育效果。由于民族地区教育水平较低，调查对象父母受教育水平整体不高，特别是农村家庭其父母受教育水平更低。这在一定程度上对少数民族青少年道德教育产生重要影响。

表1-5   父母文化程度

	频数	比例（%）	累计比例（%）
小学	381	35.1	35.1
初中	402	37.0	72.1
高中	206	19.0	91.1
大学	76	7	98.1
研究生	21	1.9	100.0
总样本量	1086	100.0	

　　调查对象的性别比例。调查对象中男性占47%，女性占53%，这一比例与该地区男女性别比例基本吻合（见表1-6）。

表1-6   调查对象性别比例

	频数	比例（%）	累计比例（%）
男	510	46.9	46.9
女	576	53.1	100.0
总样本量	1086	100.0	

调查对象的民族语言使用情况。语言与文化密切相关，而且民族语言所传播的文化对少数民族教育有着重要影响。因此，此次调查把对象的民族语言使用情况也作为一个重要变量。在此次调查中，武陵民族地区土家族和苗族青少年以少数民族语言为母语的不多，有些村庄甚至所有人都不会讲自己的民族语言（见表1-7）。本书注重以少数民族语言为母语的青少年与不以少数民族语言为母语的青少年道德教育的对比研究。

表1-7　　　　　　　　　　民族语言使用情况

	频数	比例（％）	累计比例（％）
使用民族语言	76	7.0	7.0
使用汉语	1010	93.0	100.0
总样本量	1086	100.0	

（二）关于被调查者的学校德育情况

学校德育课程。课程是实施学校德的载体，我国学校道德教育主要通过一定的课程来实现。一般来说，课程的设置应因教育对象的不同而有所差异。然而调查表明，在我国的具体德育实践中，不同教育对象基本使用统一教材。各民族学校道德教育中基本上没有专门开设与本民族密切相关的德育文化课程（见图1-1）。

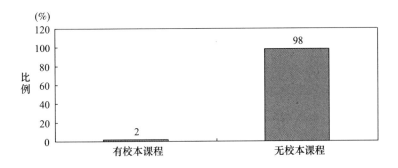

图1-1　学校德育课程设置

学校德育的主要内容。学校德育是系统的有组织的教育，其内容丰富，主要包括社会主义教育、爱国主义教育、遵纪守法教育、珍爱生命教育、行为习惯教育、文明礼仪教育、诚信教育、团队意识教育、集体意识教育、科学精神教育等。调查显示，学校德育内容全面，学校思想道德教育特别注重爱国、守法和社会主义教育，比例分别达94%、96%、100%（见图1－2）。

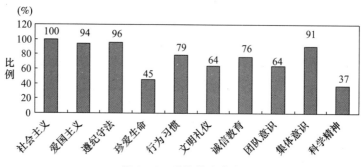

图1－2　学校德育内容

学校德育的主要方法。学校德育采取的方法多种多样，主要有课程学习法、说理法、榜样示范法、品德评价法、实践锻炼法等。调查显示，学校思想道德教育特别注重运用课程学习来开展道德教育，占所调查对象的91%，榜样示范法和说理法也有较高的比例，实践锻炼法运用得相对较少（见图1－3）。这表明，理论灌输仍是少数民族学校德育的主要方法。

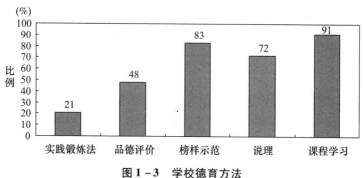

图1－3　学校德育方法

学校德育途径。学校德育的途径主要是指学校实施德育的方式或学生获得德育信息的途径。调查表明，学生在学校获取德育信息中，思想政治课堂教学是学生获得思想道德教育信息的主渠道，达90%；同时学校的日常行为规范教育对学生思想道德素质的形成有较大影响，达69%；相对来说，爱国主义等德育专题和其他学科课堂教学的德育熏陶所占比例相对较低（见图1-4）。

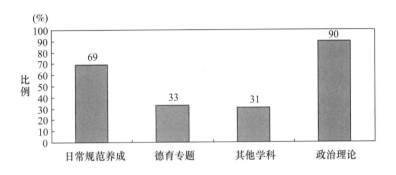

图1-4　学校德育的途径

学校德育效果。学校德育效果的评价是多方面的，本调查主要搜集了作为教育对象的学生对学校德育工作的评价。调查显示，有3%的学生对学校德育效果评价特别好，有22%的学生对学校德育效果评价较好，有51%的学生对学校德育效果评价一般，评价不好的占16%，评价糟糕的占8%（见图1-5）。这表明，学校德育总体效果较好，但不容忽视对学校德育评价为"不好"和"糟糕"的占24%，民族地区学校的德育任务非常艰巨。

学校团学德育情况。团委（团支部）和学生会（班委会）是学校德育的主要载体和主要阵地，同时团委和学生会是与学生紧密联系的学生组织，在学校德育（特别是实践德育）中起着重要的作用。学生们普遍认为团委和学生会政治性太强，主要是指团委和学生会的活动主要是团日活动。另外，有48%的学生认为学校团学部门的"活动走形式"，还有36%的学生认为其学校团委、学生会根本没有开展工作（见图1-6）。调查表明，民族学校团委和学生会的德育功能没有得到有效发挥。

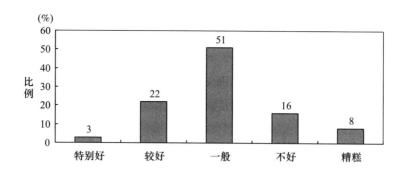

图1-5 学生对学校德育的评价

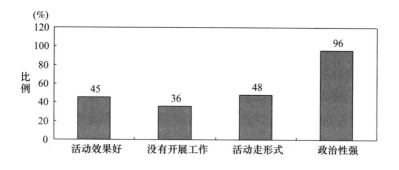

图1-6 学生对团委学生会的评价

对思想政治理论课的看法。在对"你喜欢思想政治理论课吗?"一题的回答中,回答一直就喜欢的占26%,还好的占37%,一直不喜欢的占31%。从前两项数据来看,学生们对当前学校思想政治理论课教学总体是认可的,但从后一组数据看,有31%的学生一直不喜欢思想政治理论课(见图1-7)。这需要思想政治理论工作者不断反思。另外,在关于"你认为思想政治理论课开展的形式如何?"的回答中,回答丰富多彩的占33%,回答学习形式单一的占29%,回答教学形式单一的占31%,其他占10%。

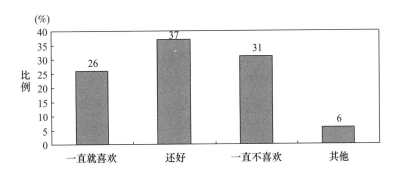

图1－7　对思想政治理论课的评价

（三）关于被调查者的家庭道德教育情况

土家族、苗族把家庭道德教育统称为"家教"或"家庭教育"，没有专门的家庭道德教育称谓。因此，以下"家庭教育"主要就是指家庭道德教育。这里的家庭道德教育主要是指父母和家庭中的长辈对青少年的道德教育。

家庭教育的主要内容。土家族、苗族家庭的道德教育内容十分丰富，其内容主要包括尊老爱幼、孝敬父母，不偷盗、勤劳、节俭，讲秩序、不乱吐乱扔，诚实、讲信用，热爱祖国，等等。调查显示，少数民族家庭道德教育特别注重传统德育内容，在尊老爱幼、勤劳节俭、诚实守信方面显示出较高的比例（见图1－8）。

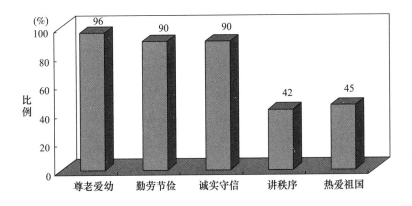

图1－8　少数民族家庭教育的主要内容

　　家庭教育的方式与方法。土家族、苗族家庭教育中比较常用的方法有故事教育法、自身示范法、仪式教育法、说理法、惩戒法等。对不同家庭背景学生进一步的访谈显示，少数民族农村家庭仍然普遍采用上述教育方法，而城市家庭中主要采用说理及故事教育法。对于所讲故事的内容，前者主要利用民间故事开展教育，后者多为讲述现代社会或市场经济中的小故事。故事教育法运用得比较广泛，也得到儿童的认可。另外，惩戒法也占有较高比例（见图1－9）。

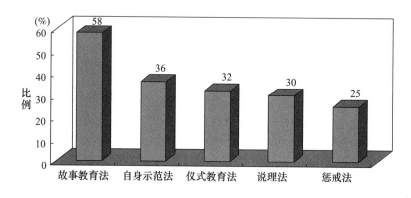

图1－9　家庭教育的方式与方法

　　家庭教育的实施者。土家族、苗族家庭教育的实施者主要是父母和长辈。调查表明，爷爷奶奶或外公外婆是家庭教育的主要实施者，其比例远远超过父亲或母亲直接参与家庭教育的比例（见图1－10）。在进一步调查中发现，家庭教育中父母所占比例比较低的主要原因是，当前农村中孩子父母双双外出务工的家庭比较多。而且，爷爷奶奶或外公外婆的年龄多数都在50岁以上，占88%（见图1－11）。在文化程度方面，爷爷奶奶、外公外婆的文化程度较低，小学及文盲层次文化程度占到总数的80%（见图1－12）。爷爷奶奶、外公外婆实施青少年道德教育的比例较高，其高年龄、低文化层次，无不影响着下一代教育水平的提升。

　　家庭教育在品德教育中的地位。家庭道德教育是指在家庭中开展的道德教育。在受教育者对家庭教育在其品德教育中地位的评价中，

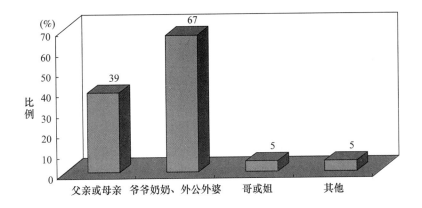

图 1 - 10　家庭教育的实施者

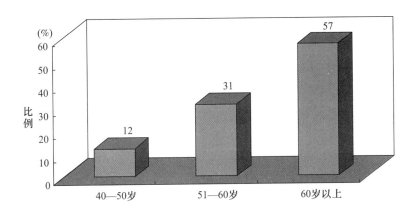

图 1 - 11　爷爷奶奶、外公外婆的年龄

选择家庭教育在其品德教育中占首要地位的比例较高，大大超过学校教育在其品德教育中占首要地位的比例（见图 1 - 13）。这种情况说明家庭教育在少数民族青少年道德教育中占有重要地位。在被问及为什么给予家庭教育如此高的地位时，其回答是家庭教育更为真实，与社会现实紧密相关，而且在家庭所学到的道德准则能较好地处理社会生活中的道德问题。

　　家庭教育资源。家庭教育资源主要是指家长为青少年道德教育所提供的条件和物质准备。调查中，家庭教育资源测量的指标主要包

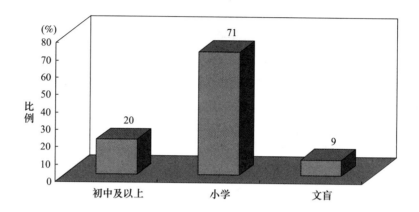

图 1-12 爷爷奶奶、外公外婆的文化程度

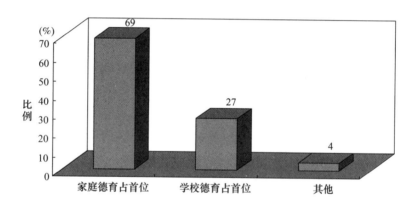

图 1-13 家庭教育在品德教育中的地位

括：家长是否经常为青少年购买励志图书，家长是否经常带青少年去博物馆、图书馆、纪念馆参观等。调查显示，在少数民族家庭德育中从来不带青少年去博物馆、图书馆、纪念馆的家庭比例特别高（见图1-14）；从来不为青少年购买励志图书的家庭占有较高比例（见图1-15）。这表明，少数民族青少年的家庭道德教育资源非常短缺。

家庭教育人际关系。在家庭教育中，青少年与家长形成了不同的关系状况。家庭人际关系深刻地影响着家长对其子女的教育效果，良好的人际关系促成德育目标的有效达成，反之会对家庭道德教育的效果产生负效应。同时，家庭教育人际关系状况在一定程度上也反映着家庭道德教育状况。调查显示，少数民族家庭教育中的家庭人际关系较好，非常和谐的达57%（见图1-16）。

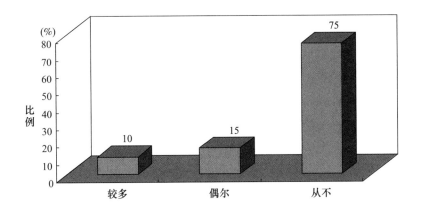

图1-14 家长带青少年去博物馆、图书馆、纪念馆的频率

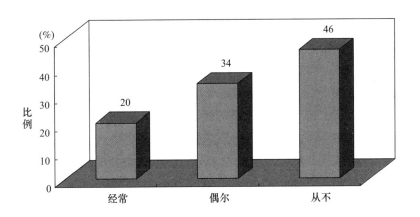

图1-15 家庭购买励志图书的情况

家庭教育满意度的评价。家庭教育满意度反映家庭教育的和谐状况，是教育者和受教育者彼此对家庭教育活动的评价，也是家庭教育有效性的一个重要指标。在所搜集到的关于家庭教育满意度的评价中，大多数土家族、苗族家庭对其家庭教育基本满意，比较满意和非常满意的达65%（见图1-17）。

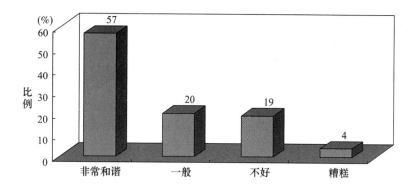

图 1-16　家庭人际关系

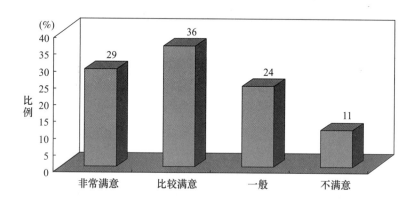

图 1-17　家庭教育满意度评价

（四）关于被调查者自身的特点

　　青少年对民族传统文化的态度。对本民族传统文化的态度是衡量个体对本民族及其文化认可与认识的重要指标，也是一个民族自信心与自卑心理的反映。结果显示，认为民族传统文化很重要，是本民族精神寄托的占 51%，对本民族文化持无所谓态度的占 29%，认为本民族传统文化落后的占 14%，认为本民族传统文化是陋习的占 6%（见图 1-18）。调查表明，超过一半的青少年认为民族文化对其极其重要，是其精神寄托。但总体上也有接近一半的调查对象对本民族文化不关注，甚至持否定态度。对于此问题，课题组对部分青少年进行了进一步访谈。根据访谈实际看，青少年并不是不关注或否定本民族文化，而是青少年对文化及民族文化理解不深，同时受当前追逐利益的不良风气影响而导致价值观偏离。

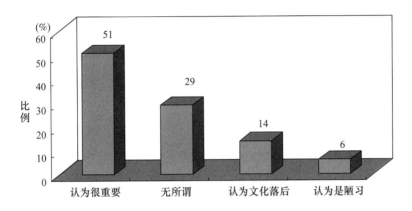

图 1 – 18 青少年对本民族文化的态度

青少年在市场经济时代的道德观。在市场经济时代，青少年对道德各自有着不同的观点与看法。有46％的被调查者认为市场经济时代没有统一的道德标准，有10％的青少年把本民族传统道德作为市场经济时代的道德标准（见图 1 – 19）。青少年对市场经济道德的看法就是他们对市场经济的认识。出现这一状况的原因，或者是青少年对市场经济认识不够深刻，或者是没有融入市场经济，或者是对市场经济社会存在错误的认识。

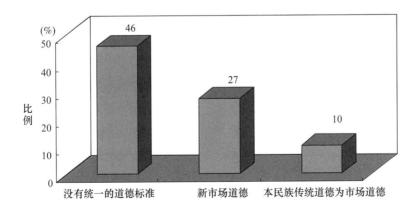

图 1 – 19 青少年对市场道德的看法

　　青少年对其他民族及其文化的态度。对其他民族文化的态度的调查也是为了了解少数民族青少年对民族文化的认识程度。在调查中，有45%的青少年表示想了解其他民族的文化，有19%的青少年表示无所谓，有8%的青少年表示不愿了解其他民族的文化（见图1-20）。同时在调查中，有60%的青少年表示尊重其他民族的文化，有20%的青少年表示依情况而定（见图1-21）。调查表明，多数少数民族青少年对本民族文化有着深刻的理解，但有为数不少的青少年对其他民族的文化不重视或非常冷漠。在进一步的访谈中发现，部分

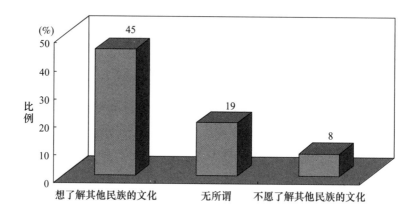

图1-20　对其他民族文化的关心程度

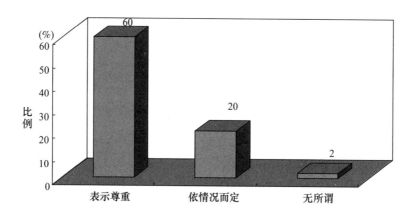

图1-21　对其他民族文化的态度

青少年对社会价值及民族文化认识肤浅，认为文化是虚无缥缈的东西，经济上的实惠才是真道理。

青少年对中国共产党的认同。对党和国家的认同是思想道德教育的重要内容。在调查中，有16%的被调查者对党表示非常认同，有49%的被调查者表示基本认同。这些数据说明，马克思主义、社会主义、共产主义理想信念在大多数青年学生心中占有重要地位，大多数学生对社会主义和共产主义持信仰态度（见图1-22）。同时调查也说明，实用主义等西方社会思潮以及其他因素对我国思想道德教育形成了一定程度的冲击。

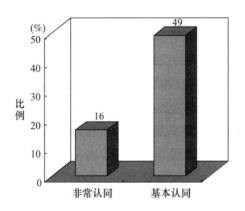

图1-22　青少年对中国共产党的认同

青少年对家长教育观念的看法。青少年对家长教育观念的看法决定了青少年对家庭道德教育的接受程度，进而影响着道德教育的实效性。此次调查中，多数调查对象对家长教育观念基本持否定态度，有67%的人认为家长的教育观念较为传统，他们的思想观念基本跟不上时代（见图1-23）。进一步访谈表明，青少年并不是真正地否定家长的教育观念，而是因为其对传统价值观念的理解和认识不够，同时也是受外界不良风气影响的结果。这也表明，青少年受新环境的影响较大，并乐于接受新观念，而其长辈融入新环境不够。

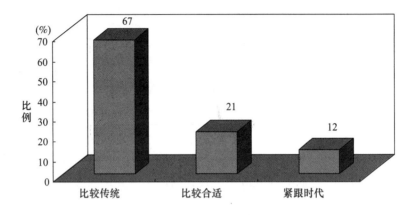

图1-23 青少年对家长教育观念的评价

　　青少年对学校教师教育观念的看法。青少年对教师教育观念的评价对于教师客观认识自身有着重要的意义。德育课堂中有的教师只顾一言堂，忽视学生的观点与诉求。有效的道德教育需要教育对象的有效参与。调查显示，认为德育教师观念与现实生活不一致的占68%（见图1-24）。学生的这种认识无疑显示出学生对教师教育观念的质疑与批判，这需要少数民族道德教育在实践中不断完善。

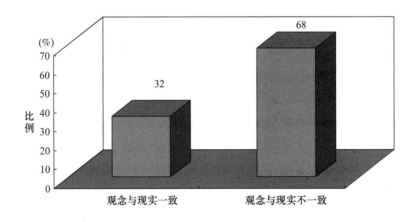

图1-24 青少年对教师教育观念的评价

　　（五）关于被调查者的语言与文化情况

　　民族语言掌握情况（见图1-25）。语言对民族文化有着重要影响，同时语言本身就是一种文化现象。操持不同语言的人必定属于不同的文化。同时，少数民族对本民族语言的了解和掌握程度，反映了民族文化对本民族影响的深刻程度，因为民族语言是民族文化的一种象征。

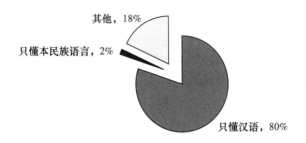

图 1 - 25　民族语言掌握情况

民族语言使用情况。关于民族语言使用情况的调查有助于进一步了解民族传统文化在少数民族个体生产生活中的地位。调查显示，少数民族在日常生活中主要使用民族语言的占 3%；在日常生活中主要使用汉语的占 92%。在家庭中使用民族语言，但在学校中使用汉语的占 5%（见图 1 - 26）。虽然本民族语言使用频率较低，但在进一步的访谈调查中我们深深感受到土家族人和苗族人仍然坚守着自身独具特色的民族文化。

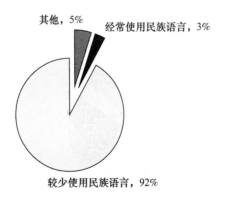

图 1 - 26　民族语言使用情况

　　对传统习俗的了解与信奉。少数民族青少年对传统习俗的了解与信奉直接反映了传统文化对少数民族青少年的影响程度。调查表明，少数民族青少年对本民族的民族习俗基本了解，而且绝大部分青少年都信奉着本民族的习俗。少数民族青少年对本民族习俗比较了解的占95％，在家里经常有信奉民族习俗行为的占90％（见图1－27）。民族习俗是民族文化的基本形式，多数人对民族习俗的信奉，足以表明民族文化对本民族青少年有着重要影响。

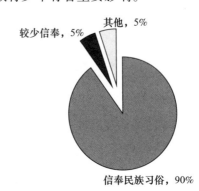

图1－27　对民族习俗的了解与信奉

　　民族宗教信仰。宗教也是民族文化的具体表现形式，有宗教信仰的民族，其宗教文化的影响根深蒂固。部分少数民族对宗教的信仰也是民族文化对其影响的具体形式。调查显示，少数民族中有部分人信仰宗教（见图1－28）。因此，我们在处理有关少数民族事务的工作中，要注意处理好宗教因素。

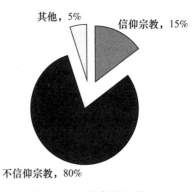

图1－28　宗教信仰状况

民族禁忌。民族禁忌也是民族文化的重要内容，少数民族在长期生产生活中形成了丰富的有效处理人与人、人与自然、人与社会关系的禁忌文化。这些禁忌文化规定着人们能做什么，不能做什么，影响着人们的行为活动和道德生活。调查表明，接近一半的民族有着本民族的禁忌，这些禁忌对本民族道德生活产生着重要影响（见图1-29）。

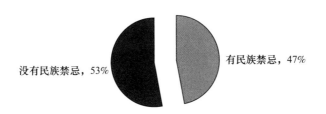

图1-29 民族禁忌

民族传统文学。文学是文化的具体表现形式，每个民族在其长期生产生活中都形成了自身独特的文学样式，并对青少年产生着重要影响。少数民族中每个人都是听着故事和神话长大的，神话故事极大地影响着人们的道德生活。调查显示有85%的青少年知晓并了解本民族文学，说明民族文学影响着少数民族的道德生活（见图1-30）。

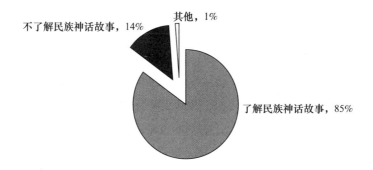

图1-30 民族文学素养

对本民族文化的态度。此问题调查的目的是明确民族文化对少数民族的重要性。期望本民族文化得到其他民族的尊重足以表明民族文化在少数民族心中的神圣地位。少数民族对本民族文化的这种敬畏展现出民族文化对少数民族的深刻影响，包括在道德领域的影响。调查表明，土家族、苗族青少年中特别希望本民族文化得到尊重的达90%（见图1-31）。这足以表明民族文化对少数民族的深刻影响。

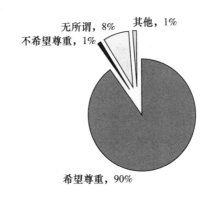

无所谓，8%　其他，1%
不希望尊重，1%
希望尊重，90%

图1-31　期望他人对本民族文化的态度

第二节　民族德育的特点与存在的问题

调查中，我们深感各少数民族间文化上的巨大差异。这也显示出民族德育对象的特殊性。民族德育对象的特殊性是民族德育特殊性的核心内容，而对民族德育对象特殊性的把握是有效开展少数民族德育的前提。同时调查表明，当前我国少数民族道德教育还存在许多问题。归纳整理、揭示、发现少数民族道德教育的特点与问题，是深刻认识民族德育和进一步剖析民族德育的基础和前提。

一　民族德育的特点

由于自身文化传统和独特的现实生境，各少数民族形成了以自身文化为基础的独特性。而这一独特性体现在德育对象的特殊性上。这里我们主要对民族德育对象的特点展开分析。具体来说，民族德育对象的特点主要体现在以下几个方面。

（一）差异较大的生活习俗

少数民族青少年都生活在各自不同的生活区域。由于彼此生活环境、经济状况和历史境遇不一样，各少数民族在衣、食、住、行以及生产、婚姻、节日等文化生活方面具有较大差异，而且在传统喜好、生活禁忌、习俗风尚方面也具有较大差异。例如，土家族人在吃饭时喜欢给客人夹菜。土家族人认为主人给客人夹菜是好客的表现，是主人对客人的关心。当你在土家族家庭做客时，若主人频繁给你夹菜，表明主人把你当成上等嘉宾。往往土家族长辈在吃饭时叮嘱晚辈要给客人夹菜，并以此对晚辈开展礼仪教育。又如回族对猪肉是禁忌的，而且也忌食狗、马、骡、驴等家畜之肉，这是因为回族是一个十分讲究卫生的民族，特别注重饮食卫生，处处突出"洁净"二字。他们认为，猪、狗、马、驴、骡是肮脏的。另外，藏族朋友在见面打招呼时忌直呼其名，一般要在名字后加"啦"字表示尊敬和亲切，有些地区在男性名字前加"阿吉"或"啊觉"，藏族朋友和熟人在聊天或问候时要避免把手放在别人肩膀上，也不能用手摸对方的头。总之，各民族间在传统文化和生活习俗方面存在着较大差异。

（二）各自有别的宗教信仰

宗教是人类社会的一种独特文化现象。它认为在现实世界之外有一种超自然力量统领着人类社会，并具有绝对权威，主宰着自然进化和人类命运的全过程，人们对此权威应有一种敬畏和崇拜。各少数民族青少年长期生活在边远落后地区，科学知识相对缺乏，对宗教形成了一种特有的依赖和信仰。我国各少数民族大多信仰宗教，而且有20多个民族几乎普遍信仰宗教。各民族的宗教信仰彼此不同，各种宗教在宗教教规、宗教仪式上也有着较大差异。这些宗教对少数民族具有较大影响，而且宗教意识和宗教观念渗透到各民族生产生活的各个方面，并形成了一种相对稳定的行为和习惯，在很大程度上改变着人们的意识和行为。在学校由于历史传统和家庭环境的影响，很多学生在进校前就是虔诚的宗教信徒。在交谈中少数民族青少年还表示，他们希望他们的信仰和习惯上的差异能得到其他各民族的理解和尊重。并且在某种意义上，他们把他民族对待本民族宗教信仰和生活习惯的态度当作对待他们民族乃至个人尊严的态度。

（三）彼此不同的心理特征

心理特征主要指个人和社会群体在社会活动中体现出来的相对稳定的心理特点和性质，主要包括气质、能力和性格等方面。少数民族生活在不同的地区，由于自身经济条件、文化传统和风俗惯例的差异，形成了各民族独具特色的心理特质、性格和行为习惯。例如，土家族具有大胆、勇敢、淳朴的心理特质；傣族具有温柔、和谐、和睦友好的心理特质；纳西族具有坚强毅力、理性谨慎、质朴爽朗、诚实守信的心理特质；回族具有英勇无畏、顽强拼搏、善于包容、灵活机智的心理特质；蒙古族具有粗犷豪爽、英勇刚毅、刚劲勇猛的心理特质等。另外，我国各少数民族大多生活在偏远高寒山区，交通不便、信息闭塞、居住分散，在心理特征上也形成了一种较为封闭保守、孤僻清高的民族心理和民族性格。这在一定程度上影响着其个人的心理特征和生活、行为习惯，而且还影响着不同民族青少年之间的交往和相处。当然在民族"大花园"中，各少数民族青少年也渴望本人和本民族得到其他民族的接纳和认同。他们往往会主动与同学、朋友交往，与其他民族融为一体。但有时由于传统习惯和心理特征差异，他们把自己限制在一个狭小圈子之内，不愿和其他民族沟通。

（四）各具特色的思维方式

思维方式主要是指人们的思维在把握现实世界、思考现实问题、探索知识创新中所形成的一种模型和范式，即主体认识现实世界的范式、规则和框架，也即方法论原则。我国各少数民族由于长期生活在贫困山区，环境封闭、经济落后、交通不便，这种生态环境和经济环境使他们形成自身独特的民族性格和独特的思维方式。这种思维方式是他们认识客观世界、思考现实问题的思维模型和范式，而且这种模型和范式相对稳定，不会轻易改变。在调查访谈中我们也深深地感受到各少数民族在思维方式上的差异。关于少数民族在思维方式上的独特性，赵志毅对凉山彝族思维方式的专门研究也提供了佐证。他认为，凉山彝族思维方式具有以下几个特点：一是具体性，如彝族人在谈及家庭收入时，往往不能用概括的数字回答，只能分别列出每一项的具体收入数字，度量概念尚未从具体事物中抽象分离出来；二是类比性，如凉山彝族习惯于"以物言事"，以精练的语言把天、地、人、物中的某一具体现象和另一具体现象直接联系起来表达理性思想；三是形象性，由于思维的具体性和类比性，他们善于借助形象进行思考，凉山彝族典籍中没有理论著作，其全部彝文典籍（包括宗教经书和格言谚语），无一例外均是寓于形象的思维。

（五）相互不同的价值坚守

价值观是主体对"什么是好的""应该是什么"的价值意识和价值判断。在现实的人事关系中，人们总要对生活中的某些事件做出某种评判。而人们在实施这种评判时总是遵循或依据着某种基本原则和基本取向。这种原则和取向的核心就是主体的价值观。个体和群体的价值观往往受到其所处自然生态环境和经济社会环境的影响。马克思曾指出："意识在任何时候都只能是被意识到了的存在，而人们的存在就是他们的现实生活过程。"① 也就是说，个体的思想意识和价值状况反映着个体的环境状况，或者说个体所处的生活环境深刻影响着思想意识和价值观念，我国境内的各少数民族，因文化传统、自然生境和生产生活方式的差异，形成了各自独具特色的价值观念，且各民族间的价值观念彼此差异很大，有的甚至截然相反。这种各民族间价值观念的差异形成了各民族道德教育的独特性。在道德教育中，如果不考虑少数民族学生的价值观念差异，会大大削弱道德教育的实际效果。同时，我们要处理好现行的主流德育价值与少数民族传统德育价值的关系，既要使本民族中的优秀文化价值得以保持和传承，又要使传统价值在其形成时代所需的价值中起到促进作用。

二　民族德育存在的主要问题

通过上述调查结果和研究小组对访谈内容的整理、分析和研究，本书认为少数民族青少年道德教育存在以下几个方面的问题。

（一）忽视教育对象的民族性

运用科学的教育方法、把握教育对象的特性是有效开展道德教育

---

① 《马克思恩格斯选集》（第一卷），人民出版社1995年版，第72页。

的两个基本要素。两者共同作用、共同促进，缺一不可。然而，调查表明当前少数民族道德教育普遍存在着偏重道德教育的科学性，而忽视少数民族道德教育的民族性问题。

我国 55 个少数民族各具特色，均有自身独特的民族文化。这些民族文化间存在着较大差异。在当前少数民族道德教育中，少数民族及其文化的独特性没有得到较好的体现。少数民族道德教育在其课程设置、教学内容、教学方法方面存在着一般化、格式化等趋同性问题。这种忽视教育对象特殊性的现象极大地影响了少数民族道德教育的实效性。本书在少数民族地区的学校道德教育调查中发现，几乎所有学校均没有采取专门针对少数民族道德教育的特殊形式与方法。在对教师的访谈中大多数教师均承认虽然班级内的学生来自多个不同民族，但少有专门针对少数民族学生的文化差异而采取特殊的道德教育形式。他们表示在教学目标、教学内容、教学方法及教学形式的各个方面和环节，其道德教育均采取同一模式。这种趋同化的思想教育模式与现实社会的多元文化背景形成矛盾，影响着道德教育的实际效果。

少数民族道德教育趋同化主要表现在以下几个方面：一是课程设置趋同化，民族特色展示不足。调查表明，无论是民族学校，还是非民族学校或非民族地区学校，道德教育课程与汉族地区学校课程设置差别不大。没有一所民族学校专门开设诸如少数民族或本民族伦理道德，本民族道德生活史、政治史等课程。这使得少数民族学生不容易从本民族文化角度接受汉族的道德教育观念。二是教学内容一般化，而体现民族地区和民族文化特点的内容不够。如上所述，我国的少数民族道德教育主要采取汉族道德教育的一般模式，其内容上强调意识形态道德教育，而较少涉及少数民族伦理道德及少数民族道德生活，而且也较少把道德教育的一般内容与少数民族道德教育有机结合。三是学校道德教育方式方法简单化，与少数民族德育对象的接受方式不适应。少数民族的思维方式有着自身的特点，主要表现为具体化、形象化。民族地区学校德育仍以理论教学、知识教学为主。这些抽象理论或概念推演的方法使少数民族难以接受所传递的道德教育内容。少数民族道德教育需要采用少数民族易于接受的道德教育方式。

（二）德育缺少对个人成长的关注

对"德"的不同理解，形成了不同的德育思想和方法，广义上说德育包括思想教育、政治教育、道德教育。而政治性是德育的固有属性，道德教育不是普世的，它有着自己的立场和观点。比如，我国教育方针规定教育要"为社会主义现代化建设服务，为人民服务"，要"培养德、智、体、美全面发展的社会主义建设者和接班人"。在调查访谈中为数不少的教师谈到当前学校思想道德教育（思想政治教育）时，认为其主要从政治教育的角度展开，更多地强调个人、国家、集体在政治经济上的服从关系，强调要以爱党、爱国为中心，而较少涉及世俗的人际关系与人伦关系。调查表明，在少数民族学校道德教育中，道德教育内容强调共产主义理想、社会主义信念和高尚的人生观，在个人与集体关系上更为注重集体利益，在奉献与索取关系上更为强调奉献。对部分德育教师和德育管理领导进行访谈，他们认为目前的思想道德教育较少考虑到学生个体作为人的成长。

思想道德教育的政治职能的实现要着眼于个人成长，在促进个体成长中才能更好地履行其社会服务职能。政治教育依赖于个体的思想教育、道德教育和心理教育，只有形成了正确的世界观人生观、良好的道德观念和健康的人格，其坚定的政治观念才会形成。学生个体的社会关系非常广泛，包括父母、兄妹、朋友、老师等。这些世俗的人伦关系对形成较高的道德品质具有更为重要的意义和价值。

（三）轻视德育方法的启发诱导

在思想教育上，由于受历史传统的影响，我国更多的是采取强制性管理方法和灌输式教育方式。这一方式方法在教育中忽视教育对象的内心认同、思想接受等主体能动反应，忽视教育对象的个性发展需求。促进人的主体性发展是道德教育的重要任务。着力于发展人的主体性的教育需要在教育实践中尊重受教育者，发挥受教育者的主体性，构建主体间的和谐德育。也就是说，在道德教育中需要倡导一种人文关怀精神，让受教育者在教育者的引导下实现自我建构、自我改进，从而促进人的精神解放和创造性的发展，进而促进人的品质充分而自由的全面发展。本书对 50 名中小学教师展开了抽样调查。结果显示，德育实践中主要采取传统灌输法开展道德教育的占 86%，而采取启发、诱导等教育方式开展道德教育的仅占 14%。灌输式教育主要是通过简单强制的方式向教育对象灌输社会认可的思想观点、行为规范。

灌输式教育的主要特征表现在以下几个方面：一是教育信息上的单向灌输。在道德教育中，其素材主要是课本，道德教育信息主要是从教材和教师到学生的单一流向。教师主要负责对教育信息和观点展开阐释帮助学生理解，而摈弃教育者和受教育者的双向沟通。二是道德教育方式上的强制性。在道德教育中，教师不顾学生是否认可或理解其所教授的道德观念，都要求学生无条件接受，并无条件执行。三是道德教育过程的封闭性。在德育实践中，教育者将道德教育从生活中孤立出来，展开道德说教，使道德教育着力于概念阐释和知识传授。这使得道德教育与学生的生活实际相脱离。在当前社会，人的潜能得到较大程度的释放，学生个体的主体意识比以往任何时代都强烈。那种不顾学生主体意识的道德教育灌输模式往往使学生对道德教育产生反感、抵制情绪，进而大大影响道德教育实际效果。道德教育是促进人的发展的教育，灌输式道德教育方法实际是一种控制性的、奴役性的教育，教育者往往把学生当作物来对待，或作为驯服工具，或作为美德袋进行道德注入，压抑了人的主体性，违反了人的本性。

（四）忽视民族德育的主体价值

道德教育的本质是促进人的发展。现代社会的道德教育强调要培养青少年作为道德活动主体的自主性、能动性和创造性，提高他们的道德判断能力和道德自主能力。当今，缺乏个性、独立人格和创造力的人将会被社会所淘汰。学校德育必须顺应时代要求，担负起培养具有独立人格的学生的责任，以不断增强他们的主体意识和自主能力。然而遗憾的是，在本课题的调查中，少数民族地区的道德教育有着较强的功利化倾向，往往把道德教育作为为社会、政治、经济服务的工具，把作为教育对象的受教育者作为道德原则、道德规范的被动接受

者。在"你认为学校道德教育的目的是什么?"的调查和访谈中,有
74%的教师选择的是为经济、社会服务,培养党和国家需要的人。在
进一步的访谈中,教师们认为道德教育应该是促进个体能动性和自主
性的发展,应该促进社会的和谐,那种基于某种功利目的的道德教育
不利于个人和社会的发展。道德教育功利化主要是指在学校德育中,
片面强调道德教育的外在价值,即社会公众价值,忽视道德教育的本
体价值,同时突出强调德育的即时和显性功效,轻视道德教育长期潜
在效益。

　　这种道德教育方式的弊端主要体现在以下几个方面:一是把道德
教育当作万能的救世工具。在道德教育中,不是探求个体内在自身成
长,而是凸显德育的工具性。如在经济建设需要时,道德教育凸显其
经济功能,强调道德教育要为经济发展服务。类似地,道德教育彰显
出其文化功能、生态功能等。二是忽视人文关怀。功利化的道德教育
强调根据社会需要培养社会需要的人,而忽视人自身的需要和人文关
怀。道德教育主要是为了塑造健全人格,其本身超越功利,它本身不
把求得何种报偿作为自身目的。正是在这种语境中,马克思强调道德
的基础应为人的精神的自律。三是道德教育中主体缺失。功利性德育
由于强调功利,在道德教育中重说教,忽视学生的道德需要和道德体
验,把有血有肉的学生当作接受道德知识的容器。道德教育的功利化
偏离了道德教育的应然轨道,因而深深影响了道德教育实际效果。有
效道德教育需要改革功利化道德教育模式,建立人本化的道德教育
模式。

　　(五) 家庭德育隔代施教现象严重

　　家庭是社会的细胞,家庭教育对个体成长有着重要影响。在少数
民族地区,由于社会发展滞后和其他社会组织的缺乏,家庭教育在个
体道德素质生成中有着更为重要的作用。然而本调查表明,我国少数
民族家庭道德教育滞后,家庭道德教育对培养个体新道德素质的作
用发挥不足。其中一个突出现象就是家庭德育隔代施教现象突出。
调查显示少数民族地区家庭教育的主要实施者是爷爷奶奶、外公
外婆。

　　家庭教育中的隔代施教有许多弊端：一是施教者的道德观念相对传统。爷爷奶奶、外公外婆往往与传统生产方式密切联系。在道德教育中，他们所涉及的内容一般是日常生活人伦关系，而对现代经济生活中的道德观念摄入不够。在对家庭道德教育内容的调查中，其道德教育内容注重尊老爱幼、孝敬父母的占96%，不偷盗、勤劳、节俭的占90%，讲秩序、不乱吐乱扔的占42%，诚实、讲信用的占90%，热爱祖国的占45%，其他的占34%。当今社会，随着我国市场经济和信息通信的发展，市场经济观念和信息观念已深入少数民族内部。少数民族青少年对新的观念的需要越来越迫切，这使得家庭教育中家长与青少年教育关系不和谐。二是施教者年龄和文化程度影响着现代儿童的教育。在对主要由爷爷奶奶实施教育的家庭的调查中发现，爷爷奶奶年龄为50—60岁的占31%，年龄分布在60岁以上的占57%。爷爷奶奶年龄偏大，这种主要由老年人履行教育职能的状况不利于青少年成长。同时，在调查中发现爷爷奶奶文化水平普遍较低，小学文化程度的占71%，小学以上文化程度的占20%，另有9%是文盲。教育者年龄偏大、思想观念陈旧和保守在很大程度上影响着青少年道德教育的实际效果。新时期，特别是改革开放以来，随着市场经济的发展和信息化、国际化、现代化的发展，我国社会新道德观点和道德水准不断涌现，新的道德观念调整着人们之间的人伦和道德关系。新的道德观念和道德标准要求各族人民包括少数民族的道德教育要适应时代的需要，培养少数民族青少年形成新的道德品质结构，以适应社会发展的需要。三是道德教育方法相对滞后。家庭教育中主要以传统道德教育方式为主，而相对淡化新时期的道德教育方式。对少数民族家庭的调查显示，道德教育方式大多是故事教育法、自身示范法和仪式教育法。调查显示仍有25%的家庭主要使用惩戒法。这主要是因为个别少数民族家长，特别是部分农村青少年家长文化素质低，教育简单粗暴。虽然惩戒法在一定意义上也能取得一定效果，但如果一味采用惩戒法，会对小孩身心造成极大伤害，使青少年形成叛逆情绪，不利于青少年健康心理和健康人格的养成。这在一定意义上极大地影响了青少年道德教育效果。另外，农村老年人在承担家庭教育的同时，还承担着沉重的家务劳动和田间劳动。有时老年人甚至忙于劳动而忽视了小孩教育。民族地区青少年家庭教育的此种情形，已成为家庭教育必须关注的问题。

（六）学校德育知识化现象普遍

学校教育是现代教育的基本形式。由于受传统的影响，我国德育强调理论灌输。理论灌输主要是促进受教育者的知识建构，进而生成知性德育模式。调查显示，当前我国民族地区少数民族道德教育仍处于知识化教学的应试教育模式之中。知识化德育主要传授道德知识，强调受教育者学习道德知识，以发展其道德认知能力为主要目标。在教育手段方面，强调道德教育课程化、课程学习知识化、知识学习灌输化。调查表明，学校德育选择课程学习法的占91%，说理法的占72%，榜样示范法的占83%，品德评价法的占48%，实践锻炼法的占21%。上述数据说明，目前学校德育主要以课程学习和教师讲授为主。在具体访谈中，有的老师谈到学校德育中的"四多四少"情况，即单兵作战多、联合作战少，理论讲得多、实践锻炼少，消极应付多、解决实际问题少，集中灌输多、启发引导少。"四多四少"情况实际是在道德教育中突出知识传授，在具体教育中把受教育者当作道德知识的容器，企图通过道德知识的灌输来提升青少年的道德水平。

道德教育知识化主要有以下弊端：一是强调学生道德知识学习，而忽视学生情感因素的培养。完整意义上的道德教育不只是道德知识的学习，还包括道德规范、价值信念的学习。在道德规范的学习中必须要以一定的道德体验来把握，需要在道德活动的参与中形成。价值、信念的学习也是如此。二是知识化德育往往强调德育理论的灌输，忽视学生道德主体意识的发展。知识化德育往往把道德作为客观知识来教授，割裂道德与学生生活之间的联系。其评价方式主要是书面考试，学生只要按照教材上的知识来回答，即被认为合格。三是知识化教学往往形成道德教育的误区，致使道德教育低效。知识化德育的一个特点就是道德教育专修化，使道德教育有专门的课堂、专门的时间。这往往使得道德教育课堂以外的其他课程不过问道德教育问题而专门从事其专业知识。然而道德与人的关系密切，只要人与人之间发生关系，就需要道德调节。这种专修式的道德教育模式，人为地将道德教育与人的实际活动分开，有悖于道德生成逻辑。少数民族青少年学生对学校德育工作的评价，选择特别好的占3%，较好的占22%，一般的占51%，不好的占16%，糟糕的占8%。这也反映着教育对象对知性德育模式的评价。

（七）民族德育与社会现实脱节

在内容上，现有学校德育偏重意识形态灌输。这使得在德育实践中，教师不顾学生需要，一味向学生灌输特定价值观念。这种不顾教育对象需要的教育，往往会被教育对象远远甩在身后。在方法上，现有学校德育更多注重机械理论宣讲与灌输，而较少结合学生实际展开分析与阐发。这使学生产生无处可用、无计可施的想法，因而造成了民族德育与社会现实的脱节。

民族德育与社会现实脱节主要表现在以下几个方面：一是学校道德教育与社会现实的强烈反差。比如在诚信教育中，教师在教学和生活中时常强调道德的重要性，但在社会现实中特别是在市场经济中常有不诚信现象。这使得青少年把学校的道德教育看成说教，或者认为老师说的是假话或违心的话。这在教育中是一个非常可怕的问题。尤其是一些有自己看法的学生，社会反面信息看多了，往往对学校教育失去信任。在关于青少年对学校教师教育的调查中，认为德育教师观念与现实生活不一致的占68%，认为德育教师观念与家长观念一致的占32%。二是学校道德教育价值一元与多元化社会之间的矛盾。当前学校德育在指导思想上弘扬的是集体主义和社会主义主旋律，坚持道德教育一元化导向。但少数民族与汉族间、各少数民族间、少数民族内部（包括不同地域或城乡）差异较大，这使少数民族地区的社会文化形成了多元状态，也形成了对现行思想道德教育的不同看法。在调查中，对市场经济时代的道德，青少年各自有不同的看法。调查显示，认为市场经济时代没有统一的道德标准的占46%，以诚信、公平、正义作为道德标准的占27%，以本民族传统道德作为市场经济时代道德标准的占10%。同时在对共产党的认同的调查中，有16%对党表示非常认同,有49%表示认同。学校教育是有组织的教育,是青少年道德教育的主渠道。学校道德教育主要是弘扬主旋律,而这种主旋律主要是一种意识形态教育。在市场经济环境下这种道德教育与市场经济现实形成一对矛盾,如何处理和协调好这一问题,也是市场经济环境下道德教育需要解决的问题。

（八）忽视传统文化的德育价值

民族传统文化是本民族先辈在长期生产生活中形成的、具有本民族特色的风俗习惯、宗教信仰、思想观念和代表本民族生存方式的文化形态总和。在市场经济时代,由于市场观念和市场竞争的影响,少数民族青少年对本民族文化持不同态度。特别是在市场观念影响下,他们的本民族传统文化观念淡化。此次调查显示:本地区少数民族对本民族习俗比较了解的占95%,不太了解的占5%。认为民族传统文化是本民族精神寄托的占51%,对本民族文化持无所谓态度的占29%,认为本民族传统文化落后的占14%,认为本民族传统文化是陋习的占6%。在家里经常信奉民族习俗的占90%,较少信奉民族习俗的占5%。在民族传统文学方面,知道并了解本民族神话故事的占85%,不了解的占14%。习俗、禁忌、文学故事等文化形式本身承载着丰富的道德教育信息,青少年对相关内容的淡漠说明本民族传统文化的道德教育功能没有得到应有的发挥。这些调查数据说明了在市场化环境下,少数民族青少年对自身民族文化的轻视与忽视。这是一种民族自卑、自弃的表现。在道德教育中他们往往丢弃自己的民族文化而去寻求其他提升道德素养的方法,而当他们在通过这一方式提升自身道德素养的同时,往往在精神上陷入无根境地。其实,在个体道德素养提升方面,少数民族结合社会实际,传承本民族传统道德价值观念,并在其中实现本民族传统价值的现代化,也是一种积极有益的德育素养提升方式。

当然如何评价本民族文化也是一个重要问题。对于少数民族来说,传统文化对其民族至关重要,但少数民族传统文化毕竟是传统的,是少数民族先辈在长期农耕生活中创造的农业文化。而在市场经济时代,这种农业时代的民族传统文化显示出一定的局限性。这需要教育者对少数民族传统文化展开客观评析和评价，认识到传统文化的不足之处，并找到传统文化的精华。这里的核心是，如何促进新时期民族传统文化的现代化问题，如何取其精华去其糟粕，以建立起市场经济环境下的本民族新文化。

第二章　民族德育需植根于民族文化

第一节　民族德育概述

一　道德、道德教育、德育及文化的概念

对概念的考察是开展学术研究的重要环节，因为研究者只有弄清了研究对象的确切含义才会对研究对象有确切的把握，进而梳理和考察与研究对象相关的各种关系。本部分对道德、道德教育和文化概念作简要考察。

（一）道德

英语世界中的"道德"（moral）一词来源于拉丁文 mores（风俗、习俗、性格）。与传统相袭，moral（道德）后来主要指人们在社会生活中的风俗、习俗，为习惯、规范之义。其含义与中国"道德"同义，即人们在社会生活中所依循的规律、原则。霍尔、戴维斯认为："道德是关于人的行为的决定，以及随之而来的那些可以指导作出理智决定的原则、价值和理想。"① 他们认为，道德是指导个体做出某种行为的理念与原则，是个体在日常生活中做出某种行为与不做出某种行为的依据。他们说，当我们在谈到道德范围时，至少是从一种比较综合而传统的意义上来使用"道德"一词。英国学者威尔逊，对道德做了自己的阐释，在《道德教育新论》一书中，他从动态的角度指出

---

① ［美］霍尔、戴维斯：《道德教育的理论与实践》，陆有铨等译，浙江教育出版社2003年版，第9页。

道德是一个处理道德问题的过程，而不是一套用来灌输给青少年的特定社会的道德标准，也即他把道德教育的界定从传递特定的价值观念和道德标准转移到发展个体的道德思考和探究能力。①

在中国，"道德"有着深刻的含义。"道德"是由"道"和"德"组成，而且"道"和"德"初期是分开的。"道"本义为道路，引申为人们行为中所依循的路径与方向。古代的"天道""人道"就是指人们到达一种崇高境界所依循的路径和规律。关于"德"，我国古代思想家刘熙做出了独到的解释。他指出"德者，得也，得事宜也"，即他认为所谓"德"就是恰当地处理好社会之中的各种关系，同时个体若能恰当处理好社会中各种关系，一定在物质追求上有所得。后来人们把"道"与"德"连在一起用，故有孔子在《论语》中指出"志于道，据于德"②之说。荀子把二者合在一起使用，认为"礼者，法之大分，类之纲纪也。故学至乎礼而止矣，夫是之谓道德之极"③。

当前我国思想道德教育研究以马克思主义为指导。马克思主义对道德形成了自身独特的观点。首先，马克思主义认为，道德在本质上是一种特殊的社会意识形态，主要用以调节人们之间的社会关系。马克思主义认为，人们在物质交往过程中，必然会形成各种各样的社会关系和社会矛盾，为了缓解这些矛盾和冲突就产生了一系列的基本准则和观念，这些准则和观念就逐步形成了人类的道德。马克思、恩格斯指出，道德存在于个人与个人、个人与集体和集体与集体之间，是用以调节现实活动中的人们之间的各种社会关系的，也即道德总是一定的"人"的道德。如果没有人的存在，道德就会失去主体的依托。只有在人类社会之中才有维系道德的根基。其次，马克思主义认为，不同的时代有着不同的道德，而且一种形态的道德与另一种形态的道德存在着较大的差异。为此，恩格斯深刻地指出："善恶观念从一个民族到另一个民族、从一个时代到另一个时代变更得这样厉害，以致

---

① ［英］约翰·威尔逊：《道德教育新论》，蒋一之译，浙江教育出版社2003年版，第214页。
② 《论语·述而》。
③ 《荀子·劝学》。

它们常常是互相直接矛盾的。"① 恩格斯之所以认为道德变更得如此厉害，其根源在于人类生产生活实践的不断变化。再次，马克思主义认为没有凌驾于民族之上的不变的道德原则。恩格斯强调："我们拒绝想把任何道德教条当作永恒的、终极的、从此不变的伦理规律强加给我们的一切无理要求，这种要求的借口是，道德世界也有凌驾于历史和民族差别之上的不变的原则。相反地，我们断定，一切以往的道德论归根到底都是当时的社会经济状况的产物。"② 同时，恩格斯指出："人们自觉地或不自觉地，归根到底总是从他们阶级地位所依据的实际关系中——从他们进行生产和交换的经济关系中，获得自己的伦理观念。"③ 这样，不同民族处于不同的经济生活和自然环境之中，因其特定生产和生活方式的影响，各民族形成了不同的道德规范和道德原则。

本书遵循马克思主义的基本观点，认为道德是一种意识形态。它具有阶级性、历史性和民族性。道德是由人们在社会生活实践中形成，并经由经济基础决定，以善恶为评价形式，依靠社会舆论、传统习俗和内心信念，用以调节人际关系的心理意识、原则规范和行为活动的总和。

(二) 德育与道德教育

德育与道德教育是本书的核心概念。弄清德育与道德教育的关系是本书得以有效开展道德教育的前提。

最初，道德教育概念与德育概念等同。我国 1902 年颁布的《钦定京师大学堂章程》中提到，国外的学校除了重视知识方面的"智育"，尤其注重"德育"。从此，德育概念被引入我国。1929 年《教育大辞书》（唐钺等编）认为，"德育"是教育的一个方面，主要目的是陶冶儿童的德性、熏陶儿童的德性。也是在 1929 年，《中国教育辞书》（王克等编）中提出道德教育又称"德育"，主要是训练教育

---

① 《马克思恩格斯选集》（第三卷），人民出版社 1995 年版，第 433—434 页。
② 同上书，第 435 页。
③ 同上书，第 434 页。

对象的道德素质和道德品格。

随着社会发展，德育逐渐被引申为一个具有政治意义的概念。王立仁教授从"德"的词源和我国教育传统提出，"德"首先或基本上是一个政治概念。他认为："德来自于统治者的要求，它由统治者对自己提出的要求，进而成为对普通老百姓提出的要求。德是用来调整国家和个人之间关系的准则。"① 因此，它是一个政治概念。他说："现在社会中所主张的德性标准，都是国家对老百姓提出的标准。我们所倡导的德、智、体中的德，是我们社会主义国家向所有公民提出的标准。"②"德是调节国家和个人之间关系的行为标准。"③

在 20 世纪 80 年代，随着社会发展和教育内容的不断丰富，在教育实践中人们把思想教育、政治教育、道德教育融入德育概念。韦冬雪指出"这不仅得到学术界和政府文件的认同，而且在教育界也得到推广"。④ 在此基础上，有学者提出了"德育"概念的"守一而望多"观点。"守一"即强调道德教育作为德育范畴的最基本的内涵，学校德育应从最基本的道德品质培养做起。"望多"是指德育还应包括思想、政治教育等基本的内涵。⑤ 根据这一分析，结合我国学校德育实际，可以看出目前我们学校德育实际上属于广义的德育范畴，也即我国目前的学校德育实际是思想教育、政治教育、道德教育的结合。道德教育属于德育的下位概念。

本书主要着眼于少数民族青少年的德育，其中的"德育"概念坚持"守一而望多"的观点。"守一"即坚持狭义的德育概念，"望多"也即坚持德育广泛意义的理解。如前所述，狭义的德育概念主要指道德教育，因为道德教育是思想教育、政治教育的基础。一个在基本的道德品质上不合格的人，思想、政治上也很难有健康的追求，很难经

① 王立仁：《德育价值论》，中国社会科学出版社 2004 年版，第 10 页。
② 同上书，第 11 页。
③ 同上。
④ 韦冬雪：《对道德教育、德育、思想政治教育概念之辨析》，《求索》2007 年第 1 期。
⑤ 成有信：《教育学原理》，广东高等教育出版社 2000 年版，第 202 页。

得起人生的考验，更难担当政治上的大任。广义的德育主要包括思想教育、政治教育、道德教育，同时还包括心理健康教育、法制教育，但其主要是指思想教育、政治教育、道德教育。相应地，当前我国中小学道德教育也主要包含思想教育、政治教育、道德教育三个方面的内容。而如果我们在实践中单纯强调"道德教育"，就会与我国的思想道德教育实践相脱离。因此，本书中的道德教育概念坚持以狭义道德教育为主，同时也包含对道德教育的广泛理解。在广义的德育概念中，思想教育、政治教育、道德教育这三个方面相互联系，又彼此区别。思想教育在于使人们掌握认识世界的思想（思维）方法，树立正确的世界观、人生观与价值观，在认识世界中力求使主观认识与客观实际相符合，表现出方法论的特征。而道德教育是指一定的社会依据其道德原则和规范，采用多种方式对人们施加影响，使其形成一定社会需要的道德要求的过程。它主要是通过各种渠道潜移默化地影响人们，或者通过各类学校有目的、有计划、有组织地对人们进行系统的教育。

（三）文化

英文中的"文化"（culture）与德文中的"文化"（kultur）一词均来自拉丁文（cultura），其基本含义为"培育、培植、耕作"等。在中国，"文化"这个词在历史上出现得很早。《周易》上说"观乎人文以化天下"[1]；汉代刘向在《说苑》中指出"凡武之兴，谓不服也，文化不改，然后加诛"[2]。其"文化"都有"培育、教育、感化"之意。西方的"文化"概念逐渐演变为"教育、发展，个体的素质、素养"之意，后又逐渐引申出社会知识、文学、艺术作品等含义。学界对文化的理解多种多样、纷繁芜杂，这里从三个维度来梳理。

一是内涵和外延意义的"文化"概念。概念一般都有其内涵和外延，对文化概念的探讨也如此。关于外延意义的文化概念，英国文化人类学家泰勒 1871 年在其名著《原始文化》中系统地对文化概念做

---

① 《周易·贲》。
② 《说苑·指武》。

了界定，他指出，"文化和文明就其广泛的人种学而言，是一个复杂的整体，包括知识、信仰、艺术、道德、法律、风俗及作为社会成员的人所获得的才能与习惯"①；我国学者吉琳指出："各式各样支配社会行为的风俗、传统、态度、观念，便是文化。"② 这属于外延意义的文化概念，指明了文化主要包含哪些内容。内涵意义的"文化"概念主要说明隐藏在外延意义"文化"概念背后的文化是什么。如有学者认为文化就是一套共享的生活模式和行为标准。班纳特和杜明称："文化是一切群体的行为模式，我们把这些行为叫生活方式，生活方式是一切人群之可观察的特色。"③ 我国现代意义上最早界说"文化"的是梁启超，其在《什么是文化》一文中提出"文化者，人类心能所开释出来之有价值的共业也"④。梁启超对文化的理解也属于对文化内涵的揭示。

二是广义和狭义维度的"文化"概念。广义文化主要是指被人类影响和改造过的物质世界及因人类意识所形成的各种影响和成果的总和。美国学者克拉克洪对这一意义的"文化"概念做过论述，他指出，"文化是一整个的丛结。这一整个的丛结包含器物、信仰、习惯以及被这些习惯所决定的人的活动的一切产品"⑤。梁漱溟先生也认为，"文化，就是吾人生活所依靠之一切。……俗常以文字、文学、思想、学术、教育、出版等为文化，乃是狭义的。我今说文化就是吾人生活所依靠之一切，意在指示人们，文化是极其实在的东西。文化之本意，应在经济、政治，乃至一切无所不包"⑥。根据《苏联大百科全书》（1973 年版）的解释，文化是人们生活与活动的各种类型和样式，包括物质财富和精神财富。《新华词典》也是从广义上对文化进行界定，即"人类在社会历史过程中所创造的物质财富和精神财富

---

① ［英］爱德华·泰勒：《原始文化》，连树声译，上海文艺出版社 1992 年版，第 1 页。
② 参见张忠利等《中西文化概论》，天津大学出版社 2003 年版，第 6 页。
③ 参见殷海光《中国文化的展望》，中国和平出版社 1988 年版，第 34 页。
④ 参见梁启超《梁启超讲文化》，天津古籍出版社 2005 年版，第 133 页。
⑤ 参见杨永军《先秦文化传播研究》，博士学位论文，山东大学，2005 年，第 3 页。
⑥ 梁漱溟：《中国文化要义》，学林出版社 1987 年版，第 1 页。

的总和"。狭义的文化仅指人们的精神生活领域。比如，高长梅等指出，文化是与社会政治、经济相对应的物，它与社会政治、经济相伴随，同时又比政治、经济更复杂。狭义的文化概念也可分为不同的类别，一般来说包括知识形态的文化、观念形态的文化和制度形态的文化。《新华词典》指出，狭义文化主要是"特指精神财富，如教育、科学、文艺等"。我国1979年版的《辞海》把文化界定为意识形态，作为一种与政治和政权体系相对应的东西。

三是行为和符号意义的"文化"概念。日本文化学家祖父江孝男认为，文化是"由后天被造成的，成为群体成员之间共同具有且被保持下来的行为方式"[①]。人类学家温斯顿（Winston）更明确表明："从一个重要的意义来说，文化是社会互动的产品。人的行为在某种程度以内是文化行为。个人的习惯模型是由适应既成的习惯模型形成的。在这个范围以内，人的行为就是文化行为。这种既成的习惯模型是文化不可分割的一部分。而个人是生长在文化里的。"[②] 克鲁伯说："一堆学得的和传承的自动反应、习惯、技术和价值以及由之而导出的行为，乃构成文化的东西。"[③] 符号意义的文化主要是指文化抽象和具体的统一体。它包括具体形式和形式背后的"意义"。社会学家里德·贝恩则说："文化是以社会符号为媒介的行为总和。"[④] 另外两位美国学者巴尔格和波尔格斯则指出："一个群体的文化乃社会遗产的全部及其组织。这些遗产获得了社会意义，因为各个种族各有其不同的气质以及群体的历史生活。"[⑤] 可见，不同学者依据其研究背景对文化概念做出了各自的阐释，在具体研究中需要根据自身实际界定"文化"这一概念。

本书主要从文化视角对少数民族道德教育展开探讨。文化是区别

①　［日］祖父江孝男：《简明文化人类学》，季红真译，作家出版社1987年版，第37页。

②　参见张忠利等《中西文化概论》，天津大学出版社2003年版，第9页。

③　参见殷海光《中国文化的展望》，中国和平出版社1988年版，第30页。

④　参见［美］怀特《文化科学——人和文明的研究》，曹锦清等译，浙江人民出版社1980年版，第80页。

⑤　参见殷海光《中国文化的展望》，中国和平出版社1988年版，第31页。

民族的主要标志，而且文化对教育以及道德教育有着广泛的影响。本书中的"文化"主要是指少数民族传统文化。因此在本书中，我们把文化看作一个具有综合意义的概念，也即本书中的文化是内涵意义文化与外延意义文化的综合，既指文化本质内涵，也指文化的具体内容和包含的范围。文化，在内涵上指各民族基于自身历史与生境所形成的共同生活模式，在外延上就是指泰勒所说的"包括知识、信仰、艺术、道德、法律、风俗及作为社会成员的人所获得的才能与习惯"。在广义上，主要是指广泛意义的文化，即文化"包含器物、信仰、习惯以及被这些习惯所决定的人的活动的一切产品"。在行为和符号意义维度上，它既是符号意义上的文化，也是"群体成员之间共同具有且被保持下来的行为方式"。

二 少数民族道德教育需植根于民族文化

少数民族道德教育是我国道德教育的重要组成部分。我国各个少数民族在长期的历史发展中形成了各自独特的文化。少数民族间的这种文化差异形成了道德教育背景的差异及道德教育对象的特殊性。因此，少数民族道德教育必须根据教育对象的特殊性，有针对性地进行。借此，根据道德教育与文化的内在联系，我们提出少数民族道德教育要植根于民族文化。这缘于道德教育与文化的内在联系：一方面，文化性是民族德育的基本属性；另一方面，文化对道德教育具有决定意义。

（一）民族德育本身具有典型的文化属性

民族德育又称少数民族思想道德教育，是指在多民族国家中，对人口居于少数的民族成员实施的思想道德教育，具体包括思想教育、政治教育和道德教育。这里主要是指在中国境内对汉族以外的其他民族实施的思想道德教育。少数民族德育本身具有典型的文化属性。

民族德育的文化属性是由民族德育的民族性决定的。首先，民族与文化总是联系在一起的，是民族创造了文化。民族创造了文化主要是指民族中的人的劳动创造了文化。在人类社会产生之前，整个世界是一个纯粹的自然界，植物自然生长，动物被动地适应着自然。自从制造和使用第一件工具开始，猿变成了人。从此人开始改造自然。原

来的自然世界一分为二，即自然世界和人文世界。从此世界开始了人
类文明。人类的加入给自然界带来了灵气。自然界的事物因为人类的
涉入打上了文化烙印，而形成文化物，从而区别于自然存在的事物。
民族主要是一个文化共同体，人类创造文化其实就是民族创造了文
化。可以说，一个民族之所以能成为民族，最根本的原因在于该民族
形成了自己所特有的文化。各个民族所创造的文化体现在文化的具体
形态之中。这些具体形态包括各民族的风俗习惯、节日礼仪、民族文
学、民族规约、宗教信仰等。同时各民族文化形成了各民族特有的思
维方式和行为方式，从而形成其特有的生存方式。与此同时，文化还
会以各种方式在这个民族中世代相继地流传下去，并世代相继地产生
影响，从而形成本民族的文化传统，进而形成本民族的特色与标志。
其次，文化与民族密切联系，是文化形成了民族。人创造了文化，文
化也创造了人。也就是说，在一定环境中形成的文化，会在该文化环
境中的人身上打上深深的烙印。就我国来说，由于自然生境的差异以
及历史遭遇的不同，不同地域的人们形成了具有各自特色的文化。这
些各具特色的文化一旦形成，也成为区分这些不同地域人们的标志。
林耀华指出，由于种种原因，人类不可能创造同一种模式的文化，而
是创造类型、样态各异的文化。这些不同的文化模式和文化类型形成
了具有相应文化特征的人类群体，即民族。① 也就是说，由于环境、
条件的不同，方式和途径的差异，人们创造了各具特色的文化。这些
各具特色的文化又反过来成为划分民族的标志。正是因为此义，斯大
林通过对民族特征的描述来界定民族。他认为，民族是一个具有共同
文化特征的群体，这些特征主要包括人们所使用的语言、人们所共同
生活的地理环境、人们在一定环境中所从事的经济生活方式，以及由
共同文化所形成的人们的共同心理素质。② 斯大林这一民族定义特别
强调文化对于民族的重要性。总之，文化与民族都是历史的产物，两
者不可分离。民族在社会生产实践中创造了文化，同时文化传统又成

---

① 林耀华：《民族学通论》，中央民族大学出版社 1997 年版，第 399 页。
② 《斯大林全集》（第二卷），人民出版社 1953 年版，第 294 页。

为区分民族的重要标志。而民族文化一旦形成，就会在较长时间内影响着民族群体中的每一个人，同时民族群体中的人们基于这种共同的文化归属，又紧紧地凝聚在一起。因此可以说，在当今世界，文化都是民族的，民族也都是文化的，文化性是民族的根本特性。

民族的文化性决定了民族德育的文化性。同时，道德本身也是充满人文意蕴的文化现象。这些要素决定了少数民族道德教育要植根于少数民族的历史文化传统。脱离文化谈道德是不现实的，我们只有从文化学的视角关照与分析道德，才能增强少数民族道德教育的实效性。

（二）民族文化深刻地影响着民族德育

民族德育需植根于民族文化主要缘于民族文化对于民族德育的重要性。总体来说，民族文化深刻地影响着民族德育。民族文化对民族德育的深刻影响可以从以下几方面分析。

文化传统决定着道德教育的内容。文化是一个民族在其长期共同的生产生活中形成的具有强烈情感倾向和心理归属的观念系统。道德作为人们之间社会关系的反映，受制于一定的生产关系和文化传统，有什么样的文化传统就有什么样的道德价值观念。例如，土家族长期生活在边远山区，大山里独特的生存环境和社会关系形成了土家族坚韧不拔、勤劳勇敢、吃苦耐劳的文化传统和德性精神。从世界上看，世界不同民族因其文化背景差异往往具有不同的道德内容和道德精神。比如，英格兰人的道德教育特别强调谦恭、智慧、礼貌和学问，强调通过道德教育培养具有大不列颠文化的绅士型人格。同时，在西方信仰文化背景下，人们的道德具有一种追求自由、博爱、民主、平等的道德原则，而又把这种道德归于上帝或神的启示。在中国传统文化背景下，其道德内核体现为"仁"，孔子说仁者爱人，中国传统文化决定了"仁"这一道德教育特定内容。所以，古代有"志于道，据于德，依于仁，游于艺"之说。世界各民族如此，一个国家内部各民族也如此。在一个国家内部，由于地域和生产生活差异，各民族形成了自身独特的文化，而每一种文化内部又形成了各自不同的道德关系和道德内容。

文化传统决定着人的思维方式。思维方式是人头脑中相对稳定或相对定型的思维结构和思维模式，是思维主体把握客体的理性认识方式。人是一种文化性的存在。语言、神话、宗教、伦理和艺术等文化样式既是少数民族理解和把握世界的方式，也是少数民族自身的生存方式。不同民族的生存状态和生存方式是独特的。这不仅是因为不同民族群体把握世界和自身生存方式彼此有别，更为根本的是，在理解和把握世界时有不一样的思维方式。一般而言，一个文化群体的思维方式是相对定型的，并为这个文化群体所共有。这一特定的思维方式相应形成了特定的道德接受模式。因此在道德教育中，需要深入教育对象的文化传统，把握教育对象及其群体的思维方式。教育者只有深刻把握教育对象思维方式的特点，有针对性地采取道德教育措施，才能有效开展思想道德教育。这是因为，道德教育包含着道德知识的培养、道德情感的熏陶以及道德意志的磨炼等环节，每一环节都与个体思维模式密切相关。可以说在道德教育中，教育者通过受教育者把握世界的方式，把握住隐藏在这一方式背后的思维方式是有效开展道德教育的重要机理与逻辑。而且只有达到了对教育对象所在群体的思维方式的理解和把握，才算是更为深刻地把握了教育对象，才能更有效地开展道德教育。在如何把握受教育者思维方式方面，马克思主义认为，社会的实践活动方式是怎样的，人的思维方式大体也就是怎样的，个体的思维方式取决于个体所处的环境以及所从事的社会实践活动。因此，道德教育者需要深入教育对象文化之中，把握教育对象群体思维方式，才能有效地开展道德教育。

文化传统决定着道德教育环境。环境是围绕着人类生产生活的外部世界，是人类赖以生存和发展的社会和物质条件的综合体。任何个体的成长都离不开环境的影响，道德教育也如此。一般来说，在一定社会条件下产生的法律、道德等社会意识形态及其社会风俗习惯，为人们设计出道德行为规范，形成道德环境，并制约和影响着人们的言行。个体的道德品质就是在这样的环境中形成的。不同的文化传统形成了不同的道德教育环境。马克思指出："人们的观念、观点和概念，一句话，人们的意识，随着人们的生活条件、人们的社会关系、人们的社会存在的改变而改变。"① 一个民族、一个地区，甚至一个组织或更小的群体也如此。对少数民族来说，由于各自有着自己独特的传统风俗、风土人情和语言文化，其独特的文化环境影响着个体道德品质的生成。恩格斯指出："善恶观念从一个民族到另一个民族、从一个时代到另一个时代变更得这样厉害，以致它们常常是互相直接矛盾的。"② 这里，恩格斯强调了民族道德受民族所生存的外界环境的影响程度之深。这种外界环境就是一个民族所生存的文化传统。可以说，道德及道德教育环境受制于一个民族的文化传统。因此，道德教育必须植根于这种文化传统，并深入其文化传统内部。

文化传统决定着道德教育的方法。道德教育方法就是教育者在对受教育者开展道德教育的过程中，为实现道德教育目标，传授道德教育内容所采用的与其相适应的方式和手段。道德教育目标的实现需要一定的方法。同时，文化对道德教育方法具有决定意义。人类学家斯宾格勒指出，社会的文化渗透在社会的方方面面，对人们的行为产生着重大影响，也深刻地影响着人们对后代的教育行为和教育方式。他进一步指出，特定的文化传统会形成特定的教育子女的方式，有什么样的民族文化传统就有什么样的教育。同时，道德教育实践也反复证明，道德教育方法直接影响道德教育的效果，在其他条件大致相同的情况下，由于教育者各自采取不同的方法，最终形成的道德教育效果完全不同。而且即使有了道德教育的方法，如果方法不具有适切性，也会导致预设目标难以达成。因此，教育者只有在具体道德教育实践中采用适合教育者、适合教育内容的方法才能使道德教育取得良好效果。总体来说，在道德教育中，道德教育方法对于消化教育内容、提高教育效果、促成教育目标的实现具有重要意义。对少数民族来说，我们必须从其特定的文化背景出发，来制定相应的"船"和搭建相应的"桥"。

总之，文化性是民族德育的根本属性，民族文化对道德教育具有

---

① 《马克思恩格斯选集》（第一卷），人民出版社 1995 年版，第 291 页。
② 《马克思恩格斯选集》（第三卷），人民出版社 1995 年版，第 433—434 页。

决定意义，而道德教育主要是将一定的道德标准、道德原则及其价值内涵传递给教育对象的实践活动，因而道德教育需要深深扎根于文化之中。教育者只有有意识地从文化的视角开展道德教育，才能促进教育对象道德素质的生成。

三 从文化视角探讨民族道德教育的意义

"意义"的基本含义为"价值与作用"。从文化视角探讨民族德育的"意义与价值"就是探讨少数民族传统文化对于少数民族道德教育的有用性，以便受教育者在少数民族道德教育过程中自觉利用和充分挖掘少数民族传统文化，增强少数民族道德教育实效。具体来说，从文化视角探讨民族德育的意义与价值主要包括以下两个方面。

（一）提高道德教育实效性

实效与效用是人类实践活动所追求的一个重要尺度。作为人类实践活动的重要组成部分，道德教育也特别关注其实效性。究竟何为实效性？国内最早较深入、较系统研究思想道德教育实效性的是武汉大学的沈壮海教授。在沈教授专著《思想政治教育有效性研究》一书中，他指出："在效用尺度的支配下，人类的实践活动在满足人类的相应需要、实现人类的相应目的方面所表现出来的积极的特性，就构成了人类实践活动的有效性。"[1] 在这一概念的推演下，他对思想政治教育的有效性做了界定，"作为一种客观存在的实践活动，思想政治教育的有效性也就是思想政治教育活动在满足人们的相应需要、实现人们的相应目的方面所表现出来的积极特性"[2]。相应地，道德教育的实效性主要是指道德教育活动在满足德育对象的需要、形成良好社会德育关系中所表现出来的积极特性。

当前我国道德教育的实效性面临着严重挑战。本研究的调查表明，民族地区学校的德育实效不太理想。调查显示，有3%的学生对学校德育效果评价特别好，有22%的学生对学校德育效果评价较好，有51%的学生对学校德育效果评价一般，评价不好的占16%，评价

---

① 沈壮海：《思想政治教育有效性研究》，武汉大学出版社2008年版，第2页。
② 同上。

糟糕的占 8%。虽然学校德育总体效果较好，但不容忽视对学校德育评价为"不好"和"糟糕"的占 24%，可以说民族地区学校德育任务非常艰巨。当前我国民族德育实效面临的挑战主要体现在以下两个方面：首先，市场经济的新变化给民族德育带来的挑战。本书关于武陵民族地区道德教育的调查显示：关于青少年对学校教师教育的看法，认为德育教师观念与现实生活不一致的占 68%，认为德育教师观念与家长观念一致的占 32%；关于市场经济中道德的看法，认为市场经济时代没有统一的道德标准的占 46%，认为以诚信、公平、正义作为道德标准的占 27%，认为以本民族传统道德作为市场经济时代道德标准的占 10%。这无不反映了市场经济时代我国道德教育面临着许多困难。其次，受教育者文化自觉意识和主体意识增强给民族德育带来的挑战。现今学校德育模式偏重于一种工具性德育模式，而较少关注德育对象的主体性。随着社会发展，青少年的主体意识越来越强。各民族的民族自觉意识也越来越强。而偏重于工具化的德育模式对学生如何处理身边的各种关系关注太少。一味实行超越现实社会关系的教育，虽然有深刻的道理和长远的价值与意义，但由于脱离现实而被认为是"假大空"，不利于增强道德教育的实际效果。这种因受教育者主体意识的增强与德育强调工具性间的矛盾给民族德育带来的挑战越来越明显。

　　道德是文化的下位概念。在探讨道德教育过程中，从文化视角探讨道德教育对于增强道德教育实效性具有重要意义。首先，从文化视角探讨少数民族道德教育可以使德育对象积极融入道德教育实践，进而促进个体道德素质的有效生成。文化是人生活于一定社会环境中所形成的思想观念以及相关人文特征与痕迹。一方面，每一个时期的人类都在创造着属于自身的文化，因为人类的一切活动都是文化的；另一方面，每一个时期的人类所创造的文化都对生活于其中及其之后的人们有着深刻的影响。文化是人的精神家园。人们生活于文化之中，并在其中发现和找到自身存在的意义与价值。文化的作用就在于使人类在精神上得到富足。精神富足是人类幸福生活的源泉。正是由于文化的这一特殊性，从文化视角切入道德教育会吸引德育对象积极参与。基于文化的德育参与会使德育对象在获得道德教育信息过程中获得文化上的满足，进而促进个体道德教育素质的有效生成。其次，从文化视角探讨道德教育可增强我们对市场经济时代道德规范之人文内涵的深刻理解。市场经济是人类社会的一种经济形态，这种经济形态主要以市场配置资源。其基本特征就是引入竞争机制，个体需要在市场中积极参与竞争。市场经济是人类社会高级阶段出现的一种经济运行机制，这一运行机制的核心特征是市场自主配置资源。对市场经济的认识，我们不能仅局限于对其竞争和自主资源配置的认识层次，而需要更深刻认识到在现代社会人类引入市场经济体制背后的人文关系内涵。通过对市场经济所体现的人文关系内涵的理解，可以促进人们对市场经济道德的认识和理解，从而促进市场经济时代个体市场道德的生成，以增强道德教育的实效性。最后，从文化视角探讨少数民族道德教育可增强德育的文化性和主体性，促进个体德育素质的有效生成。从文化视角探讨少数民族道德教育的一个重要内容就是突出文化的重要性，以及文化对道德教育的重要影响。这里对文化重要性的强调，就是要求在个体道德教育中凸显文化的重要地位。文化使人身心愉悦，带给人丰富的情感体验，使人内心涵养更加丰富，也使人在精神上更加富足。德育在文化润滑剂的作用下，可避免在实践中片面强调政治性，增强了德育的实效。

（二）促进民族德育的反思与进步

文化是区分民族的最核心标志。各个民族间最根本的差异是文化差异。从文化视角探讨民族德育可促进民族德育的反思与进步主要是指，从文化的角度反思民族德育可促进民族德育的改革与发展。这里从文化角度对民族德育的反思主要指的是德育理念、德育模式和德育方法的反思。

从文化视角探讨民族德育可以促进民族德育理念的反思。理念就是指人们关于某一事物和现象的理性认识、理想追求及其所形成的观念体系，或者说理念就是人们对于某一事物经过理性认识后所形成的观念。理念所体现的是对事物最本质的、最核心的、全面的认识。这里提出的对民族德育理念的反思就是对民族德育最本质的、最核心的、全面的反思。这种反思体现的是一种道德教育模式的整体反思，包括对道德教育的目标、内容、方法、载体、环境的反思。从文化视角探讨道德教育就是从文化的角度反思德育目标、德育内容、德育方法、德育载体、德育环境，强调要形成文化德育理念。文化德育强调道德教育的一切活动与环节都要从文化的角度来思考问题，因为文化构成人类生长的土壤与环境。文化是人类的精神家园，一定群体的文化可使群体内的精神生活得到富足，并在精神生活上感到愉悦，从而感受到个体存在的意义与价值，进而积极参与人类社会实践活动。因此，从文化视角探讨少数民族道德教育，并树立起文化德育理念，可增强少数民族道德教育的实效性。

从文化视角探讨民族德育可以促进民族德育模式的反思。德育模式的反思主要是思考以往德育模式存在的问题，并探讨建立一种新的德育模式。在过去，我国的德育模式主要是政治德育模式或知性德育模式。政治德育模式强调以政治教育引领道德教育，这样其道德教育主要是一种政治意识形态教育。而道德教育政治意识形态化，往往会异化教育对象。而且，在实际操作中往往还存在着一种意识形态灌输过度的现象。知性德育模式是从德育方法角度对道德教育模式的划分。在道德教育中，知性德育模式强调道德规范、道德知识的学习与灌输，通过德育知识与德育规范的学习促成道德教育对象道德素质的生成。知性德育模式把德育对象当作"道德袋"，主要向德育对象灌输德育知识，并认为德育知识的灌输可使德育对象形成道德素质。但道德与科学不同，道德知识的学习并不必然导致道德素质的生成。道德知识的灌输会使道德养成行为变成一种道德应试。当道德知识与现实相矛盾时，德育对象不知所措，形成德育对象人格的分离与异化。从文化视角探讨少数民族道德教育可有效避免政治德育模式和知性德育模式的不足。

另外，从文化视角探讨民族德育可以促进民族德育方法的反思。德育方法的反思可促进原有德育方法的变革，实现德育方法的不断创新，进而促进德育的发展与进步。从目前关于民族德育、德育与文化的相关研究看，研究者多从汉文化意义上探讨文化与德育的关系，倾向于"汉化"少数民族文化，这样的道德教育往往达不到预期效果。在道德教育实践方面，少数民族的道德教育较少考虑少数民族的特殊性，从某种程度上说少数民族德育与少数民族文化还处于"两张皮"的状态。在这一方面我们需要加强反思。比如，民族文化对于少数民族的至关重要性以及民族文化对少数民族道德生成的重要影响，要求教育者在少数民族德育中充分利用少数民族文化，并在少数民族道德教育中注意采取少数民族文化易于接受的教育方式。一是教育者要认识到在道德教育中充分利用少数民族文化的重要性。少数民族文化是少数民族人民在其长期生产生活中形成的本民族的价值系统，现行道德体系及其价值系统是基于汉文化体系而建立起来的观念系统，这两个系统相互统一又相互对立。少数民族既要适应主流文化，又要保持自身特色。因此，在对少数民族开展道德教育过程中要注意尊重少数民族文化，并注重利用和发掘少数民族文化中与现行政治体系价值系统相接近和相一致的部分，使其在少数民族道德形成过程中起到先导和促进作用。二是教育者要在道德教育中注重采用少数民族文化易于接受的方式。只有在对少数民族的思想理论教育中采取适合少数民族的文化接受方式才能增强少数民族学生道德教育的实效性。所谓少数民族的文化接受方式主要是指，在对少数民族开展思想理论教育过程中考虑到少数民族的文化差异，采取适当的教育方式或在少数民族思想理论教育中把现行道德价值观转化为少数民族的文化表达，使之民族化，或直接通过民族文化载体传播现行道德价值观。因为在一定程度上，道德教育的实质是一种文化教育。

第二节　民族德育要形成文化自觉

一　民族德育要注重文化融入

（一）文化融入的内涵

1. 融入的概念

融入主要指一个人或群组从思想上和形式上融入了另一个群组，

并成为一个更大的群组；也指有形物质的彼此融合，或者一种物质融入了另一种物质。作为一个社会学概念，与融入有关的核心概念是社会融入，相关的术语有社会融合、社会吸纳、社会整合等。这里我们通过对社会融入的概念的分析，来理解融入这一术语。

在社会学领域，社会融入的概念主要有两个方面的含义：一是参与式的融入。其主要强调社会参与，对立面是社会排斥。这种观点认为社会融入主要是积极提供参与机会，无论在工作、教育还是在更为广泛的其他方面，通过缩小差距，降低弱势群体与社区之间的不平等。参与式的融入强调通过社会帮助，让那些弱势群体能够参与社会，实现其应有权利，体现出社会公平正义。在这层含义上，社会融入主要强调的是社会参与或帮助社会参与，并认为社会排斥是引起社会融入的原因，而社会参与可以促进主体的社会融入。同时，社会融入包括形式上的外在融入和内在的认同式参与，进而最终融为一体。比如，刘建娥认为社会融入是特定社会中的个体和群体通过结构调整与主体自我适应在平等参与中融入主流社会。在有关移民融入的研究中，学者们认为融入是移民个体或群体自身对流入地社会的同化与适应，同时也包含着流入地社会自身在面对移民群体时发生的变化。①二是一种状态和目标。这一方面主要是指形成社会融合。社会融合是指社会个体或群体被平等地包容进主流社会以及社会各领域的过程，社会融合的主体既包含个体，也包含群体。同时，融合的内容包含多个方面和多个层次，强调融合是"个体或群体相互渗透、相互融合的过程，在这个过程中，通过共享历史经验，相互获得对方的记忆、情感、态度，最终整合于一个共同的文化生活之中"②。我国学者任远等提出，"社会融合是个体与个体之间、不同群体之间或不同文化之间相互配合、相互适应的过程，并强调，这种融合主要是以构筑良性和

---

① 陈成文、孙嘉悦：《社会融入：一个概念的社会学意义》，《湖南师范大学社会科学学报》2012 年第 4 期。

② 转引自杨菊花《从隔离、选择融入到融合：流动人口社会融入问题的理论思考》，《人口研究》2009 年第 1 期。

谐的社会为目标"①。同时，杨聪敏提出，"社会融合是指移民的原文化与流入地文化融合到一起，互相渗透，形成一种在某种程度上具有新意的社会文化体系"②。在这种意义上，融入主要强调要形成一个目标，最终达到一种有机结合的状态。上文主要从有形意义上探讨融入。

总体来说，融入的主要含义是一种物质融入另一种物质，这一含义包括三个方面的核心内容：一是参与，融入他物，并与之适应或被同化；二是使他物产生效应，使他物或流入地社会因为新物质或新群体的融入而产生新的变化；三是融合，通过融入使一物与另一物有机结合，达成一个新的目标和一种理想结合状态。

2. 道德教育中的文化融入

根据上文对融入的概念的理解，融入主要是一种渗透与参与，即指一物或一群组融进另一物，并与之有机结合，产生出一种新的状态。可以说，融入包含以下三层含义：融入他物，使融入之物被同化或适应新的环境；融入物融入他物后使他物产生新的变化；在前述两者的基础上，融入物和被融物进入一种新的状态，达到一个新的目标。融入行为主要包含三个要素：一是融入的主体，即融入什么东西或什么东西融入的问题；二是融入的对象，即客体融到什么之中去；三是对融入概念自身的理解，即融入什么程度的问题。这里我们对少数民族道德教育中的文化融入从以下三个层面展开分析。

首先，是对融入主体的理解。少数民族道德教育中，文化融入的主体因素是文化，主要是指少数民族文化，即在少数民族道德教育中，需要把少数民族文化融入道德教育全过程。这种融入就是强调文化因素需要参与到道德教育过程之中，成为道德教育的一个要素。文化因素之所以能成为道德教育的一个要素，主要是由道德教育与文化的内在关系决定的。对少数民族道德教育来说更是如此，因为民族间

---

① 任远等：《城市流动人口的社会融合：文献述评》，《人口研究》2006年第3期。

② 转引自陈成文等《社会融入：一个概念的社会学意义》，《湖南社会科学》2012年第6期。

的差异核心是文化的差异。民族间的这种文化差异，形成了教育对象的特殊性。教育（包括道德教育）必须针对教育对象的特殊性，有针对性地采取相应的教育方法，方能取得良好的效果。在此意义上，文化融入和融入文化意思相同，即把文化作为融入的主体要素，把道德教育实践作为融入的对象，都是强调在道德教育中要充分发挥文化要素的作用，使之助力于道德教育。

其次，是对融入对象或客体的理解。融入的对象是道德教育实践活动，即把文化融入道德教育，使道德教育效果得到较大提高。对道德教育实践活动来说，在道德教育过程中融入文化，主要是提高道德教育实效。在道德教育中融入文化因素也是人们在探讨道德教育效果提升过程中的一个发现，是道德教育面临现实困境的探索，有利于道德教育效果的提升。

最后，是对融入概念自身的理解。融入有结合之意，强调道德教育与文化的结合，当然这种结合不是一般的接触。"融"有融化之意，"入"有嵌入之意，即两者在一定程度上达到某种结合，但这种结合还不一定是深度结合，主要带有"嵌入"之意。但这种融入或嵌入对于提升道德教育实效具有重要意义。同时根据上面的分析，道德教育中的文化融入不单单是强调一事物参与到另一事物或者活动中去，更重要的在于参与到另一事物之后，参与物适应新的环境，同时另一事物产生新的变化，进入比融入前更高的一种目标状态，促进所融入事物的发展。道德教育中的文化融入主要是强调在道德教育中引入文化因素，促进道德教育的新发展，使道德教育达到一种新的目标状态。总之，道德教育中的文化融入，就是在道德教育实践中融进文化因素，或者使文化要素融入德育活动，让道德教育活动在文化要素的作用下，使道德教育过程产生新的变化，进入一种新的状态，达到一个新的目标。

（二）民族德育中文化融入的形态与特征

1. 准文化德育——文化"融入"德育的具体形态

根据上文对"融入""文化融入"及"道德教育中的文化融入"的理解可以看出，"融入"是一个局部性的、较为浅层次的概念，强调文化的参与性，这种参与性还不是两个对象的深层接触和交融，只是一种因素嵌入另一种因素之中。当然这种"参与"与"嵌入"给嵌入者和被嵌入者都带来了新的因素，促进了各自在一定程度上的发展。少数民族道德教育中的文化融入就是强调道德教育中文化因素的参与与嵌入，因为文化因素参与到道德教育之中会促进道德教育内部系统的优化，从而推动道德教育新的发展。同时，文化因素在参与道德教育实践活动中也促进了文化系统自身的发展。当然在此过程中，文化因素对于德育实践活动只是一种参与，不是一种深层次的接触和融合，只是在一定程度上"实现了结合"，但这种结合还有待于更进一步深入发展。

在文化因素融入道德教育的实践中，德育实践加入了新的元素，促进了道德教育的发展。可以说，这在一定程度上形成了一种新的德育范式或模式，但这一范式或模式还不够成熟和完善，需要进一步改进和发展。这里，我们把这一德育范式或模式称为"准文化德育范式（模式）"。"准"，《说文解字》中说："準，平也。"它是古人在通过水平仪器测量物体的倾斜度时使用的一个术语，指针定在水平仪的正中位置，这个位置就称为"准"。"准"表示指向确定，目标不再游移。后来，"准"的含义引申为朝确定方向走，按既定方针办，有预备、准备之意。"准文化德育"中的"准"就有此意，即这一德育形态需要朝一定方向走，此种德育形态是后一德育形态的准备和预备，还需要达到一种更高的德育形态，即文化德育形态、文化德育模式或文化德育范式。"准文化德育"形态之所以"准"源自德育与文化的结合程度，因为道德教育中的文化融入强调的是文化的"参与"。这种参与还不是道德教育与文化的有机结合，只是文化作为道德教育的一个要素。其核心因素还是道德规范的教育，文化只是作为道德教育催化剂或推进器。同时随着文化因素的嵌入与推进，道德教育与文化的关系将会得到更进一步的发展。这里我们把"准文化德育范式或模式"作为文化参与或融入道德教育的一种形态，作为文化参与道德教育、文化嵌入道德教育中的一种道德教育形态，也是文化"融入"道德教育实践的具体形态。

2. "准文化德育"概念中的德育与文化关系特征

"准文化德育"中的文化之于德育是一种参与关系或嵌入关系，这种参与与嵌入搭建了德育与文化之间的桥梁，形成了德育与文化的新的发展前景。德育与文化的结合，会使德育各要素功能得到新的激发，促进道德教育在新的平台上发展。同时，德育与文化的关系仍是一种"参与"关系，只是强调道德教育需要"注重"文化融入。这种融入不是深层次的融合，尚需要进一步发展。具体来说，"准文化德育"概念中文化与德育的关系具有以下特点。

其一，接触性。如前所述，在"少数民族道德教育需要注重文化融入"语境中，文化在道德教育中只是一个参与因素。在这种参与中，首先表现为道德教育与文化的接触。道德教育与文化有着密切联系，但也可把道德教育与文化划归于两个不同的系统。文化是一个名词性的"物"，道德教育是一个动词性的"物"。名词性的"物"参与动词性的实践活动需要有行动上的接触。同时，道德教育与文化也是两个不同的系统圈，系统之间的融入与结合首先表现为接触。因此，这种文化与道德教育的结合，是一种浅层次的结合、参与，是一种接触性的结合与参与。这种接触性的参与为两者的未来发展打下了基础。

其二，嵌入性。少数民族道德教育中的文化融入，或准文化德育中的德育与文化之间的关系，不只体现为一种接触，也表现出一种参与融入。而这种参与与融入的程度有限，因而界定为"嵌入"。"嵌"本指山谷很深的样子，引申为把东西填镶在空隙里，或紧紧地埋入。道德教育中的文化"融入"，就是指在道德教育实践活动中，把文化因素镶嵌在道德教育要素中，成为激发道德教育的催化剂，同时也指在道德教育中充分地挖掘文化因素，以促进道德教育的发展。同时，嵌入性还表现在"入"字上，表明这是一种更为深层次的接触，在道德教育与文化之间实现了融合，各自吸取有利因素向前发展。

其三，互利性。互利性是前述接触性及嵌入性的原因，也是接触性与嵌入性发展的结果与最终目的。互利强调两个对象为自身的发展各自寻找对自身有利的东西，以实现自身更好的发展。在这里，一方面，道德教育与文化有着各自的需要，特别是道德教育对于文化的需要，使道德教育与文化相互接触，再由接触进一步发展到嵌入，使道德教育实现自身需要，促进自身发展。另一方面，通过接触、嵌入，实现两者的互利，也是道德教育需要和文化发展的最终目的。此目的，一是推进道德教育实效性的提高；二是通过道德教育的作用推进文化的自我发展与自我创新，实现两者的双赢。当然道德教育与文化在接触、嵌入、互利基础上还需要进一步向前发展。

（三）民族德育中文化融入的价值与意义

1. 开启民族德育的新视角

道德教育是人类社会的永恒话题，少数民族道德教育是少数民族安身立命的重要内容。在人类的道德教育，包括在少数民族的道德教育实践中，追求道德教育的实际效果，培养少数民族青少年良好的道德素质一直是道德教育者追求的目标。对我国来说，党和各级政府部门都特别重视青少年的道德教育，特别是各级各类学校在道德教育中做出了重要探索，也取得了较好的成绩。但我国道德教育，包括少数民族道德教育的效果并不十分令人满意，推动少数民族道德教育发展的效果不明显。少数民族道德教育的新发展需要创新一种新的道德教育模式或范式。一种德育范式或模式的突破对于推动道德教育实践行动的发展具有重要意义和价值。少数民族道德教育中的文化融入就是在道德教育中融入文化因素，利用文化自身的特点和优势，充分发挥文化的道德教育作用，形成一种文化德育范式或模式，从而形成道德教育的新模式或新视角。由于道德教育与文化有着特殊的关系，道德教育中的文化融入必定会推动道德教育的新发展。因此，可以说文化融入道德教育的"文化德育范式"开辟了道德教育，特别是少数民族道德教育的新视角。

2. 发掘民族德育的新载体与新环境

道德教育的成功实现需要一定的载体。正如毛泽东所说："我们不但要提出任务，而且要解决完成任务的方法问题。我们的任务是过河，但是没有桥或没有船就不能过。不解决桥或船的问题，过河就是一句空话。不解决方法问题，任务也只是瞎说一顿。"① 这里的桥或船就是我们达到目标所需要的载体或工具，道德教育也如此。过去我们的道德教育中常运用的载体主要包括谈话（心）、开会、道德理论教育，另外也包括管理载体、大众传播载体、文化建设载体、活动载体等，其中对文化载体重视不够。在这些载体之中，文化载体具有更为重要的意义和价值。谈话（心）、开会、道德理论教育、管理载体、大众传播载体、活动载体都是外在于道德教育的，主要是通过其承载的道德教育信息发挥道德教育功能，而这些载体本身不具有较强的道德教育特性。而道德教育的文化载体不一样，一方面文化的具体形式本身承载着丰富的道德教育信息，另一方面道德、道德教育本身就属于文化，是文化的一部分，也即道德教育本身内含于文化，文化构成道德教育的外部环境。道德教育中要注重文化融入，一是形成道德教育的文化载体，使其更有意识地承载德育信息；二是充分发挥文化本身的优势，使其成为道德教育的黏合剂和催化剂，促进道德教育要素功能的充分发挥；三是形成道德教育的文化环境，使道德教育变成一种基于德育文化的道德熏陶。因此可以说，道德教育中融入文化因素对于充分发挥民族德育的载体功能和潜在价值具有重要意义。

3. 开辟民族德育新境界

一切人类活动在某种程度上都是为了追求一定的效用，因为人类的一切活动归根结底都与人类的某种需要有关。人类的发展也都是在满足需要的驱动中前进的，也正是因为效用尺度才使得人类的发展形成了一种动力。道德教育实践对效用和实际效果也有自身的追求。文化融入道德教育或者道德教育中融进文化要素所形成的道德教育模式，突破了我国近些年来的一般德育范式，在促进德育实效提升方面有着其独特的功效。我们在道德教育中融入文化要素，主要是因为文化要素的特殊功能必然在增强道德教育效果方面显示出积极的特性。反思我国近几十年来的少数民族道德教育，我们提出从文化的视角来

---

① 《毛泽东选集》（第一卷），人民出版社 1991 年版，第 139 页。

探讨少数民族道德教育有着重要意义。这是因为，民族以及各民族间的差异核心是文化差异，针对各少数民族间的文化差异，有针对性地开展少数民族道德教育，可以提升少数民族道德教育实效性。因此，在少数民族道德教育中融入文化因素，充分发挥文化因素对少数民族道德教育的推动作用具有更为重要的价值。近些年来，在少数民族道德教育中融入文化因素的实践也大大地推进了民族德育的新发展，可以说少数民族道德教育中的文化融入必将开启民族德育的新境界。

二　民族德育要融于民族文化

（一）对"融于文化"的理解

1. "融于"与"融入"

融，本义为固体受热变软或化为流体。《说文解字》中说：融者，炊气上出也。形容像炊气向上升起。《晋书》有"融融者皆趣热之士，其得炉冶之门者，惟夹炭之子"。"融"后来引申为融化、消融；融合、融会。"融于"与"融入"之差异在于"于"与"入"之差异。"于"多用作介词，主要用于引进动作、行为的时间、处所，意义相当于"在""到"或"在……方面"。"融于"之"于"在于此意。在此，对于"融于"的理解有两层含义：其一，"融于"有少量的物质融（溶）于大量的物质之意，即有数量上的差异，强调融入的主体在量上少于融入的对象，如固体物质融（溶）于水。同时固体物质融（溶）于水，还在于水具有融入固体物质的饱和度。其二，"融于"强调一物融（溶）入另一物的彻底性、全面性，是一种水乳交融之态势。此意是前一意的拓展。因为少量的物质融入大量的物质，必使其被覆盖，全面融化、溶解，达到水乳交融。

对于"融于文化"与"文化融入"的比较，"融于文化"是比"文化融入"更彻底、更透彻、更深入的结合。如"道德教育的文化融入""道德教育融于文化"，后者体现出更为深入和透彻。"××融入"强调一事物与另一事物的结合，一事物嵌入另一事物，所融进的东西是一种附加成分、一种外在成分。它强调此种物质进入另一种物质之中，但融入的物质和被融入的物质之间不是一种有机的融入，或者是因为一种外力，或者是因为基于某种其他的目的。在一种物质

"融入"另一种物质之后，被融入物质的主体性质没有改变，只是部分地改变了被融入物质或事物的功效，融入物质仍然决定着事物的性质。而"融于××"则有更为深入一层的意思。如前所述，"融于"具有少量之物对于大量之物的含义，融入的物质是少量之物，被融入的物质是大量之物，因而被融入物质决定事物的性质。同时，"融于"强调两种物质结合的彻底性、全面性以及水乳交融之势，它是两种物质的有机结合，所融进的东西不是一种外在成分或附加成分，所融进的物质已成为另一种物质本身的一部分，它们已内含在一起。一方面，所融入的物质增添了新的功能；另一方面，被融入的物质也有了新的形态和特质。总之，分清"文化融入"与"融于文化"，对于弄清道德教育与文化的结合、促进道德教育与文化各自的发展具有重要意义。

2. 对"道德教育融于文化"的理解

"道德教育融于文化"主要有四层含义。

首先，如上所述，"融于××"强调少量的物质融入大量的物质，即融入的主体在量上少于融入的对象。"道德教育融于文化"即强调把道德教育融于社会文化大环境中。道德教育是一个较小的概念或范畴，文化是一个更为广泛的概念，较小之物融入较大之物，使道德教育成为文化的一部分。事实上，道德是文化的内容，道德教育也是文化的一部分。这种融入使道德教育改变了它原来的性质，因其融入了文化内容而变得具有文化性。因为所融入的物质是少量之物，被融进的物质是大量之物，所以被融进的物质决定事物之性质。

其次，道德教育融于文化指道德教育这一实践活动或社会现象有机地融入文化之中。这种"融于"是一种有机的融入，是道德教育和文化的有机结合。道德教育与文化的这种融合使得道德教育与文化之间的关系不是一种外在成分和附加成分的关系。道德教育已融入文化之中，已属于文化的一部分，它们已内含在一起。这里文化性决定着道德教育的性质。

再次，道德教育融于社会文化之中还指道德教育与文化融合的彻底性、全面性，形成一种水乳交融之势。"融于"有融合、化解之意，道德教育融于文化是指道德教育融合、化解于文化之中。另外,道德教育融于文化也指文化具有强大的饱和度。它能够吸纳道德以及道德教育,并把其"溶解"于自身之中,改变着原有道德教育的性质。这也使文化有了新的内涵。更为重要的是,"道德教育融于文化"使文化成为道德教育的土壤、环境和有效载体,促进道德教育的新发展。

最后,道德教育融于文化使道德教育具有新的特征,并使道德教育成为一种新的范式,即文化德育范式。这种德育范式突破了传统就教育谈教育的误区,它能促进道德教育与文化的有机结合,对于提高道德教育的实效具有重要意义,因为道德、道德教育与文化有着密切关系,乃至于道德和道德教育本身就是文化,而且文化有着更为深刻和神秘的力量。它能促进人类个体或群体道德品格的生成。这里道德教育融于文化,主要是强调文化对于道德教育的重要意义与价值,道德教育也只有融于文化才能促进社会道德的进步和道德教育的有机发展。

(二)民族德育融于文化的形态与特点

1. 文化德育——德育"融于"文化的具体形态

如上所述,"道德教育融于文化"强调道德教育沉浸于文化之中,具有一种完全性和彻底性,是道德教育与文化的深层结合,是道德教育与文化的有机结合。同时,这种结合的核心特质在于文化的价值与意义。它使道德教育在本质上有所改变,形成了一种具体的新的道德教育形态,即一种注重并内含文化的道德教育,可称之为文化道德教育,简称文化德育。文化德育具有与以往道德教育不一样的特征,是一种新的道德教育范式。范式(paradigm)源自希腊 paradeigma 一词,基本含义为模范、模型、范型。这一概念首先由美国哲学家托马斯·库恩在其核心著作《科学革命的结构》中提出。库恩主要用这一术语描述特定的科学共同体在从事某种类型的科学活动时,有着这一科学共同体所共同认可或公认的一套范型和模式。随着后来的逐渐引申和发展,"范式"这一术语突破原有的科学研究模式的概念,用于表达在科学领域和知识生产中的、具有更广泛意义的模型和模式概念。

本书中，文化德育也被称为文化德育范式，是一种新的形式或模式。文化的参与与融入，使道德教育改变了原有的一般德育模式。这种模式把文化融入其中，并使文化成为个体道德教育养成的核心内容，使道德的养成成为一种自然生成。文化德育作为一种范式，它有着自身被认可的基础。这种被认可性的基础来源于道德、道德教育与文化的内在联系，因而在一定程度上可以说道德教育属于文化，道德教育就是文化。同时作为一种范式，文化德育也有着自身的一套要素系统，包括德育主体文化性、客体文化性、介体文化性、环体文化性等。另外，文化德育是一种新的范式，这种新范式的道德教育必定会推动道德教育，特别是少数民族道德教育的深入发展。文化德育范式的这一作用缘于文化与道德教育的内在关系，缘于文化与德育的有机结合。

2. "文化德育"概念中的德育与文化关系特征

文化德育是一种新的道德教育范式。这一范式展示了道德教育与文化的全新关系，一方面因为有了文化而使道德教育成为一种新的形态，另一方面因为有了道德教育的加入而使文化进入一个不断更新的系统之中。总的来说，道德教育融于文化而使道德教育与文化有了深层的结合。这种深层结合不断推进道德教育与文化的发展。具体来说，在文化德育范式中，道德教育与文化的结合具有以下特点。

其一，德育与文化相互耦合。"耦合"是物理学科领域的一个专门术语，主要是用来表示两个或两个以上的电路元件或电网络的输入与输出之间存在紧密配合与相互影响的关系，并通过相互作用从一侧向另一侧传输能量的现象。概括地说，耦合就是指两个或两个以上的实体相互依赖于对方的一个量度。耦合按从强到弱的顺序可分为内容耦合、公共耦合、外部耦合、控制耦合、标记耦合、数据耦合、非直接耦合等类型。人们常用耦合度来表示两个耦合对象之间的依赖性。道德教育与文化之间的相互耦合就是表示道德教育与文化之间紧密配合、相互影响的关系。如前所述，道德教育与文化的耦合缘于道德教育与文化的内在密切关系。在这种耦合中，道德教育与文化相互影响，共同促进德育与文化自身的发展。

其二，德育与文化互利互惠。根据上述对耦合的理解，德育与文化之间不只是一种密切配合与相互影响的关系，还是一种互利互惠的关系。这种互利互惠关系可以从两个层面来理解：首先，德育与文化之间存在一种互利关系。"利"基本释义为"好处""益处"，是从个体自身角度提出的，具有"私"的特征，即"利"具有谋求自身之好处的含义。"互利"即彼此均谋求自身的好处。德育与文化的互利性体现为：德育和文化在彼此联系中，德育吸收文化的东西使德育更具有实效，文化吸收德育的东西使文化不断更新。其次，德育与文化之间存在互惠关系。"惠"原指"恩""好处""给人财物或好处"之意。互惠就是互相给予对方恩惠、好处或财物。道德教育与文化之间的"互惠"就是强调道德教育与文化之间互相给予恩惠和好处。按耦合观点解释就是两者相互作用，"一侧向另一侧传输能量"，各自使对方得到好处。这种互利互惠关系使道德教育与文化之间彼此受益，同时又相互受益。

其三，德育与文化相互促进。道德教育与文化之间的相互耦合、互利互惠关系，必然使德育与文化相互促进，各自达到自身的理想结果。"促"是"催促""推动"的意思。道德教育与文化的互促关系就是道德教育与文化相互催促、相互推动的意思，以促进道德教育与文化各自向前发展。这种发展是以"促"为前提的，"促"成为道德教育与文化各自向前发展的动力因素。在《说文解字》中"进"具有"走向尖头处"的含义，强调"向前或向上移动、发展"，与"退"相对。德育与文化相互促进，就是在道德教育与文化的相互作用下，彼此互相推动自身或对方向前或向上移动、发展，达到各自的理想状态。总体来说，道德教育与文化的相互促进，就是通过"促"使道德教育与文化互为动力；通过"进"使道德教育与文化彼此向前发展，这是道德教育与文化的一种有机融合。

（三）民族德育融于文化的价值与意义

1. 开辟了道德教育新范式

如前所述，"道德教育中的文化融入"与"道德教育要融于民族文化"是两个不同的概念。前者强调文化在道德教育中的参与，在道德教育实践中作为一个因素影响道德教育实践的开展；后者强调文化在道德教育中的全局作用，表示道德教育融于（溶于）文化之中，主要强调文化的道德教育作用与道德教育功能。在这里，"融于文化"比"文化融入"高一个层次。道德教育融于文化，形成了一种强调文化作用的道德教育。道德教育融于文化的文化德育也具有其独特的范型和模式。如前所述，范式的基本含义为模范、模型、范型，它包括共有的世界观、基本理论、范例、方法、手段、标准等。它有一套自身的要素系统，包括一系列的理论、标准。文化德育模式突出强调文化在道德教育中的作用，强调文化贯穿于道德教育全过程，贯穿于道德教育的各个要素和环节。这一范型的道德教育包含丰富文化的道德教育内容、适合民族文化的道德教育方式与方法、承载丰富道德教育信息的文化载体、内涵丰富的文化道德教育环境、具有丰富文化涵养的道德教育主体。这些具有丰富文化性的道德教育要素和环节使道德教育活动成为一种自然状态，也使道德教育的接受过程变得更为自然。相对于传统的道德教育来说，民族德育融于文化形成了一种新的道德教育范式——文化德育范式，这一德育范式必将推动道德教育的新发展。

2. 推动民族德育的新发展

"范式"作为某一共同体所公认的一套范型和模式具有相对的稳定性。某一范式所适用的范围和功能相对有一定限度。一种新的范式的提出，作为对原有范式的突破本身就是一个巨大的进步与发展，基于文化融入所形成的文化德育范式突破原有的知性德育范式和规范德育范式，是道德教育探索的一个重要进步。从这一意义上说，文化德育范式本身就是一大突破。对少数民族来说，文化是各民族形成差异的核心因素。对少数民族道德教育来说，文化德育范式的提出更具有重要意义。在范式、范畴的界定中，托马斯·库恩指出，一种范式的形成与运用必将会带来科学领域的革命，这也是其经典名著《科学革命的结构》之名称的由来。这里，一种范式的提出在带来科学领域革命的同时，必然会有科学应用于实践的相应实践领域的革命。文化德育范式的提出与形成，除了在理论领域有所创见，在道德教育实践领域也会带来革命性的进展，从而推动道德教育的新发展。如上所述，与其他一般教育对象相比，少数民族道德教育更具有其自身的特殊性。在对文化各异的少数民族开展道德教育的过程中只有采取了适合本民族文化的接受方式和相应的环境，才能使其道德教育取得实效。对少数民族道德教育实践来说，文化德育范式的运用必然会推动民族德育的新发展。

3. 促进民族文化的发扬与创新

根据上文对"文化德育"的理解，道德教育融于民族文化所形成的文化德育范式不仅促进了道德教育的发展与进步，对于文化自身的发展与更新也具有重要意义。因此，我们说道德教育融于文化的文化德育模式也会促进民族文化的发扬与创新。这主要表现在三个方面：一是道德教育本身是一种实践活动，作为反映人与人关系的道德本身就是实践活动的生动体现。现实实践活动是文化创新的源泉。道德教育实践活动融于文化之中，必定会为民族文化增添新的内容，并成为民族文化发展的新鲜血液。比如在当今信息化时代，网络道德成为处理人们之间社会关系的新内容。同时，网络道德也必将成为新时代社会文化的重要组成部分。二是道德教育与文化的结合所产生的新因素也会成为推动新时期文化发展的重要力量。如前所述，道德教育本身属于文化的组成部分，但同时又有相对独立性。两种文化系统在相互磨合与融合中，此消彼长又彼此结合，产生出更有活力的正能量。这对于道德教育与文化来说都是一种新力量。三是在道德教育与文化的结合中，文化自身也自我进化、自我扬弃，不断完善自身。在这种自我进化与自我扬弃中，文化形成一个更有生命力的系统。总之，道德教育融于文化中，既促进道德教育自身不断发展，也促进文化自身不断发展与进步。这一过程是伴随着道德教育与文化之间双向流动的过程的。少数民族道德教育融于民族文化的实践中，必然会促进民族文化的发扬与创新。

三　民族德育要形成文化自觉

（一）"文化自觉"概念

"文化自觉"是费孝通先生在认识到我国民族文化存在的问题和

面临的困境时提出来的一个概念。费孝通在《反思·对话·文化自觉》一文中指出："文化自觉只是生活在一定文化中的人对其文化有'自知之明'，明白它的来历形成过程、所具有的特色和它发展的趋向，不带任何'文化回归'的意思，不是要'复旧'，同时也不主张'全盘西化'或'全盘他化'。自知之明是为了加强对文化转型的自主能力，取得决定适应新环境、新时代文化选择的自主地位。"[①] 这里对文化自觉的认识包含三个层面：一是费孝通强调文化自觉是文化主体对其文化的"自知之明"，包括对本民族文化的认同与尊崇，以及本民族文化存在的危机与问题，这是对文化自觉内涵的分析；二是他强调文化自觉的核心目的是增强文化转型的自主能力，提升本民族文化的自主地位，这是对文化自觉之目的性的认识；三是他认为文化自觉有一个艰巨的过程，是在对本民族文化与其他民族文化深刻认识和相互交流的过程中形成的，这是对文化自觉之方法与途径的认识。

费孝通对文化自觉的界定为我们提供了一个分析框架。这里我们就上述三个方面进一步展开分析。

首先，关于"文化自觉"的内涵。"自觉"是一个内涵十分丰富的概念，"自"多用于表示"本人，己身"；"觉"，主要指人或动物的器官受刺激后对事物的感受辨别，如感觉、知觉，引申为觉悟、觉醒、觉察等。"自觉"主要强调主体对自身文化的态度与行为。"文化自觉"其实就是"自觉文化"，即自觉学习、传承、评价、创新本民族文化，或者就是有意识地运用，即自己有所认识而主动去做。文化自觉就是一种自我认识。我们总是依存于本民族文化。但是，生活在本民族文化中的我们往往对自身文化不太了解，不知道自身文化的核心是什么，更不知道为什么。这往往使我们陷入一种价值无根的境地。在物质生活基本满足之后，我们更需要一种精神上的生存，因而一个民族对其自身的文化要形成一种自觉。

其次，关于文化自觉的目的性。费孝通的"文化自觉"这一概

---

① 费孝通：《反思·对话·文化自觉》，《北京大学学报》（哲学社会科学版）1997年第3期。

念，是为应对当今国内经济社会转型、国际经济社会全球化对文化建设的迫切要求而提出的。费孝通是从中华民族文化角度来阐述此概念的，主要是想通过各民族的文化自觉、文化自信与文化认同，加强文化建设，实现民族复兴，也即提出文化自觉，是基于现代社会面临的新问题。一个民族一旦形成了文化自觉就会增强民族的自尊心和自信心，同时对自身文化产生一种自豪感，进而会倍加珍惜、热爱本民族文化。各个民族的文化自觉就形成了多彩的民族文化"大花园"，以达到费孝通先生所说的"各美其美，美人之美，美美与共，天下大同"的目的。"文化自觉"除了形成对自身文化的了解，并形成文化的自我意识，更为关键的是要认识到自身所在民族的文化对本民族或民族个体提供了什么安身立命的依据与意义。这要求把民族文化与民族个体精神寄托及本族人的安身立命相结合，从而实现文化的自我更新和生活境遇的改善，包括人生境界的提高。

最后，关于文化自觉的方法与途径。费孝通在界定"文化自觉"时指出，要明白其来历与趋向，不文化回归，不复旧，不主张全盘西化或他化，强调了文化自觉的方式方法。他强调，"文化自觉"要在学习、反思、传承、选择、研究、推介、创新、交流中实现，同时文化自觉要反对历史文化虚无主义，反对西方文化中心论，辩证地、实事求是地对待自身文化。他特别强调，"'文化自觉'指的又是生活在不同文化中的人，在对自身文化有'自知之明'的基础上，了解其他文化及与自身文化的关系"。关于如何形成文化自觉，费孝通强调，"文化自觉是一个艰巨的过程，首先要认识自己的文化，理解所接触到的多种文化，才有条件在这个已经在形成中的多元文化的世界里确立自己的位置，经过自主的适应，和其他文化一起，取长补短，共同建立一个有共同认可的基本秩序和一套各种文化能和平共处，各抒所长，联手发展的共处守则"。①

（二）民族德育的文化自觉

道德教育与文化的结合，从逻辑上会带来民族德育新的气象。在

---

① 费孝通：《反思·对话·文化自觉》，《北京大学学报》（哲学社会科学版）1997 年第 3 期。

道德教育实践中的文化自觉是促进道德与文化有机结合、实现文化德育理念的重要方式。民族德育的文化自觉也是民族德育要注重文化融入、民族德育要融于民族文化的逻辑发展。少数民族道德教育只有实现了文化自觉，才能在道德教育实践中有意识的运用和结合文化，促进道德教育与文化繁荣的双重发展。到底何为民族德育的文化自觉？为什么要实现民族德育的文化自觉？怎样才能实现民族德育的文化自觉？这些问题是实现民族德育与文化有机结合的核心问题。

"民族德育的文化自觉"是基于"文化自觉"概念的推演和延伸。从上述梳理可以看出，"文化自觉"中的"自觉"概念大致包含以下几层含义：一是指有意识的运用，即自己有所认识而主动地去做；二是指对自身文化的态度，表示对自身文化的认同与尊崇；三是指对自身文化的认识，即"自知之明"；四是一种价值和评价，强调文化对我们的生活提供了什么依据、方式和意义；五是强调文化自觉也是一种方法，要在学习、反思、传承、选择、研究、推介、创新、交流中实现。在道德教育与文化的结合中所要形成的文化自觉也包含上述几层含义。此处的文化自觉与费孝通先生所界定的"文化自觉"有所区别，但在"自觉"意义上也有相同之处。第一，民族德育的文化自觉是一种有意识的运用。这主要是指在少数民族道德教育中要有意识地运用少数民族文化，使民族文化效力于少数民族道德教育，以增强道德教育的实效性。这种在少数民族的道德教育中有意识地对民族文化的运用，是基于对道德教育与民族文化的关系的认识而产生的一种主动行为。第二，民族德育的文化自觉，也是一种对道德教育与文化关系的态度。过去我国的道德教育，特别是少数民族道德教育忽视教育对象文化的特殊性。这种道德教育模式就是对民族文化的忽视。提出道德教育的文化自觉就是对民族文化的重视，就是对道德教育与文化关系的认同与尊崇。第三，民族德育的文化自觉也是对文化以及民族德育与文化关系的"自知之明"。文化对于促进个体道德素质的生成具有较强的积极意义，而道德教育与文化的关系也不完全是正相关关系。文化之于道德教育的促进作用有其自身的限度，不是全能的。民族德育的文化自觉需要清楚认识民族德育与文化的关系。这对于合理利用民族文化、有效促进道德教育具有重要意义。第四，民族德育的文化自觉更为重要的在于弄清文化之于民族德育的意义和价值，也就是弄清在少数民族道德教育中文化对提高道德教育的实效性，促进民族德育的有效开展提供了什么依据、方式和意义。这也是在少数民族道德教育中提出文化自觉的核心理由。只有弄清了民族文化对于民族德育的意义与价值，弄清了民族德育与文化何以有此价值，才能带动其他问题的探讨与解决。第五，民族德育的文化自觉也是一种方法，即在不断反思、对话、比较中所形成的文化自觉，才有利于道德教育与文化间关系的有效处理。

提出民族德育文化自觉的原因有二，即民族德育的文化自觉是道德教育与文化密切联系的内在需要；民族德育的文化自觉在实践上可促进道德教育的新发展，增强道德教育的实效性。首先，道德教育与文化的密切联系使"道德教育中的文化自觉"成为可能。王文兵教授在论述文化自觉以及人与文化的关系时指出，只有当人的自我认识上升到其所属的群体的文化乃至人类文化的层次时，人才能实现较高水平的自我认识。同时关于人与文化的关系，他指出人们越来越深刻地认识到人是文化的存在物，他所属的文化是他不可逃避的生活世界。另外关于人与文化的关系，卡西尔强调人"是如此地使自己被包围在语言的形式、艺术的想象、神话的符号以及宗教的仪式之中，以致除非凭借这些人为媒介物的中介，他就不可能看见或认识任何东西"[1]。道德教育是人类的实践活动，道德教育与文化的关系同人与文化的关系一样。我们需要在人与文化的关系中来把握道德教育与文化的关系。可以说在道德教育或少数民族道德教育中，道德教育对象所属的文化也是道德教育实践活动不可逃避的生活世界；在道德教育或少数民族道德教育中，道德教育是如此地使自己被包围在道德教育对象所生活的文化环境之中，以致没有文化，道德教育根本无法开展。道德教育与文化的这种密切关系是探讨道德教育中的文化自觉的重要原因。其次，民族德育文化自觉可促进道德教育的新发展，增强道德教

---

① ［德］恩斯特·卡西尔：《人论》，甘阳译，上海译文出版社 1985 年版，第 33 页。

育的实效性。民族德育文化自觉的意义和价值在于我们在少数民族道德教育中，引入文化要素后能够在多大程度上促进道德教育实效性的提升，或对于突破道德教育困境有何改善。从概念上看，"自觉"是指有意识地运用，即自己有所认识而主动去做。"道德教育的文化自觉"是相对过去在道德教育中对文化自觉的忽视或由外力推动文化因素参与道德教育的状况而提出的。道德教育中的文化自觉能促进德育的有效开展，这可以从以下几个方面来理解。一是形成文化上的自觉可增强道德教育中文化融入的主动性。自觉即指自己有所认识而主动去做，道德教育中的文化自觉一旦形成，道德教育中运用文化意识的主动性就会增强。二是形成文化上的自觉可增强道德教育中的文化运用意识。道德教育中文化运用的主动性取决于对道德教育中文化重要性的认识，即树立起道德教育中的文化理念。道德教育中文化自觉意识的形成，无疑会增强道德教育中的文化运用意识。三是形成文化上的自觉可深化与促进道德教育中的文化功能的开发。发挥道德教育中的文化功能，还在于对道德教育文化功能的开发。道德教育文化意识的形成，无疑会增强道德教育者的文化功能开发意识。

　　道德教育的文化自觉是一种在道德教育中引入文化因素的主动意识和自觉意识。道德教育文化自觉的形成需要长期的培养，正如费孝通先生所说"文化自觉是一个艰巨的过程"。个体或群体道德教育文化自觉的形成需要在两个方面做出努力：一是文化德育相关知识的学习，形成初步文化德育意识。"道德教育文化自觉"的形成首先需要对道德教育与文化各自内涵的相关知识有所了解，同时对道德教育与文化的内在关系有所了解。这种文化德育认知是培养德育文化自觉的重要途径。二是积极参与文化德育实践，在实践中认识与提升。马克思主义认为实践是认识发展的动力，文化德育知识尚属于认识论范畴，这种认识要得到更高层次的提升离不开实践。只有在实践中发现德育存在的问题，并通过认识加以解决，解决后再重新回到实践中，解决实践中新出现的问题，通过认识与实践的反复循环形成文化德育理念，才能达到对道德教育中文化的深刻认识，进而形成道德教育的文化自觉。

（三）民族德育文化自觉的价值与意义

"民族德育的文化自觉"使道德教育者在道德教育实践中对民族文化及其功能与效用有了"自知之明"，以在道德教育中充分运用文化要素，促进民族德育实效性的提升，具体来说民族德育文化自觉的生成具有以下意义与价值。

1. 增强文化德育的主动性与自觉性

"道德教育中文化自觉"是对道德教育中文化要素在认识层次上的超越，可以深化对道德教育与文化关系的理解，增强道德教育中运用文化的主动性和自觉性，并在道德教育实践中促成文化要素的有效利用。在道德教育中，道德与文化有着密切关系，但这种关系在实践中的落实与践行有一定的阶段与层次。从"道德教育要注重文化融入"到"道德教育要融于民族文化"再到"道德教育要形成文化自觉"，是一层向另一层的递进。"自觉"强调有意识地运用，即自己有所认识而主动去做。文化自觉的生成是认识层次的超越，是对道德教育与文化认识的最高层次。民族德育在认识层次上的超越必然把对道德教育与文化之间关系的认识向前推进一步。同时在道德教育实践中，促成文化运用的主动性和自觉性的生成，从而增进道德教育与文化的有效结合，促进道德教育实效性的改善与提高。

2. 促进对文化与德育关系的理性重估

文化自觉是对文化的"自知之明"，是对文化的反思，这种自明与反思更能促进对民族德育与文化的深刻认识。一是对本民族文化的理解，二是对德育与文化关系的理解。费孝通指出"反思是文化自觉的尝试"，强调反思是文化自觉的重要方法，从而形成对自身文化的重估，以合理处理德育与文化的关系。王文兵教授指出，自觉无疑以一定的知识为基础，但在更多的情况下自觉是一个持续的探索与反省过程以及由此发生的决断。在少数民族道德教育中，对文化的反省与反思，是增进对德育文化理解的重要方式。这种反省与反思把道德教育中对文化的认识向前推进了一步。这其中的问题意识是文化自觉与文化反思的重要标志，因为人们往往是在出现了问题之后才产生自觉意识。只有在问题意识的基础上，才可能产生解决问题的行动意愿和事先规划，也才可能构想出问题解决之后的未来景象。

3. 促进文化德育的内涵生成

道德教育的文化自觉必然会形成一种内涵化的德育形态，因为这是一种基于对文化自身认识而形成的对于文化运用的主动性和积极性，而不是因为外来的某种压力。这种积极主动的自觉行为必然会使其系统不断趋于完善，形成一种内涵化德育。内涵化文化德育是一个有机系统。这一有机系统包含两个方面：一是文化德育的有机生成，包含文化性的德育内容、文化性的环境、文化性的方式方法等。由于道德教育中的文化自觉因素，在具体道德教育实践中道德教育的内容不是抽象的德育信条和死板的德育规范，而是一种融入了本民族丰富文化的内容；在德育环境方面，也注入了浓厚的德育文化，使人在自身所创造的文化环境中得到德育熏陶；在道德教育的方式方法方面，不是知识灌输，也不是理论说教，而是融入了德育内容的适合各自民族的道德教育教学方式和接受方式。二是文化德育系统的自我完善与自我发展。内涵化德育还指文化德育系统的自我完善和自我发展。内涵化德育不是完全和谐和没有矛盾的德育，其间也充满许多矛盾，由于道德教育的文化自觉，这些矛盾能够在德育系统内部自我修复，不断完善，并在新的矛盾的产生与解决中不断发展。这种内涵化文化德育的生成，是道德教育追求的目标，也必定会推动民族德育层次的提升。

第三章 民族德育与民族文化结合的依据

第一节 民族德育与民族文化的内在关系

一 道德及民族道德本身是一种民族文化

从文化角度来看，道德是一种充满人文意蕴的文化现象。脱离文化谈道德是不现实的。从道德教育与文化的关系看，道德和道德教育本身就是一种文化，而且道德和道德教育是文化的独特部分。我们说道德本身就是一种文化，主要基于以下理由。

（一）道德及民族道德具有文化的根本特性

从道德的内涵来看，道德是在一定的社会关系中处理人与人之间、人与社会之间以及人与自然之间的一种心理意识、原则规范和行为活动的总和。这种心理意识、原则规范和行为活动以善恶为标准，以抑恶扬善为目的，主要通过社会舆论、人们内心信念和传统习惯来维系。作为调整人们之间善恶关系的道德，属于文化范畴，具有文化的本质特征。

首先，道德作为在一定社会关系之中用于处理人与人、人与自然、人与社会之间关系的规范，具有典型的人文特征。马克思指出，人的本质在其现实性上，是一切社会关系的总和。①人来到这个世界，便会与他人、社会及自然发生联系。一方面，在人与人、人与自然、人与社会的各种关系中，都因为"人"的参与，使得这些关系具有人

---

① 《马克思恩格斯选集》（第一卷），人民出版社1995年版，第60页。

文性。另一方面，人们之间这些错综复杂的社会关系需要一定的善恶标准来调节，这些善恶标准就是道德。这些有关善恶的道德标准既是人类的需要，也是人类的创造，具有人文性。这些善恶标准实质就是一种文化。

其次，道德作为一种心理意识、一种原则规范和行为活动的总和，是人类社会的一种深层次社会关系。作为心理意识、原则规范的道德在现实世界中看不见、摸不着，它是人们在现实社会关系中总结、提升出来的，是隐藏在现实社会关系中的深层次东西，是现实社会关系中内隐的抽象，体现的是一种抽象的、深层次的社会关系。

再次，道德作为一种心理意识、原则规范和行为活动的总和，它的抑恶扬善内涵体现了道德的人文和文化特性。人是群居的社会动物。群居社会中的人们之间有着各种复杂的关系。理想的群居社会是人人之间与人为善的社会，因此人类就创制了一系列以抑恶扬善为主要目的的道德准则。这种准则用于区分善恶行为，即确定何为善，何为恶，并对善的行为予以褒奖，恶的行为予以惩罚，以促进社会关系的良性运行。道德这种抑恶扬善特性就是一种人文，也是一种人化。

最后，道德作为一种规范，它主要靠人的内心信念来维持。道德是人类社会之中一种深层次的处理各种社会关系的社会意识。其社会调节功能的实现主要依靠人的内心信念来维持。而人在维持这种内心信念过程中需要控制自己的欲望、抑制自己的个性，并为他人提供更多方便。这种自觉地控制自己欲望、抑制自身个性，处理好人与人、人与自然、人与社会间的关系本身就是一种较高的文化素养，是一种文化。

少数民族道德也是如此。少数民族道德是少数民族在其独特生境中，在其长期生产生活中形成的，用以调节民族社会人际关系的心理意识、原则规范和行为活动的总和。它形成于少数民族生产与生活之中，目的是调节民族社会人与人、人与自然、人与社会之间的关系。这些关系都围绕少数民族的"人"而展开，因而具有典型的人文性和文化性。同时，它作为一种原则规范，揭示的是人与人之间的深层次社会关系。民族道德的功能也在于抑恶扬善，而抑恶扬善本身具有典型人文特征。同时，民族道德也是通过少数民族克制欲望、抑制个性来实现。这体现的也是一种素养与文化。另外，民族道德往往存在于人们的行为、信仰、艺术、法律等具体形式之中，而这些具体形式及形式背后的价值内涵均属于文化范畴。因此说，民族道德本身是一种民族文化。

（二）道德及民族道德本身是人类的一种人文创造

从文化的本质看，道德是人类的一种人文创造。

首先，道德是人类的一种自我意识。在人类社会中，一方面每一个人都是一个个体，另一方面每一个个体之间不是彼此孤立地存在。个体总是生活在一定群体之中，作为生活在群体之中的人不但要考虑个体的利益，还需要考虑他人的利益和整个群体的利益。人类这种超越个体利益，并通过维护群体利益以更好维持自身利益而建立起来的道德原则，是人类对自身更好生存发展的自我意识。张岱年在《生命与道德》一文中指出："自古以来，人们聚居而为族，经过历史的发展，人类分成许多民族。每一民族有自己的语言和文字，有自己的传统文化。每一民族成为一个持续存在的共同体。每一民族共同体可以说有其持续不断的生命，可以称之为群体生命。群体生命大于个体生命。道德的要义在于每一个人不但要追求个体利益，而且要考虑群体的利益。也就是说道德在于群体生命的自觉。"①

其次，道德是人类智慧的体现。文化在本质上是一种人化。生活富足、富裕祥和是人类社会的追求。人类在追求生活富足的过程中需要协调好人们之间的关系，而人类社会之间的关系多种多样，包括家庭关系、社会关系等。为调整人们之间错综复杂的社会关系，聪明的人类创制了很多规则，包括法律、制度等，而道德是其中非常重要的一种。道德就是人们在社会生活中彼此为维持良好社会关系，而建立的非强制性的社会规范。道德规范的产生缘于人类社会的需要，是人类智慧的体现，也是人类的一种人文创造。这里说道德是一种人文创造主要是基于人类创造的道德较好地处理和维持了社会中人们之间的

---

① 参见《张岱年全集》（第七卷），河北人民出版社 2007 年版，第 567 页。

相互关系。人类社会中有着各种复杂的社会关系，道德就像一种黏合剂，改善着人类社会的各种关系。张岱年进一步指出："每一个人，作为一个人，必须保持自己的生命力。生命力的保持与发展有待于欲望的满足。追求欲望的满足，亦即追求利益。人与人之间，各自追求自己的利益，往往发生矛盾冲突，如果人与人之间的矛盾冲突过于激烈，毫无调和之余地，势必同归于尽。为了保持社会生活的继续存在，必须对于个人利益的冲突加以调节，使人与人之间遵守一定的行为规则。这类规则即是道德。道德即是调节社会中人与人之间的关系的基本准则。"①

少数民族道德也是少数民族的一种人文创造。少数民族在其实际生活中也面临着与汉族一样的社会关系。为了促进民族社会内部人们之间良好社会关系的形成，也形成了民族社会内部独特的行为规范和行为准则。这种行为规范和行为准则也是民族群体的自我意识和民族群体的智慧。民族道德是民族社会中人们根据处理民族社会关系的实际需要而建立的。其主要作用在于引导民族社会中人们有效地认识自身与外界的关系。它教导民族社会中的人们认识自己，以担负起对家庭、对他人、对社会、对国家应负的责任和应尽的义务，同时正确认识和处理自然生活与社会生活中的各种关系，从而更好地适应社会和自然生活。民族道德也无不体现了民族社会中人们的智慧。民族社会内部的人们之间不可避免地存在着这样或那样的矛盾，这些矛盾往往因为民族道德而缓和。民族社会的人与人之间、个人与社会之间的关系也因自身创造的道德而臻于完善与和谐。道德教育主要是帮助人们树立正确的义务、荣誉、正义和幸福等观念，使受教育者成为道德纯洁、理想高尚的人。道德对人类社会的这些调节作用既显示了人类创造道德的智慧，也凸显了道德本身的人文特征。道德是人类的一种人文创造。

（三）道德及民族道德是人类文化结构中的深层要素

从文化的结构看，道德是人类文化结构中的深层要素。

---

① 《张岱年全集》（第七卷），河北人民出版社 2007 年版，第 567 页。

　　首先，道德规范和道德原则是现实的人们之间关系的总结和凝练。道德规范体现的是人们对事物所持的善恶、好坏、优劣的根本看法。在其本质层次上，它是一种价值原则。价值原则对人来说至关重要，它是人类文化中的深层次内容。而且，马克思把它作为人与动物的根本区别。马克思指出："动物只是按照它所属的那个种的尺度和需要来建造，而人却懂得按照任何一个种的尺度来进行生产，并且懂得怎样处处都把内在的尺度运用到对象上去。"① 这里的内在尺度也就是人们特有的一种价值尺度。有学者把文化分为内核、中间、外表三层。内核层是精神文化层，包括理想信念、价值观念、道德意识、民主意识、法律意识等。中间层是包括组织机构、规章制度和风俗、习尚、礼仪在内的规范层。外表层是包括器物、设施等在内的物质文化，又称物质文化层。与中间层和外表层相比，内核层决定中间层。道德作为一种价值观，它是人类文化中最基础、最核心的内容。克拉克洪指出，价值观最为重要，因为对人类各种族、各民族文化而言，价值观念是其文化得以存在、延续、复制的核心因素，而价值观恰恰是道德的核心所在。道德作为一种价值原则的基础性地位也体现了道德在人类社会中的基础性作用。

　　其次，道德所体现的不只是处理人与人之间的原则和规范，其更深的内涵体现在道德原则和道德规范背后人们之间的人文价值内涵。在现实生活中，真正对人类社会起着调节作用的不是道德规范，而是道德规范背后的德性之理，是道德规范背后的人文价值内涵。这种德性之理和人文价值内涵是文化中深层次的相对稳定不变的东西。它支配并不断改进和完善着外在的道德原则。当外在道德原则之间存在矛盾时，这种德性之理就成为裁决这种矛盾的标准。一般来说，人类社会的道德规则是不断变化的，而德性之理是相对稳定的。从文化角度看，道德价值原则是任何一种类型的文化中最基础的、最核心的内容，是不同文化得以区分的依据。任何一种文化系统中，都有一套支撑该文化系统的核心价值。它包含并体现于该文化系统之中。如果这

---

　　① 《马克思恩格斯全集》（第四十二卷），人民出版社 1979 年版，第 97 页。

种核心价值遭到破坏和瓦解，这种文化必然会衰败。对个体来说，一种文化的核心价值一方面影响着个体的认知水平，另一方面又制约着个体的行为取舍。在现实生活中，一个人究竟采取何种行为取向，其选择的根据就是其所信奉的文化价值观。价值观念是行为规范的内在根据和理论基础，而行为规范是价值观念的外在表现和必然要求。同时对人类社会而言，人的发展是一种文化传承与延续，其核心是德性的培育与生成。道德作为道德主体在理性层次上对客观存在着的社会关系的一种自觉反映，是文化结构中的深层因素，是人类品性和人格的沉淀物。总体来说，道德不但本身是一种文化，而且更是文化结构中的深层因素，是文化的核心。

少数民族道德也是如此。它反映的是民族社会内部人们之间内心深处的价值原则，也即民族道德所体现的不仅是人与人之间的规则和规范，它更是价值规范背后的人们之间的人文关系。可以说，虽然少数民族的现实社会关系具有具体性、形象性、表面性的特点，但其所遵循道德规范的价值内涵是少数民族文化中的深层要素。总之，道德是人类的一种独特的人化创造，本身就是一种文化。而且，这种文化现象是人类文化的核心和深层次的组成部分。道德的这种独特性要求我们在道德教育中充分利用社会中的文化因素开展道德教育，以便增强道德教育的实际效果。

二 文化是德育及民族德育的基础和核心

道德具体体现为一系列的道德规范。但是，道德教育不是仅局限于道德规范的教育，而蕴含于道德规范之中的道德价值内涵才是道德教育的根本。一定的道德价值内涵总是蕴含于一定的文化之中。文化决定着道德的价值内涵，并构成道德教育的基础和核心。

（一）道德规范及其价值内涵

何谓规范？规，尺规；范，模具。这两者分别是对物、料的约束器具，合用为"规范"，引申为对思维和行为的约束力量。在社会学领域，规范主要是指社会规范和道德规范。它是调节社会或个人活动中人与人之间关系的工具。在这种意义上，规范主要是指人们的活动、行为应遵守的规则。规范往往是约定俗成或由人们有意识地制定的。

规范一旦形成，就会形成一种约束，要求人们在不同场合无条件遵守。同时，社会还建立各种社会监督手段以监督人们对这些规范的遵守。

道德在形式上体现为一系列的道德规范。道德规范就是人们在处理各种道德关系时所必须遵循的规则或规范。除行为以外，道德一般以"规范"的形式表现出来，以发挥其规范作用。皮亚杰指出，"一切道德都是一个包括有许多规则的系统，而且道德的实质就在于个人学会去遵守这些规则"①。对道德规范的理解需要把握以下两点：一是道德规范的形成是约定俗成或有意识的制定。道德规范的形成有两种形式：一方面，道德源自人们社会交往中的约定俗成。人们在社会交往中往往会自觉形成利于或不利于交往的行为和言论，进而形成倡导的言行和禁止的"雷区"。在具体行为中，人们彼此之间心照不宣，但都彼此倾向所倡导的言行，而互不进入"雷区"。这种倡导的言行和禁止的"雷区"就成为一种约定俗成的承诺或道德规范。这实际上就是处在社会环境中的人，在不自觉的过程中自然形成的一些是非善恶的标准。这些是非善恶的标准靠习惯、风俗等方式一代代传播固定下来。另一方面，道德规范形成于有意识的制定。这主要指道德规范是人们对社会活动的各种约定的归纳与概括，即人们将社会要求和活动秩序，经过归纳、概括、整理，形成道德规范。这种有意识制定的道德规范来源于约定俗成的规范或根据现实社会生活需要而制定。二是道德规范作为一种约束，需要人们遵守和维持。道德规范是人类生活秩序的框架。它一经形成，就会作为比较稳定的价值准则，支配、制约和约束着人们的意愿，"强行"维持着某种生活秩序。道德规范的运行，约束着个人的任意妄为，保证道德活动相对稳定地连续进行，维持着社会生活所固有的秩序和节奏。同时，道德规范也不仅仅是戒律的组合。它既有戒令也有理想，既有约束又有引导，既包括"应当怎样""不许怎样"，又包括"愿意如何""希望如何"，积极地引导着人们朝着丰富、合理和完善的方向前进。同时，道德规范在

---

① ［瑞士］皮亚杰：《儿童的道德判断》，陆有铨译，山东教育出版社 1984 年版，第 20 页。

实施中还建立了各种监督手段，它通过社会评价、自我评价、舆论监督、良心调节的形式发挥其约束和引导功能。总之，道德规范是形成社会共同意志和贯彻这种意志的有效手段。道德规范不是外在于人类社会的行为准则，而是一定社会的人们在长期交往之中所形成的相对稳定的交往方式和社会秩序。它既包括一套维持社会良性运转的律法，也包括人们的一般生活模式和最高的道德理想。这种规范体系"相对地摆脱了单纯偶然性和单纯任意性的形式"①，约束着个体的任意妄为，维持着整个社会的良性运转。

道德规范蕴含着丰富的价值内涵。道德规范的价值内涵是指道德规范背后所反映的人们之间或人类社会的社会关系和文化关系。道德规范的价值内涵在其与道德规范的比较中才能有效把握。一方面，道德规范与道德规范的价值内涵彼此区别。规范往往是指人们行为活动应遵守的规则，同时任何社会规范背后都蕴含着一定的价值真理。张岱年指出，人们之间为了保持社会生活的继续存在，建立了一套行为规则，这类规则即是道德，并认为这就是调节社会中人与人之间关系的基本准则。②从张岱年对道德的界定与分析中可看出，道德是一种规范与规则，这种规范与规则体现为人们之间的利益关系，体现为一种维持人类社会"持续存在"的规定。人们创制道德规范的目的就是维护人们有效的生活，促进整个社会良性运行，使整个人类社会及个人的利益得到最大化，也即道德规范与规则背后有它的价值意义。道德规范体系的各个维度从不同层面反映和体现了人及人类社会利益最大化的价值要求。道德规范的价值内涵是指道德规范所反映的人文人事关系。它形成道德规范的文化意义，并构成道德规范合法性的基础。道德规范的价值内涵来源于人类的社会活动，反映着人们之间的关系，并以道德规范的形式表现出来。它源于人们及人类社会和谐友好相处的精神实质，是人类精神和道德精神的追求。另一方面，道德规范与道德规范的价值内涵又密切联系。道德规范的价值内涵是道德

---

① 《马克思恩格斯全集》（第二十五卷），人民出版社 1974 年版，第 894 页。
② 《张岱年全集》（第七卷），河北人民出版社 2007 年版，第 567 页。

规范的合理证成，也即道德规范的价值内涵构成道德规范规定性和约束性的充足理由。同时，道德规范的价值内涵不是为道德规范提供合理性的论证，相反道德规范的价值内涵是产生和形成道德规范的基础，一切道德规范都要以道德规范的价值内涵为根据，都源于道德规范内涵。道德人文关系蕴含于具体道德规范之中，具体的道德规范直接体现一定社会中人们之间的道德人文关系。道德规范的价值内涵就体现于道德规范关于人的价值、幸福及其统一的规定之中。作为表现形式的道德规范，要与道德规范的价值内涵保持一致，否则那些道德规范就会从德育规范系统中被剔除掉。

（二）道德及民族道德规范的价值内涵蕴含于文化之中

道德规范的价值内涵在本质上是道德主体间的人文关系。文化实质是某一特定人类群体所共同遵循的行为模式。人们通过这一行为模式，在行为上保持一致，以促进社会协调运转，推动社会不断发展。道德规范的价值内涵体现的是作为道德主体的人为满足个体、群体及社会良性发展，而形成的彼此之间有用性的社会文化关系。它在本质上是人类的社会文化关系在道德领域的深层体现，是人类的社会文化关系在道德领域的抽象和理性表达。在维持人类社会的良性发展中，道德不是一种浅表的、外在的物，而是人与人、人与社会、人与自然之间深层人文关系的表达，是维持人们之间公平正义、公正合理的和谐人文关系。道德规范作为人们之间深层的人文道德关系表达，其价值内涵体现为人类对幸福、公正与关怀的至高境界追求。道德规范的价值内涵有着具体的表现形式，比如"趋乐避苦""最大多数人的最大福利""人道""个人至上""社会至上"等。

少数民族道德规范的价值内涵也蕴含于少数民族的文化之中。我们说道德规范的价值内涵蕴含于文化之中，主要是因为：一方面道德是文化的下位概念；另一方面道德规范的价值内涵体现于文化的具体形式之中。少数民族道德的价值内涵体现于少数民族文化的具体形态之中。我国少数民族传统文化的形式包括生活文化、宗教信仰文化、禁忌文化、节日文化等，少数民族道德规范的价值内涵就蕴含于这些具体的文化形式之中。首先，民族生活文化蕴含着丰富的道德价值。

一个民族的生活文化往往反映一个民族的行为规范、道德准则和价值判断，并显示出一个民族独特的文化特征。少数民族的生活文化主要包括服饰文化、饮食文化和民族文学。少数民族服饰文化反映着少数民族的生存方式与审美情趣；少数民族的饮食文化反映出少数民族的生存方式及其与自然的关系；民族文学更是人们现实社会关系的浓缩和直接反映。在具体道德教育实践中，我们要有意识地对少数民族的生活文化加以利用。其次，民族信仰文化蕴含着丰富的道德价值。信仰文化是民族文化生态中不可或缺的组成部分。它往往在人们的内心中建立起有力的、持久的情绪和动机。人们对某种超自然力量的信奉与信仰，是人们对现实困境与难题的寄托和希望，这种寄托与希望可以减轻人们内心的痛苦，使其得到内心的满足和安慰。这实质是少数民族的精神生活方式，是一种文化。再次，民族节日文化蕴含着丰富的道德教育价值。民族节日文化是指某一民族创造的在特定的时日内展现出来的不同形态文化形式，它表现为一定体系，有着独特的内在结构、文化特征和社会功能。我国少数民族节日繁多，既有自古传承而来的传统节日，又有现代形成的各种节日，而且每一节日都有着丰富的内容和多样的形式。这些节日文化是人们对生产生活的总结与积淀，也是人们对某种精神价值的纪念与倡导。最后，民族禁忌文化蕴含着丰富的道德价值。禁忌文化是指在某个民族或宗教传统里禁忌某些事物、行动或语言的文化现象。我国各民族在在历史发展中，由于生活环境、社会实践的不同形成了不同内容和不同民族特色的原始禁忌，这些禁忌充满着对自然生态环境的保护和人们精神生活领域的智慧。每一项文化禁忌都有着深刻的意义和内涵。

道德规范的价值内涵蕴含于文化之中的逻辑发展就是道德教育要注重加强道德规范的文化内涵教育。文化是道德的基础和本源，因而要求道德教育必须立足于文化。立足于文化的道德教育才是有根基的教育，脱离文化的道德教育只会变成空洞说教，并使德育对象产生反感。同时，道德是文化的具体体现形式，在道德教育中不能就道德谈道德，必须深入道德规范背后的文化，从道德的本质层面开展道德教育。教育者要通过道德规范所体现的文化价值内涵的传授与习得，使受教育者接受道德规范。德育不能脱离文化的载体进行空洞说教。文化往往以自己的方式造就着人之德性生活特质。在道德教育中不仅仅强调规范的教育，因为纯粹的道德规范教育令人生厌，达不到道德教育的效果。伊格尔顿指出："长期以来，文化理论家把道德问题当做令人尴尬之事来躲避。道德看起来一副说教的样子，没有历史根据，自命清高，并且严厉苛刻。更不讲情面的理论家认为，道德问题一味多愁善感，违背科学方法。它通常不过是压迫他人的花哨的代名词。"① 道德规范的价值往往因为规范教育中的文化价值缺失而使规范失去价值。因此，在道德规范教育中我们更要注重加强道德规范价值内涵的教育，深入挖掘道德规范所体现的人文关系，通过对人们之间社会人文关系的把握，来促成个体道德素质的生成。那种忽视道德文化的规范教育会使德育对象不知其所以然，进而机械承受德育规范的限制，把德育规范当作一种外在于人及人类社会的附加物，而对教育对象形成异化，会招致教育对象的反感，而使得规范教育难以长期地维持。关于此，伊格尔顿进一步指出："'规范'在这里受到了打击。这一观点认为，大多数的社会生活由规范和（行为）准则组成，因此，天生就使人感到压抑。只有边缘人、疯子、个性执拗者，才能逃脱这种郁闷的管束。规范使人压抑，因为它们把个性迥异的个人塑造成千人一面。……简言之，规范化导致的结果恰恰破坏了规范化……"②因此，在道德教育中更要注重发挥规范文化价值内涵在道德教育中的底据作用。

（三）道德及民族道德规范的价值内涵是德育的基础和核心

道德规范的价值内涵是德育的基础和核心。在现实生活中，道德体现为一系列规范，道德规范是对人们之间道德关系的概括。"人们之间的道德关系"就是社会生活中的人文与人事关系，属社会文化范畴，是一种社会文化。这种反映人们之间道德关系的社会文化是规范之源，是道德教育的基础和核心。

---

① ［英］特里·伊格尔顿：《理论之后》，商正译，商务印书馆2009年版，第134页。
② 同上书，第15页。

　　道德规范的价值内涵是德育的基础和核心，体现在以下两个方面。首先，道德规范的价值内涵是道德规范的基础。全部的道德规范都只是其价值内涵的具体形式。道德规范的核心是道德规范的价值内涵。两者的关系犹如哲学中现象与本质的关系，事物是现象与本质的统一。本质是相对稳定的，现象是多变的、多样的。就道德规范和道德规范的价值内涵来说，道德规范是多样的、多变的，而道德规范所体现的价值内涵是相对稳定的，它是基础和核心。如果道德规范的价值内涵发生变化，道德规范必定会发生变化。而道德规范的价值内涵主要由一个民族的文化关系决定。因此，不同文化的民族具有不同的道德价值观，进而形成不同的道德规范。而道德教育的核心是道德规范背后的道德价值内涵的教育。所以，道德教育止于规范和强制就等于放弃了价值真理和道德原则，而陷入价值无根的境地，可能使学生止于道德规范而对道德本意一无所知。其次，道德规范反映并体现着一定社会的道德价值内涵。人们之间的道德关系和道德的价值内涵是抽象的。要把这种抽象的道德关系转化为现实的人们之间关系的律法，就要把抽象的道德关系具体化，从而形成人类社会中复杂多样的道德规范。不同的文化群体有不同的道德规范。一个群体道德规范的合理性取决于该群体道德规范价值内涵的合理性。就人类社会来说，道德规范价值内涵的合理性具有共通意义，即是否有利于维护更大范围内的人们的利益。有学者指出，"规范有可能违背人道的目的，所以伦理规范的正当性必须有道德原则来批判"①，也即在道德教育领域，道德规范反映着一定社会的道德价值，并由其价值内涵决定。弄清道德规范和道德规范价值内涵具有重要意义。单纯的道德规范教育将人等同于物性自然，同时又最大限度地蔑视了人性自然。道德规范的局限性要求在道德教育中不仅要加强道德规范的教育，更要注重道德规范背后之价值内涵的教育，因为道德规范之价值内涵是道德规范的"根"。对道德规范价值内涵的接受必然会导致学生对道德规范的

---

　　① 古良琴、高良：《论道德教育的至境追求及教育达成》，《南阳师范学院学报》2004年第2期。

接受，这就是所谓的"育人要育心，浇水要浇根"。

道德教育的核心内容是道德规范价值内涵的传承。从外在角度看，道德教育体现为道德规范的教育，而单纯规范教育不能导致良好教育效果的达成。规范教育良好效果的达成需要对道德规范背后的价值真理予以阐明，因为规范背后的价值真理是教育的强有力的底据。一个观点要想有效地被他人接受就必须有理由能够强有力地说服他人去接纳。如果一个观点或见解所提供的最根本的依据或理由不能为他人所接纳，那么无论其观点如何合乎理性和逻辑，也不可能为他人所接受。对于这一最根本的依据，严从根称为"底据"（有别于理论逻辑起点的"理据"）。他认为在当前的人类认知中，一个有效的底据必须具备两个条件：一是该观点运用于实践所带来的结果是人们所愿意或满意的，是人们所接纳的，即经过实践证明后被人们所接纳（称之为客观标准）。二是这一观点在初始时就被人们接纳，也就是这一观点在被实践证明之前经过人们的主观理性考量，就被人们所接纳（称之为主观标准）。总体来说，一个观点、见解和理论只有在被人们接纳后，才会被运用于实践。如果对于某一底据，人们从主观上不愿接受，而主要通过权威和权力强制性地灌输，一般来说不会取得成功，因为教育是教育者和被教育者在实践之中经过知、情、意、信、行的这样一个不断发展、往复循环的过程。只有其底据被受教育者从理性或文化层面接受，其所倡导的行为才能在实践中被践行。道德规范的价值内涵是道德教育强有力的底据。道德教育中道德规范的价值内涵体现为道德规范价值的真理性，即价值真理。所谓价值真理就是确真的价值认识，也即客观事物同人之间的价值关系的正确反映。价值真理是存在着的，它是获得幸福的源泉。我们说价值真理是教育强有力的底据缘于以下两个方面。一是价值真理在初始时就容易为人们所接纳，这种初始接纳必然有利于教育效果的达成。价值真理在初始时能为人们所接纳缘于价值真理为人类获得幸福的属性。人人都向往幸福，可以说对于幸福的追求是人的本能。人都有求知的欲望，包括对人类社会本身的知晓。对于人类社会道德规范所反映的人们之间人文人事关系的知晓是对一定社会道德价值内涵的知晓。揭示获得幸福之源的价值真理是人人乐意的，因而以价值真理为教育的底据是人们乐意的。二是价值真理运用于教育实践会产生良好结果，人们通过对实践结果的接纳进而实现对价值真理的接纳。以道德规范价值内涵为底据的教育，有利于个体良好成长，同时对于类群主体精神培育具有积极意义，进而有利于建构一个理想的人与人之间和谐相处的社会。可见，无论在主观意愿上，还是在教育的最终结果上，以道德规范价值内涵为底据的教育是合情合理的。因此，在规范教育中，不能就规范教育而开展规范教育，要注重规范背后的价值内涵之教育。

少数民族道德教育首先也体现为一种道德规范教育。受教育者学习规范，践行规范，违反规范受惩处。但规范教育不是其道德教育的目的，也不是道德教育所凭借的基础。少数民族道德教育所凭借的基础是民族德育规范背后的价值观，是民族德育规范背后所反映的少数民族人们之间的人文人事关系。同时，民族德育规范背后的价值内涵也应成为道德教育的核心要素。也就是说，民族道德教育不是简单的形式上的道德规范的传递，而是道德规范背后价值内涵的传递。因此，民族德育规范的价值内涵也是民族德育的基础和核心。

总体来说，道德教育的核心在于道德规范背后价值内涵的教育，而一定的道德价值内涵总是蕴含于一定的文化之中，同时民族文化对民族德育也具有至关重要性。因此，民族文化构成民族德育的基础和核心。

三　德育及民族德育是一种文化的传承与创造

（一）德育及民族德育是一种文化传承

1. 道德及民族道德具有文化传承性

道德是文化的独特部分。它是文化中用来调节人与人之间最基本行为关系的那部分。这部分以善恶为标准，通过社会舆论、内心信念和传统习惯来评价人的行为。道德具有传承的特性，即它以信息的形式在人类之间传播与传承。这种传承性是指后一个社会形态的人们对前一个社会形态的道德观念、道德准则、道德规范和道德实践的具体内容的继承，从而使得前后两个社会形态的道德有一定程度的连续性。道德的传承性源于道德的文化属性。首先，道德的传承性源于道德文化的传承性。文化具有传承性，文化的传承性缘于人类社会的世代相袭，特别是人类社会生存方式的沿袭。其次，道德的传承性缘于生产力对生产关系的决定特性。作为一种意识形态，道德在其本质上是由生产力与生产关系决定的。每个时代的道德总是直接或者间接地反映着该时代的生产力与经济关系状况。前后相继两个社会道德的延续性缘于前后相继社会生产力和经济社会发展的连续性。最后，道德文化的传承性还是由道德文化的累积特性引起的。每个时代的文化都是对前人文化的继承与累积，因为每个历史时代的人们都不是凭空创造自己时代的文化，而是继承了前人创造的文化。在道德教育中，每个时代的道德教育都是对历史上积累的道德价值和道德规范加以分析、批判和改造，使之成为服务新时代、新社会的道德价值和规范的过程。李建华等专门研究了道德的继承与传承问题。他们把道德继承分为批判继承和抽象继承，并指出"所谓道德的抽象继承，就是对普遍性道德价值和规范的继承"①。关于批判继承，他们指出，"道德的批判继承是指以服务新时代、新社会发展需要为旨归，从广大人民的根本利益出发，以批判的态度全面清理人类道德的历史遗产，对道德遗产一一加以审视、分解和检验，取其精华、去其糟粕的过程"②。由于道德本身是一种文化，道德继承与传承的实质是一种文化的继承与传承。少数民族道德也是如此。

2. 教育活动具有文化传承性

关于何为教育，不同的人给出了不同的定义，许慎在《说文解字》中解释，"教，上所施，下所效也"；"育，养子使作善也"。广义上讲，凡是对个体实施的一切促进个体发展的行为都属教育范畴，包括促进个体在知识、技能、礼俗、人格等方面的发展。从狭义上看，教育主要指的是学校教育，学校教育是一种有计划、有组织的教育，在这里教育者通过向受教育者传递特定的信息，对受教育者的身心施加影响，把他们培养成特定社会或阶级所需要的人。从上述对教

---

① 李建华、冯丕红：《论道德继承》，《伦理学研究》2011 年第 4 期。
② 同上。

育的界定可以概括出，教育其实是一个信息的传递过程，也就是把一种社会所要求的教育信息和个体所需要的教育信息从教育者向教育对象传递。这些信息包括经验、知识、技能，从内涵上看它还包含更为丰富的内容。这一丰富内容体现着教育的文化传承。张修林在《谈教育》一文中指出：所谓教育，应当是作为对社会文化的传授、传播。"① "社会文化"包括三个层次的内容，即精神文化、精神的物化文化以及物质文化。教育的目的是教化育人，即通过文化的传承与传播，使教育对象成为一个懂得人类社会人文与人事关系的人，以更好地立足于人类社会。程少波也指出："教育本质上具有文化传递性，即教育的本质是社会遗传的机制（方式），或者说是对人类文化、文明的积累和积淀的统一。"② 从上述梳理可见，学者们坚持教育在其本质意义上是一种文化的传承与传播，教化育人实质是文化育人。

道德教育具有文化传承的特性。如前所述，道德本身是一种文化。作为传授、传播道德活动的道德教育具有直接的文化传承特性。道德教育的文化传承性体现在道德的传承性和教育活动本身的传承特性。如前所述，道德文化的传承性体现在道德文化的代际传递，前一代人的道德文化对于后一代人的有用性促进了道德文化的代际传承。同时由于人类代际一般不会产生差别较大的变化，这种变化往往是渐进的，这为代际道德文化传承提供了可能。另外，我们说道德教育是一种文化传承，还在于道德教育活动本身。道德教育是一种主体间的交往活动。在道德教育活动中，教育者总是选择当时社会需要的或者教育者认可的价值和道德观传递给受教育者。这种被社会认可的价值观也是前人创造或提出的，道德教育的这种传递就体现为一种传承。古有"师者，所以传道、授业、解惑也"，这里的"传"就有传递、传承之意，道德教育的过程就是教育者传递或传授道德文化的过程，道德教育就是一种文化传承。同时，道德教育的过程不是纯粹的道德

① 转引自李毅《论幼儿园的儿歌教育》，硕士学位论文，湖南师范大学，2009 年，第13 页。

② 程少波：《教育本质研究之批判》，《教育理论与实践》1995 年第 4 期。

观念和道德知识的传递，而是一种道德养成方式和道德生成技能的传递，是一种行为方式的传递。

（二）德育及民族德育是一种文化创造

1. 道德文化的积累与创造

道德文化具有累积性。"积"，表示聚集，使逐渐增多；"累"，表示连续、重叠、堆积。积累，表示逐渐聚集，使之慢慢增长、完善之意。文化累积指的就是文化的内容与要素逐渐聚集，慢慢增长，不断完善。人类文化之所以能不断向前发展，就是由于文化不但具有持续性，而且具有累积性。文化累积的核心源于文化的创造与创新。文化的创新导致人类文化的不断积聚，从而推动人类文化的不断丰富与繁荣。道德文化也是如此。道德作为调节人与人之间行为的基本准则，往往与特定的群体有关。起初，小群体有小群体的道德，随着群体间的交往，人与人之间关系更为复杂，就使得道德内容不断扩展，产生道德文化累积。同时随着社会发展，新的社会往往面临许多新的社会问题，产生新型的人与人之间的关系，从而产生出新的道德内容。任何人类文化都是对人类的文化、文明的积累和积淀的统一。正如程少波所言："从总的历史过程来看，既继承了前人的文化成果，又增加了新的内容。这是一种类似于生物由遗传和变异引起物种进化的机制，但它不是生物学的而是社会的机制。在人类历史中，文化、文明正是通过教育这种社会遗传方式延续下去，又借助人们的不断创新而造成变化，由量变的积累和积淀，而导致质的飞跃，从而形成在质上明显不同的进化着的文化、文明的历史。"[1]

道德文化累积也是一种创新与创造。文化的累积性是指某一文化因新的文化元素或文化特质的发现、发明、引进，从而导致原文化的文化元素和特质总量的增加。人类文化的发展就是对前人文化的不断累积。在这一逐渐增长的过程中，人类文化、文明积累积淀的，不仅是具有物化形态的物质财富和精神财富，而且还有创造物质财富和精神财富的活动方式，即人的经验、知识、技能和方法等。人类文化之

---

① 程少波：《教育本质研究之批判》，《教育理论与实践》1995 年第 4 期。

所以能累积，主要取决于两个方面：一是文化具有独立性和耐久性，即那些具有普适性的和有价值的文化将会不断得到传承，同时在文化的代际传递中，由于代际差距不会有突出差异，使得大多数原有文化在代际得到传递。二是在人类生产生活以及教育实践中，新的文化形式不断增加。人类文化的这种递增，是人类文化不断被创造的结果。一定时代的文化取决于一定时代经济社会的发展状况，经济社会的改变必然导致新的文化的产生，而且社会变化越是剧烈，新文化的产生就越快。同时，教育水平的提升、科学技术的革新也促进了人类文化的累积。可以说，人类文化的传承不会导致文化的累积，是文化的创新创造形成了文化累积，只有创造创新才能使文化在原有基础上积少成多，不断累积。另外，文化的累积或文化的累积过程就是一个文化的创造与创新过程。道德文化的累积反映的就是道德文化的创新。在少数民族社会中，随着社会的发展和新关系、新矛盾的出现，也会形成一些新的道德规范与道德价值观。这些新的规范与价值观是在原有价值规范上的积累，是面对现实生活、面对新环境形成的新文化，是一种文化累积与创造。

2. 道德教育的超越与创造

教育的本质在超越。鲁洁教授认为，超越是人的本性，是人特有的存在方式。她强调，人不仅有把握"在场"生活的能力，还能对"尚未到场"的生活做出反应。她说，突破现存生活的规定性，做出超乎现实的追求，正是人的特性。教育所期待的超越性存在是把超越和创造作为生活的取向，能对现存生活进行批判和反思并培育具有自我超越意识能力的人。这里的"超越"实质上是一种创新与创造，是对原有状态的突破，教育就是要培养具有创新精神和创造精神的人。教育就是培养那种把超越和创造作为生活取向的人，这种人习惯于对现存生活进行批判、提出问题，并在此基础上找到解决问题的方式和对策。苏格拉底曾经说过，不经过思考的生活是不值得过的。教育的超越性就是要求教育要培养人们自觉反思和批判的态度，引导人们去过一种经过思考的生活，并在日常生活中把自己的生活当作不断思考和拷问的对象来看待。鲁洁教授指出，教育可以赋予人"看生活"的眼睛，使人能够通过具体和感性生活经验的表层看到生活的深层和底蕴，从生活的潮流中看到暗流，从合理处见不合理，从肯定中看到否定，真实地把握生活实践中所存在的种种矛盾和问题。受过教育的人是能够自觉摒弃那种随波逐流、"唯上""唯书"盲目生活的人，因为对于他们来说这些是未经思索的、不值得过的生活，是异化的生活。教育的引导使人从既定的不合理生活模式中、从被迫和强制性的生活中走出来。①

道德教育具有超越性。如前所述，教育具有超越性，而作为教育分支的道德教育也是一种超越。从文化方面来说，道德教育不仅仅是一种传承，还需要在传承中创新。鲁洁指出，道德是人类对可能世界的一种把握。它不是人们现实行为的写照，而是把这种现实行为放到可能的、应是的、理想的世界中去加以审视，用应是、理想的标准来对它做出善、恶的评价，并以此来引导人的行为。这种道德教育方式所形成的道德就是一种超越、一种创造。道德教育中的这种超越与创造包含两个层次。一个层次是在道德教育实践中面对新问题、新情况，为解决新的问题提出新的道德原则与道德规范。比如，在当代道德教育实践中，随着网络的广泛运用，出现了许多问题，因为在网络的虚拟世界中人们的行为具有隐蔽性，但网络已成为人们生活不可或缺的内容，为解决网络社会人与人之间的正常关系，网络道德应运而生。相对于传统道德与文化，网络道德与文化是一种新的东西，这就是一种超越、一种创造，是对人类文化的积淀。道德教育中超越与创造另一层次的含义是对人类可能生活的追求，这是一种超越现实生活的道德教育层次。爱因斯坦指出："不管时代的潮流和社会的风尚怎样，人总是可以凭着自己高尚的品质，超越时代和社会，走自己正确的路。现在大家为了电冰箱、汽车、房子而奔波、追逐、竞争，这是我们时代的特征。但是也还有不少人，他们不追求物质的东西，他们

---

① 鲁洁：《超越性的存在——兼析病态适应的教育》，《华东师范大学学报》2007 年第 4 期。

追求理想和真理，得到了内心的自由和安静。"① 这种对道德理想和道德可能生活的追求是一种超越，是一种创造，是对民族文化的积累与创造。

道德教育是一种文化超越与创造。如上所述，道德文化具有积累性，这种积累性体现为一种创造与创新；道德教育具有超越性，这种超越性体现为一种创造性。道德教育的文化超越与创造，体现在以下两点。首先，道德教育是一种文化的超越与创造，体现在道德文化的累积上。一方面，道德文化的积累来自外在社会环境的影响。外在政治经济环境的变化必然会要求新的道德文化出现，从而产生新的道德，形成道德的累积。如原始社会产生原始道德，奴隶社会产生奴隶道德，封建社会产生封建道德，新道德的出现都是对原有道德形态的超越与创造，这种超越与创造来自外在社会环境的变化。另一方面，道德文化的积累也是道德主体内在的要求。道德主体的道德要求有时超越于现实社会环境，因为道德是一种意识形态，也是一种价值观念。一般来说，积极向上的、公平正义的道德价值观念在人类社会中不断累积。其次，道德教育是一种文化的超越与创造，体现在道德教育实践活动本身的超越性上。如上所述，道德教育活动是一种主体间交往的活动，在道德教育实践中道德教育者与受教育者之间不是简单的道德教育信息传递与传承，还包含道德教育实践中的创造与超越。一方面，道德教育者往往会根据实际需要提出一些创造性的观点，采取一系列创造性的方法，从而产生道德教育的文化超越与创造。另一方面，受教育者在与教育者的交往与交流中也会形成一些新的道德文化，成为道德文化新的增长点。因此，道德教育不仅是一种文化的传承，更是一种文化的超越与创造。少数民族道德教育有其自身的特性，但少数民族道德教育也具有一般道德教育的共性。这里，少数民族道德教育也是一种文化传承和文化的超越与创造。而且，由于文化性是民族的根本特性，随着当代民族意识的增强，道德教育作为一种本民族文化的传承与超越的特性越来越凸显。

---

① 转引自鲁洁《道德教育：一种超越》，《中国教育学刊》1994 年第 6 期。

第二节　民族文化对民族德育的影响与制约

一　民族文化是民族德育的资源与载体

（一）民族文化是民族德育的资源

资源是指人类可资利用的一切要素和价值。① 人类的一切活动都是依托于一定的资源来实现的，道德教育也如此。道德教育只有拥有了优质的资源，才能取得较好的道德教育效果。道德教育资源对于道德教育的重要性体现在以下几个方面。一是道德教育资源为道德教育活动过程提供加工对象。道德教育总是把一定的道德教育内容和道德教育信息加工后传递给受教育者，而道德教育资源为道德教育这一过程提供加工对象。二是一定道德教育资源构造一定的道德教育环境。道德教育的实现总是依赖一定的条件，并在一定的道德教育环境中实现。在道德教育中，道德教育资源形成一定的德育条件，并构成道德教育环境，促进道德素质的生成。三是道德教育资源为道德教育实践提供动力。道德教育实践是一个复杂的过程，道德教育活动的有效推进需要物质和精神上的动力支撑，德育资源不断为德育活动提供动力，推动教育活动有效开展。

少数民族传统文化就是一种道德教育资源。"文化是指那些继承下来的、确立共同社会活动基础的观点、信仰、价值观和对世界认知的总和，是一群拥有同样传统的人所从事的活动和所拥有的思想观念的全部范围。"② 我国各民族在长期的历史发展中创造了灿烂的历史传统文化。这种文化是各民族道德教育的天然资源。这些文化既包括物质文化又包括精神文化。相应地，其所提供的德育资源既包括物质形态的德育资源又包括精神形态的德育资源。少数民族在改造世界的过

---

① 覃明兴：《大资源：现代社会发展的支撑系统》，《社会科学》1999 年第 5 期。

② 吴建强：《大学学校文化及其对教师的影响——中英比较对我们的启示》，《教育学报》2005 年第 4 期。

程中创造了丰富多彩的物质文化。这些物质文化就成为物质形态的道德教育资源。比如，今天各民族开展道德教育的有形场所以及相关文物古迹就是物质形态的德育资源。物质形态的资源不单是物质形态本身，更重要的是这种物质所蕴含和传递的人文精神内涵。它们是优良的道德教育资源。同时，由于历史遭遇及自然生境等差异，各少数民族还创造了独特而灿烂的精神文化形态，进而形成了今天的精神形态德育资源，主要包括价值观、信仰、道德观念等。在道德教育实践中，德育工作者需要通过对物质形态和精神形态德育资源进行加工，挖掘其所蕴含的精神内核，并加工成受教育者易于接受的形式，以此转化为受教育者思想品德素质的一部分。

我国少数民族传统文化蕴含着丰富的德育资源。这些德育资源的具体形式如下。一是节日文化德育资源。我国各少数民族节日繁多，既有自古传承而来的传统节日，又有现代形成的各种节日，而且每一个节日又有其丰富的内容、多样的形式及浓厚的文化气息，是一种重要的道德教育资源。从道德教育角度看，这些节日易于激起道德需要和激发道德情感，使少数民族形成一定的道德认知，从而产生道德情感和形成道德认同。比如，我国各少数民族大多都有祭拜祖先的节日，这种祭祀行为具有极强的人伦色彩，常常促使祭祀者回想起被祭者的音容笑貌和美好时光，激起后人对长辈的感恩之心，而且这种节日活动所激发的感恩之情是其他方式的感恩教育所不可比拟的。我国少数民族文化中类似节日较多。节日文化的独特形式和丰富的内涵使少数民族在潜移默化中得到洗礼和教育，以此维系着少数民族地区和谐的社会关系。二是宗教文化德育资源。我国各少数民族大多信仰宗教，各种宗教经典蕴含着丰富的伦理思想，是一种较好的道德教育资源。比如《古兰经》中记述，商业经营中公平交易，禁止食利剥削；战争中宽待俘虏，合理分配战利品，施舍济贫，善待孤儿；家庭生活中孝敬父母，敦睦邻人等。另外，宗教活动也具有较强道德教育资源价值，有计划、有组织的宗教活动往往对其信徒在道德方面的影响有特殊的效果。三是禁忌文化德育资源。由于生活实践、社会环境的差异，我国各民族形成了具有不同内容和不同民族特点的原始禁忌。这些禁忌告诉人们应当做什么、不应当做什么，并通过无数代人的传递，形成了相对固定的行为规范。如彝族禁忌习俗中忌不尊重长者，忌揭人之短，忌取笑别人生理缺陷，忌在别人喜庆之日说不吉利的话。这些禁忌规范，族内人普遍遵守、辈辈相传，在减少人们之间的冲突、调整人们之间的关系方面起到了重要作用，是少数民族道德教育的重要资源。四是民族文学德育资源。少数民族文学是少数民族人民社会生活的真实反映，其形式包括神话、诗歌、小说、散文、戏剧等。这些文学形式通过生动的描述使少数民族朴素的内心世界得以形象展示。德育对象通过聆听、阅读、赏析民族民间文学使内心得到道德的洗礼。比如，在少数民族地区大多数民族青少年都是在聆听上一辈人的神话故事中长大的，而他们又把这些神话故事传递给下一代，青少年们从聆听这些故事中得到许多道德方面的教诲，是一种重要的道德教育资源。

（二）民族文化是民族德育的载体

载体本意是指能传递或运载其他物质的物质，被引入社会科学领域后主要被理解为承载知识和信息的物质形体。在道德教育中，道德教育载体是指承载、传导道德教育要素，能为道德教育主体所运用，并且主客体可以借此相互作用的物质和非物质介体。一方面，德育载体可使道德教育具体化，使道德教育形成具体的可实现形式。道德教育实际是指教育者根据一定社会的道德要求，对受教育者施加有组织、有计划的影响，使受教育者形成一定社会所期望的道德素质过程。当然这是对道德教育过程的抽象概括。事实上，思想道德教育过程总是具体的，比如学校通过参观历史文物开展道德教育或家庭通过宗教仪式和神话故事开展道德教育。这些都是具体的道德教育过程。这里，历史文物、宗教仪式、神话故事就是道德教育载体。这些载体使得道德教育过程具体化。另一方面，德育载体使道德教育诸要素相互连接起来，促成道德教育活动的展开。一个道德教育事件主要包括道德教育主体、道德教育客体以及道德教育介体。道德教育过程就是这几个因素相互连接、相互依赖、共同促进的过程，其中，这几个因素就是通过载体这一形式连接起来而使其相互发生作用的。如果道德教育没有一种载体、没有一种媒介，道德教育就没有依托或依靠，不能成为一个现实运行的过程。

民族文化是一种道德教育载体。上述关于道德教育载体的界定包含两个核心内容，一是德育载体必须承载一定的道德教育要素和道德教育精神，二是这一载体必须能够被教育主体所利用，使主客体可以借此产生互动。我们说民族文化是一种道德教育载体，主要是指民族文化具有承载道德教育要素，并能为道德教育主体所利用的特征。不管是狭义文化还是广义文化，其内在的精神特质和外在表现都为其作为道德教育载体提供了根据和条件。比如语言符号，它是文化积淀储存的手段。任何文化的存在和发展都依赖于一套具有特定含义的符号和语言。文化各方面只有通过语言和符号才能反映和传承，文化本身是道德教育的载体。同时，一个群体的语言符号本身也是这个群体的文化模式。道德教育的目的是向教育对象传递一定的社会道德规范，而包括科学知识、文学艺术、制度文化在内的文化要素本身承载着一定的价值观和丰富的道德教育信息，构成道德教育的载体，并在道德教育过程中为道德教育活动提供具体的加工对象，同时连接道德教育各个要素，促使道德教育活动顺利进行。

民族文化作为道德教育的载体，也主要通过民族文化的具体形式体现出来。我国少数民族文化的具体形式如语言符号、传统仪式、风俗习惯、节日活动、文学艺术以及宗教活动等都承载着丰富的道德教育要素，形成少数民族道德教育的有效载体，这里主要对仪式、节日和宗教展开分析。一是传统仪式。我国各少数民族传统文化中有着各种各样的传统仪式，这些传统仪式不是简单的行为和过程，而是带有丰富的文化内涵，让人得到精神洗礼。比如少数民族的丧葬仪式，虽然各民族的丧葬习俗不一样，但这些习俗都体现了对年青一代的孝的教育，而且这种仪式的教育是其他任何形式的孝的教育不可比拟的。在操办丧事期间，孝子孝女、孝婿孝媳要披麻戴孝，每天多次跪哭于灵前，还要大宴宾客，广发孝帕。这种礼仪不仅寄托了哀思，还是"孝"教育的有效形式。复杂纷繁的人生礼仪文化是少数民族传统文化的重要内容。少数民族青少年在这些仪式活动中接受着潜移默化的影响，使其成为道德教育的有效载体。二是节日活动。我国各少数民族都有本民族自己的节日，这些节日是少数民族文化的复合体。比如拉祜族有祖先崇拜的习俗，每年阴历七月十三到七月十五拉祜族向他们的祖先祭献物品，表示不忘祖先的恩德。在祭祀过程中，颂扬祖先恩德，重温祖先遗训，并告诫后人遵循祖先遗训。拉祜族的这一节日对于唤起青年人的道德意识具有重要意义。少数民族的传统节日多种多样，这些节日所蕴含的优秀伦理道德教育传统，是对少数民族进行伦理道德教化的宝贵资源。这些节日的活动的开展也是少数民族伦理道德教育的有效平台，从而使其成为少数民族道德教育的载体。三是宗教活动。我国少数民族中有为数不少的人信仰宗教。宗教虽然是非科学行为，但它从多种渠道塑造着人们的精神世界，并对人们的精神产生深远的影响。同时，宗教本身也承载着很多的道德因素，特别是宗教本身的宗教道德对教徒的约束也是一般社会道德教育的内容。它通过融入风俗习惯来熏陶、感染人的内心以内化行为规范形成意识品格，从而使宗教活动成为少数民族道德教育的重要载体。

二　民族文化构成民族德育生成的土壤

民族文化是民族德育生成的土壤主要是基于植物之于土壤而言的。这里土壤是一个比喻说法，主要是强调民族文化对民族德育至关重要。土壤是植物生成的必要条件，它形成了植物生长的环境，为植物的生长提供养分。对少数民族道德教育来说，民族文化形成了民族德育的环境，也为少数民族道德教育提供了养分。我们说民族文化是民族德育生成的土壤，主要从以下两个方面展开分析。

（一）民族文化形成民族德育的环境

环境是指环绕在人们生活周围并对人们产生某种影响的客观现实，是人们赖以生存和发展的自然条件和社会条件的总和。[①] 任何个体的成长都离不开环境的影响，道德教育也如此。恩格斯指出："善恶观念从一个民族到另一个民族、从一个时代到另一个时代变更得这

---

① 沈国权：《思想政治教育环境论》，复旦大学出版社 2002 年版，第 27 页。

样厉害，以致它们常常是互相直接矛盾的。"① 这告诉我们，个体道德品质的形成深受其所处社会环境的影响。一般来说，一定社会条件下产生的法律、道德等社会意识形态及其社会风俗习惯，为人们设计出道德行为规范，形成道德环境，制约和影响着人们的言行。个体的道德品质就是在这样的环境中形成的。"人的本质不是单个人所固有的抽象物，在其现实性上，它是一切社会关系的总和。"② 个体道德素质的形成总是受社会环境的制约，道德教育环境是人们道德赖以形成和发展的条件，道德教育环境的优劣直接关系到道德教育的成败。正因为如此，马克思和恩格斯指出，"人们的观念、观点和概念，一句话，人们的意识，随着人们的生活条件、人们的社会关系、人们的社会存在的改变而改变"③。一个民族、一个地区，甚至一个组织或更小的群体也如此，由于各自具有独特的传统风俗、风土人情和语言文化，其独特的文化环境影响着个体道德品质的生成。

少数民族文化形成了少数民族道德教育环境。我国各少数民族都创造了各自灿烂的民族文化。这些文化对少数民族产生了深远影响。它深深地积淀在本民族主体的心理结构之中，构成少数民族思想和行为形成的外部条件，对本民族产生深刻影响，形成了少数民族道德教育环境。如上文所述，文化包括物质文化和精神文化，相应地，少数民族道德教育环境可分为物质文化环境和精神文化环境。那些包括文化古迹、传统建筑等在内的物质文化形态形成少数民族道德教育的物态文化环境。物态文化环境是少数民族的独特的创造，渗透着其人文精神，影响着少数民族道德素质的形成。在精神形态方面，我国各少数民族也创造了灿烂的精神文化，包括各民族在历史中形成的风俗习惯、制度规范、文学艺术、科学技术、宗教信仰、规约制度等，这些精神形态文化形成了少数民族道德教育的精神形态文化环境。物质形态的文化和精神形态的文化影响着少数民族个体道德素质的生成，共

---

① 《马克思恩格斯选集》（第三卷），人民出版社 1995 年版，第 433—434 页。
② 《马克思恩格斯选集》（第一卷），人民出版社 1995 年版，第 60 页。
③ 同上书，第 291 页。

同构成少数民族道德教育的大环境。

少数民族文化是一种德育环境的具体体现。少数民族文化作为道德教育的外在环境主要是指少数民族文化的各种具体形态，诸如少数民族的价值观、行为规范、风俗习惯、物质文化和符号等诸要素，构成少数民族道德教育的外部条件。首先，少数民族传统文化所体现的价值观是构成少数民族德育环境的核心内容。价值观是内在于人的行为意识的一般判断标准，它把握着事物的整体倾向和方向，决定着人的一切具体的外在的行为，当人们与具体的文化规定发生冲突时，它帮助人们做出正确的行为选择。在少数民族长期的社会实践中，他们形成了一整套的一般观念体系，即价值观。这些价值观使本民族人在各种活动中形成了相同的行为判断标准，并推动着本民族社会协调运转不断发展，从而组成少数民族德育文化环境的核心组成部分，促进少数民族个体的道德的生成。其次，少数民族的风俗习惯也是少数民族德育环境的重要内容。我国各少数民族在漫长的历史发展中创造了一系列约定俗成的风俗习惯和基本规范，这些风俗习惯和基本规范也是少数民族德育文化环境的重要组成部分。如土家族"赶过年"等节俗从不同角度反映了本族人的伦理道德和价值观念。我国少数民族社会中还存在着一些为大多数本民族人所接受的基本规范，这些规范是少数民族内部自身确立的，具有强制性和习惯性。除此之外，少数民族内部本身也形成了一定的道德准则，这些道德准则直接构成少数民族道德教育的基本内容，也是少数民族道德教育文化环境的组成部分。再次，少数民族文化中有形的物质文化也是少数民族道德教育文化环境的重要组成部分。物质文化是精神文化的载体，我国各少数民族在漫长的发展过程中创造了无数辉煌灿烂的物质产品，包括文物古迹、建筑设施以及现实生境，而这一切物质性的东西都留下了精神痕迹，使其获得了文化意义。特别是那些文物古迹和建筑设施，一方面可使本民族穿越时空、再现自身，另一方面这些原先形成的物质性的有形文化对后来者来说是一个既定的环境，影响着人们价值观的形成与变化，影响人们的行为，成为教化人的环境。最后，少数民族的语言文字也是少数民族德育文化环境的重要组成部分。语言文字是人类表达意义的工具，人们主要通过文字、数字以及图形的符号把个体复杂的信息传递给他人，并使人们理解所传递符号的意义。道德教育从某种意义上说就是一种符号解释过程，少数民族通过其语言使其文化中的规范、价值观等得到最完整的表述和理解，因而少数民族文字也是构成少数民族德育文化环境的重要内容。

（二）民族文化为民族德育生成提供养分

《现代汉语大词典》对"养分"的解释是"物质中所含的能提供机体营养的成分"。养分能够促进有机体生长，是有机体生长所必备的，缺乏养分的有机体就会长成畸形。比如，植物的生长只靠阳光、水分、土壤还不够，还需土壤中的养分，包括氮、磷、钾等在内的许多化学元素，当土壤中缺乏这些元素时还要从外部补充进去，才能促进植物的良好生长。个体的道德成长也是一样。在道德教育中，个体道德成长也需要足够的养分，这些养分可以促进个体道德的生成。民族文化是民族德育生成的土壤，在民族德育生成的文化土壤中包含着许多为道德教育所需要又能促进良好道德素质生成的营养成分。这些成分内含于道德教育的土壤之中，主要包括民族文化中的德性伦理传统、民族文化中的永恒道德教育主题、民族文化中的道德楷模与榜样等。这些思想、主题和楷模不是我们道德教育的内容，也不是道德教育的载体，但是它们能增进个体对道德的认识，促进少数民族道德的生成，是少数民族道德生成的养分，而这些养分深深地潜藏在民族传统文化之中。

首先，民族文化中的德性伦理传统为少数民族道德教育生成提供营养。我国境内的各民族都是多元一体的成员。中华民族有几千年的历史，在漫长的历史中，中华民族形成了德性取向的德性伦理。这种德性伦理成为今天我们道德教育的天然养分，在这种德性伦理熏陶之下，各民族自觉自发地把形成良好道德作为自身追求的目标，这无疑使我国传统文化中的德性伦理成为滋养道德养成、促进道德生长的营养成分。德性，意指人的善良道德品性。德性伦理是以人的道德品性、道德理念、道德修养为核心的伦理道德观。比如，古代儒家以仁爱、良知作为人性论的德性伦理核心，以求得仁义至善作为德性伦理的修行内容和目标。孔子说："夫仁者，己欲立而立人，己欲达而达人。"① "樊迟问仁，子曰爱人。"② 孟子以良善仁义为己任，他说："人之所不学而能者，其良能也；所不虑而知者，其良知也。孩提之童，无不知爱其亲者；及其长也，无不知敬其兄也。亲亲，仁也；敬长，义也。无他，达之天下。"③ 又说："仁，人心也；义，人路也。""取诸人以为善，是与人为善者也。故君子莫大乎与人为善。"④ 孔子、孟子关于"仁"的论述，言之成理、言之心切，对人感染至深。细读孔孟之语，令人受莫大感染，会不由自主从中汲取营养，完善充实自己的德行。在孔孟德性思想影响下，各民族在其文化发展中也形成了各具特色的德性伦理传统。这些德性伦理传统与传统儒家思想共同构成各少数民族道德生成的不竭养分。

其次，民族传统文化中的永恒道德主题也为少数民族道德教育提供丰富的营养。我国传统文化中有一些永恒的主题。这些主题在这个变化的世界中对培养个体的道德品格具有重要意义。甚至有时谈论这些"话题"就是一种教育，成为促进个体道德品格养成的助推器。每一个民族的传统文化中都蕴含一些永恒的道德主题。以土家族为例，土家族历来就有较为明显的爱国和忠孝的传统。在爱国方面，作为巴人的后裔，土家族在战乱中形成了较强的爱国意识。在外敌入侵、国家面临危亡的时刻，土家族人积极加入爱国行列，慷慨杀敌，体现了他们极强的爱国、报国之心。在忠孝方面，土家族人往往都把忠孝当作头等大事。一个人不论其地位高低、贫富贵贱，只要具有孝心，都会得到他人的尊重。不孝被土家族人认为是冒天下之大不韪，常常被他人指责和唾弃。一个民族中的这些道德永恒主题，是本民族长期以来所沉淀的民族文化精华。它不但是本民族安身立命的依据，也为本民族所世代传承，并不断发扬光大。因此，这些永恒主题对于促进个体良好道德的养成具有重要意义。西方思想家对民族传统文化中那些

---

① 《论语·雍也》。
② 《论语·颜渊》。
③ 《孟子·尽心上》。
④ 《孟子·公孙丑》。

永恒主题也有着较为深刻的认识。比如，永恒主义教育家赫钦斯指出：一个公民或一个国家的职能，在各个社会之间可能各有不同，但是人，作为一个人，他的职能在每个时代和每一个社会中都是一样的。民族传统文化中的那些永恒主题无不是促进个体道德生成的重要养分，并在具体实践中促进个体道德素质的有效生成。

最后，各民族传统中的道德楷模与榜样无不为少数民族道德教育生成提供营养，促进个体德性养成。在道德教育中，教育者通过榜样的魅力促使受教育者不断地追随、模仿和学习。这种魅力、影响力和榜样所代表的价值取向就是促使受教育者道德生成的养分，使受教育者在榜样和楷模的示范下不断成长。美国著名心理学家班杜拉认为："学习并不仅仅发生在经典条件反射和操作条件反射中，我们也能通过看、读或听说别人怎样行为来学习。许多行为很复杂，所以不能通过强化或惩罚这样缓慢的进程来学习。"① 具体言之，榜样与楷模教育的逻辑在于以生活实践为基础，以榜样为中介，通过广泛宣传和社会舆论的褒扬，赢得社会尊重，以此方式激发受教育者内心道德动力，使其通过不断模仿和反思，产生情感和理智认同，并积极模仿学习，做出相关行动，以达到榜样精神的内化，促进个体道德人格的生成。道德教育中的榜样学习法主要是通过教育者对榜样精神进行展示与解读，让受教育者在榜样解读和基于榜样精神的感染中汲取营养，然后通过观察，模仿、内化。在此过程中可使受教育者形成榜样所代表的道德品格，而这一行为主要是通过观察学习实现的。传统文化中，中华民族有体恤民情、忧国忧民，具有社会责任感的楷模，感受楷模汲取营养，会让人真正体会到"居庙堂之高则忧其民，处江湖之远则忧其君"的感受。传统文化中也有"言必信、行必果"的楷模，从他们身上汲取营养，会促使青少年养成讲信义、重信誉、言行一致的品行，做到在工作和生活中，取信于人、取信于民、取信于天下。传统文化中有"鞠躬尽瘁、死而后已"的楷模，从他们身上汲取营养有利

---

① 参见［美］罗伯特·斯滕伯格等《教育心理学》，张厚粲译，中国轻工业出版社2003年版，第217页。

于青少年养成执着追求实理、献身事业的高尚品德。传统文化中"宁为玉碎，不为瓦全"的刚正不阿的正义人格，宽容大度、团结协作、顾全大局的以"和为贵"的处世态度，"将相和"的君子风范，忍辱负重、逆境成才的良好心理素质等，都是青少年思想道德和品格形成的精神养料。同时，我国少数民族都有祖先崇拜情结，充分发挥各民族中道德楷模的榜样示范作用，让青少从楷模中汲取营养，对于增强少数民族道德教育的实效性具有重要意义。

三　民族文化影响德育对象的思维方式

（一）思维方式及其与德育的关系

思维方式是思维主体把握客体的理性认识方式，即主体相对稳定的认识客观世界的程序、规则和框架，也即相对稳定的思维结构和思维模式。它是一个群体或区域的人们以一定文化背景、知识结构、习惯和方法为基础，在长期的历史发展中形成的一种较为固定的元认知模式。一般来说，特定主体由于自身所处的环境，在基于自身文化所开展的认识活动过程中，都有自身特定的思考问题和处理问题的方式，这种方式多次重复，往往就会形成一种相对稳定不变的模式化结构，形成某种特定的思维模式，即一定文化的思维方式。思维形式是个体认识中的深层次内容，也表现为具体的认识方法。思维主体或是形成一种基于具体事物的形象思维，或是基于概念、判断所形成的抽象思维。总体来说，它是指基于其特定文化和地域背景的定型化的相对稳定的思维模式与方法。思维方式是抽象的，而构成思维方式的内容是具体的。构成思维方式的内容分主客观两个方面，主观方面包括主体的观念、文化传统、语言文字、风俗习惯以及情感倾向等；客观方面包括人的大脑、思维的对象及其相关工具等。另外，思维方式与思维方法、思维程序、思维形式及思维内容也有区别。思维方式不同于思维方法，思维方法是思维活动的具体方法，诸如归纳与演绎，而思维方式则如形象与抽象等；思维形式不同于思维方式之处在于，它是相对于思维内容而言的，其主要功用在于表达思维内容，主要通过逻辑思维形式表现出来，包括概念、判断等；思维程序主要是指思维活动的逻辑顺序及思维运行过程，比如思维的起点、中介和终点等。

　　思维方式与道德教育之间存在着相互依存、相互制约的关系。由于道德教育包含道德知识的培养和道德情感的熏陶以及道德意志的磨炼等问题，因而贯穿着一定的思维形式与思维方法。同时在思维形式所支配的行为中，也贯穿着思维方式的影响和作用。由于思维方式是人类文化中深层次的内容，因而思维方式对人的影响是潜意识的，单个的人类个体不一定能感觉到，往往需要对某一特定人类群体的思维展开研究，才能总结、概括出其思维模式。道德教育过程中渗透着思维模式，因而需要我们研究探索不同群体的思维模式，以在道德教育中加以有效利用。

　　思维方式与道德教育之间的密切关系主要表现在以下几个方面：一是科学思维方式的培养是道德教育的重要任务。思维方式的培养是我国教育主题的应有之义，我国道德教育的一个重要任务就是使学生形成辩证唯物主义世界观和方法论。科学思考方式可以帮助我们形成良好的思考习惯。思维方式作为主体把握客体的认知方式，对于人们良好思考习惯的养成、科学鉴别能力的提高，以及科学世界观、方法论的形成有着极其重要的影响。在当今时代，信息数不胜数，新情况、新问题层出不穷，面对这些新情况，需要有优秀的思维进行鉴别和取舍。在教育教学中，如果个体能在学生时代从老师那里获得某些方法上的启迪，或一般原则与思维方式的指导，无疑会大大缩短苦苦寻觅的摸索阶段。二是思维方式为德育提供思维的手段和工具。道德素养的形成也需要个体思维方式的参与，良好的思维方式可以比较科学地或全面、客观、本质地看问题，提升个体道德素质，从而提高民族的道德文明水平。同时，良好的思维方式对于个体思想道德观念的形成以及道德行为习惯的养成具有巩固和强化作用。青少年正处在世界观、人生观、价值观形成的时期，只有以科学的思维方式为指导，其在家庭与社会环境中初步形成的价值观、道德观、人生观，才可能朝着理性的正确轨道健康发展。否则，他们就可能因为没有科学思维方式的指导而产生迷惘和怀疑，从而影响本民族的繁荣与发展。三是德育也为科学思维方式的形成提供原材料。一种思维方式的生成需要一定的环境、材料、载体和媒介，而道德教育为科学思维方式的形成提供包括进步的思想道德观念和行为规范的环境、材料、载体和媒介。具体的道德教育实践为科学思维方式的生成提供先进的道德知识、进步的思想观念、开阔的文化视野、高尚的情操和科学的世界观与人生观等思想营养，从而促进思维方式的形成与发展。总之，思维方式作为人类认识世界的工具，作为人类文化深层次的东西，对个体思想观念以及道德品质的形成有着重要影响，教育者需要在道德教育实践中有效利用思维方式，以积极促进个体道德素质的生成。

（二）民族文化对德育对象思维方式有重要影响

思维方式是个体理解和把握世界的方式，不同民族和文化背景的人们因自身所处环境和生存境遇的不同形成了自身特有的把握世界的方式。可以说，一个民族所处的文化环境对这个民族的思维方式具有决定作用。

首先，思维方式也是人类文化最深层的要素。思维方式是任何文化的特定内涵。每一种文化背后都隐藏着其特定的思维方式。文化是人类通过自身活动对于自然界的物所留下的意义和痕迹，同时也指人类在改造世界中所形成的各种认识。泰勒认为，文化是"知识、信仰、艺术、道德、法律、风俗及作为社会成员的人所获得的才能与习惯"①。而思维方式就是贯穿于这些文化的具体形式之中，并沉淀于文化深处的相对稳定的认知模式。一个民族的思维模式是对该民族具体文化样式的共同性的归纳与概括，是人类文化结构中抽象层次较高的文化样式，是接近文化内核的文化样式。一个民族的思维方式是某一民族文化区别于另一民族文化的核心要素之一，是区别于其他民族文化的本质规定性。民族文化的构成可分为不同的层级，包括表面层次的文化、中间层次的文化和内核层次的文化。表面层次的文化体现为具体的文化样态和文化形式，包括物质形态的文化和承载精神文化的载体；中间层次的文化体现为建立在具体文化样态上的抽象文化形式，包括概念、判断的思维形式以及此处讲的思维方式；内核层次的

---

① ［英］爱德华·泰勒：《原始文化》，连树声译，上海文艺出版社1992年版，第1页。

文化体现为文化精神和文化价值，它是民族文化的核心层次。思维方式是社会文化具体形式在人们思想深处的沉淀，它在一定的文化体系之中形成，成为该社会文化的重要内容。同时，思维方式对一个民族文化的发展取向和发展深度有重要影响，一个民族的思维方式具有同一民族内部的一致性，是相对定型的，为其全体成员共同所有。在现实生活中，我们的行为方式、认识方式及意识所产生的具体思想和观点，其实是思维方式的反映。我们传播一种道德价值观，其实就是一种思维方式的传播。因此，在道德教育中，我们需要充分发挥民族文化中思维方式的作用，以积极促进个体或群体道德素养的生成。

其次，社会实践活动决定着德育对象的思维方式。社会的生产方式、生活方式和行为方式决定着人们的思维方式。李秀林在《辩证唯物主义和历史唯物主义原理》中指出："任何思维方式都是社会实践活动方式在人脑中的内化，是客观的感性物质活动意识化、观念化的结果，是作为人的认知模式和评价模式的观念系统。社会实践活动方式是怎样的，人的思维方式大体也就是怎样的。思维方式归根结底源于实践活动的方式，是实践活动的要素、过程、规律、操作规范、程序等等的观念升华和历史积淀。"① "思维方式是一定时代的人们的理性认识方式，是按一定结构、方法和程序把思维诸要素结合起来的相对稳定的思维运行样式。作为一种认识活动，思维方式体现着认识主体和认识客体相互作用、相互转化的双向运动，是客体主体化和主体客体化双向转换过程的深刻体现。"② 人类的社会实践活动本身就是一种文化或文明。在人类的社会实践中，劳动实践是人类生存和发展的基础条件。通过劳动实践获得产品或通过劳动过程本身发现、发明的生产工具、组织形式、管理手段等，体现的不是劳动本身，而是人类文化的具体表现形式。作为体现生产工具性质的各种媒介，是一种物质文化；作为一种劳动和产品分配的组织形式，是一种高层次的制度

① 李秀林：《辩证唯物主义和历史唯物主义原理》，中国人民大学出版社2004年版，第280页。

② ［英］爱德华·泰勒：《原始文化》，连树声译，上海文艺出版社1992年版，第1页。

文化；作为劳动技能、审美情感、生产管理和分配原则，对权威、对组织的依赖心理等是一种精神文化。因此，社会实践活动体现出的对个体思维方式的决定性影响，也是文化和文明对思维方式的影响。

再次，生存环境影响着德育对象的思维方式。斯大林指出，民族是人们在历史上形成的具有共同语言、地域和经济生活以及表现于共同民族文化特点中的共同心理素质的相对稳定共同体。不同的民族生活在不同的区域，区域或地域是形成民族的外在客观条件。不同民族或同一民族所居住和生活的一定区域，存在着某种文化上的共同特点，自然形成了这一区域内人们的思维方式的共同倾向性。各自区域内的人们，其思维方式植根于特定的文化心理、风俗习惯、思维方式、地理环境之中，比如有的重伦理、重人文、重宗教、重社会、重现实，有的重自然、重知识、重技术、重逻辑。从较大范围的地域意义上说，东西方人的思维方式呈现出不同的特点：西方人的思维方式呈现出外向特征，东方人呈现出内向特征，即西方人的思维目标往往指向外界，探求外部自然，而东方人则往往指向自身，不重视探究外部自然界。西方人的思维方式比较重视创新，对新的事物表现出极大热情，在思维方法的转换上也比较灵敏；而东方人比较保守封闭，对新生事物不感兴趣。这些特点都有明显的地域性。这种区别是两种文化体系在人们思维方式上的表现。当然在某一区域内部，人们的思维方式也有较大区别，如同是中国人，居住在城市和乡村的人的思维方式就不一样，沿海和内地人们的思维方式也不一样，有时有很大差别。如居住于海岸的民族与大陆民族之间、游牧民族与农业民族之间、高山民族与平原民族之间，都有自己的文化特点，形成了各自思维方式的差异。生存环境对个体或群体思维方式的影响实质上是生活于该环境中的人的生存方式对个体思维方式的影响，表现为文化对个体或群体思维方式的影响。

最后，文化背景影响着德育对象的思维方式。思维方式是指一个民族在长期的历史发展中以一定的文化背景为基础所形成的思维活动形式。它决定着人们看待问题的方式和方法，每一种文化都有自己独特的思维方式。每个民族都有自己独特的历史与文化、生活方式、文化传统和思维习惯，因而也必然存在着独特的思维方式。由于文化土壤不同，各民族的知识、观念、方法、智力、语言、思维习惯、情感和意志等思维方式构成要素都有差异。这些差异必然对本族人的思维方式产生重大影响。"文化人类学、跨文化心理学以及文化心理学研究表明：生活在不同文化规范下的人所具有的心理与行为特征深深地植根于当地的文化传统之中。"① 一个民族的思维方式往往是这样形成的，即人们长期生活在某一相对固定的文化环境中，特定的地域环境、特定的经济生活以及特定的生存方式，使人们在认识、思考外界过程中往往采取相同的程式和方法，进而形成特定群体的思维习惯，也即特定的思维方式。在以后的认知活动中，人们往往依循传统的思维习惯和相对稳定的思维模式。思维模式与特定文化传统密切相关，有什么样的文化传统就有什么样的思维模式。不同历史时期的文化系统或同一历史时期的不同的文化体系，都隐含着不同的思维方式。文化的改变与变革也会导致思维方式的改变，同时文化的改变也是由思维方式的改变引起的。不同群体的思维方式通过不同群体丰富多彩的文化样态体现出来，比如中国东方式思维方式和西方式思维方式的种种差异，也都显现在各自的文化现象之中。

总之，人们的思维方式形成于一定的社会文化历史之中，既定的文化氛围在民族思维方式的形成、变革与发展中，都具有重要的甚至是决定性的作用。不同人的思维活动指向、思维路径、思维规模、思维习惯和定式以及思维所采取的方法和手段各自有着较大的差异。少数民族传统思维方式对少数民族有着重要影响，民族德育要想收到良好效果，必须从其原有思维方式出发，根据民族学生思维方式特点开展道德教育。比如在对民族学生开展道德教育的过程中，要注意内容的形象性、方法的具体性、榜样的生动性和教材的民族性。

四　民族文化决定民族德育的内容与方法

一定的道德总是包含在一定的文化之中，文化与德育的密切联系决定了文化对道德及道德教育的决定意义。文化的性质决定道德及道

---

① 侯玉波：《文化对中国人思维方式的影响》，《心理学报》2002 年第 1 期。

德教育的性质，相应地，文化的内容也决定道德教育的内容，文化方式决定道德教育的方式。

（一）民族文化决定民族德育的内容

我国各少数民族在各自独特的生境中创造了内容丰富、形态多样的民族文化。不同民族间的文化差异形成了不同民族间道德内容的差异。不同民族文化对其道德内容的决定性具体体现在以下几个方面。

首先，文化类型的差异形成德育内容的差异。文化的类型就是文化的类别，每一个民族其实就是一个文化类型。民族文化的类别划分有多个标准，形成了多种多样的民族文化类型。按照民族间所生活和居住的地域环境差异可以把民族分为海岛民族、沙漠民族、草原民族、山地民族、雨林民族，相应地，民族文化就包括海岛民族文化、沙漠民族文化、草原民族文化、山地民族文化、雨林民族文化。按照民族内人们生产的对象差异，可把从事种植的民族的文化称为农业文化，把从事放牧的民族的文化称为游牧文化，把从事商业贸易活动的民族的文化称为商业文化等。按照民族间的经济活动和经济生活差异，可把民族文化划分为狩猎—采集类型文化、斯威顿耕作类型文化、畜牧类型文化、农业类型文化四种类型。对于不同类型的民族文化，其内容有较大差异，其相应的道德内容也有较大差异。比如农业类型文化，该类型文化的人们主要从事农业生产。他们过去用火焚毁掉原始丛林，腾出空地，以便种植对人类有用的植物。正是在这种传统经济文化环境中形成了人与人之间独特的道德关系。如土家族主要生活在山区，以从事农业生产为主，属于农业文化类型。这种文化类型使土家族形成了独特的道德特征和道德关系，具体表现为：土家族勤劳勇敢、朴实善良、诚实守信，夜不闭户，路不拾遗，"凡有誓约，以刀划竹数道或以刻木为契"；土家族热情好客，路人投宿寻饭无不答应，"让居推食"，必以酒肉相待；农忙时相互换工，族人凭良心办事，不斤斤计较，在相互协作中形成一种团结和睦的邻里关系。

其次，文化形态的差异形成德育内容的差异。形态又称为程式（convention），是一种结构性要素，不同的元素通过不同的排列组合或者编码方式构成不同的形态。文化形态指具体的文化形式及文化的具体样态。广义的文化可以分为"物质文化""精神文化"和"制度文化"三种基本形态。各民族间具体文化形态的差异，形成了不同的道德观念和道德内容。如物质文化主要包括器物文化和经济文化。经济文化又具体包括农业、林业、畜牧生产、渔猎活动、手工业等。精神文化包括语言文化、宗教、文学、艺术、教育与科技、医药与体育。制度文化包括习惯法、土司法制、政治体制、军事制度等。各民族各自文化形态的差异以及各自文化形态具体内容的差异使得各民族在道德内容上形成了较大的差异。比如制度文化方面，在我国元朝统一中国后，对土家族地区实行土司制度，即中央政府委任土家族酋长对该地区进行管理。在这种制度下，土家族地区各土司有如下义务：一是学习汉文化，政府规定土司弟子必须学习汉文化，否则不准承袭；二是朝贡制度，中央政府规定土司应定期向中央朝贡；三是从征，政府规定土家族地区各个土司有听从中央政府调遣、率兵出征的义务。中央政府与土家族地区的制度形成了相应的道德文化，包括政治道德。长期以来土家族人形成的崇高的爱国主义政治道德风尚，表现出较强的民族内聚力，这在很大程度上就源于中央政府制度的影响。土家族历史上虽曾出现过各部首领为各自利益不断发动战争的情况，但土家族人民维护祖国统一、反对割据始终是历史发展的主流。这种因制度文化形态的差异而导致的民族道德的差异还表现在其他许多方面。

最后，文化内容的差异形成德育内容的差异。"内容"，意为物件里面所包容的东西，也指事物内在因素的总和。文化的内容就是指文化所包含的各种因素的总和。如前所述，文化主要包含物质文化、精神文化和制度文化三个方面。物质文化的具体内容包括交通工具、服饰、日常用品等；制度文化和精神文化的具体内容包括生活制度、家庭制度、社会制度以及思维方式、宗教信仰、审美情趣，还包括文学、哲学、政治及衣食住行、风俗习惯、生活方式、行为规范等方面的内容。我国境内各民族因历史传统、生存环境等方面的差异，形成了内容各异的民族文化。由于民族道德与民族传统文化往往融为一体，各民族间习俗礼仪的差异使得各民族在自身生产生活中形成了不同的道德习惯。在一个民族中适用的善恶观念，在另一个民族中就不一定适用。这些文化内容上的差异形成了民族德育内容上的差异，使我国境内少数民族的道德形成了一个多彩的大花园。比如，云南傣族和景颇族青年男女恋爱自由，但在男女关系上，景颇族比傣族更自由。傣族在中华人民共和国成立前曾实行等级婚制，而德昂族内部则没有严格的等级婚姻。傣族寡妇可以再嫁，而景颇族则实行转房婚制。在婚丧嫁娶方面，各民族有着不同的风俗习惯，这些不同的风俗习惯承载着不同的文化内容。这些婚丧嫁娶习俗一方面是本民族文化的具体表现，另一方面也体现着丰富的伦理道德内容。这些婚丧嫁娶伦理道德内容的差异缘于各民族婚丧嫁娶文化的差异。总之，各民族的道德是在长期的生活实践中形成的，民族文化决定着民族德育的内容，多彩文化所形成的多彩德育内容维系着本民族成员之间的关系，促使本民族兴旺发展。

（二）民族文化决定民族德育的方法

少数民族文化方式本身是一种道德教育方式。马克思主义把文化与人作统一理解，认为文化在本质上就是人化，人通过自身自觉的劳动使自然变成人的作品，给世界的一切打上人的烙印。这一过程就是人化过程，也是文化过程。而道德是调节人与人在社会生活中各种关系的基本行为规范，这种行为规范就是在人自觉的劳动过程中产生，就是在人化或文化的过程中产生，相应个体道德教育的方式就蕴含在人化或文化的过程之中。文化方式就是一种道德形成和道德教育方式。也就是说，人化的过程、文化的过程也是人类道德产生的过程，也是个体道德形成的自然过程。少数民族也是如此。少数民族文化方式本身也是一种道德教育方式，因此在少数民族道德教育过程中要充分利用文化促进个体道德的生成。少数民族传统文化的具体表现形态有民族文学、民族风俗、民族宗教、民族规约等。民族文化本身作为一种道德教育的方式与方法也主要体现在民族文化自身表现形态之中，也即具体形态的民族文化体现出一种道德教育的方式与方法，而且这种方式与方法同民族文化密切联系，并对增强少数民族道德教育实效性具有重要意义。

　　民族文化对民族德育方式与方法的具体影响主要体现在以下方面。一是民族宗教对道德教育方式与方法的影响。宗教信仰是指人对其所信仰的对象由衷地崇拜而产生的一种坚信和仰慕的心理状态。宗教组织依据个体对其所信仰神灵的由衷信仰，而敦促其信徒信奉神灵所"订下"的道德律令，同时信徒由于对信仰对象的虔诚信仰，会信仰相应的道德原则。在宗教活动中宗教组织通过各种形式告诫其信徒遵守相关原则，进而使其道德规范得以维持和坚守。民族宗教所体现的道德教育方式实质是一种信仰教育的道德教育方式。二是民族习俗对道德教育方式与方法的影响。民族习俗是具体特定文化群体在长期历史中形成的由本民族人民共同遵守的模式和规范。这种风俗习惯和行为模式承载着一定的价值观念和道德要求，本民族在遵守本民族习俗的过程中，其中的价值和道德观念会得到传承。民族风俗的德育方法意义更在于作为一种日常行为把道德教育融入个体的生活，同时通过形式多样的活动过程把道德观念注入个体的内心，而个体亲身实践的行为过程在他们一生中将留下深刻的记忆。三是民族文学对道德教育方式与方法的影响。我国各少数民族创造了本民族丰富的文学资源，包括神话、诗歌、小说等，这些文学形式对个体道德教育的感染有着独特形式。比如少数民族神话，它是以文学艺术的方式表达少数民族如何认识人与世界的关系，并展现出少数民族的生活世界。这些神话故事在一代一代的少数民族人民中流传，对少数民族的道德和生命教育起到了重要作用。四是民族仪式文化对道德教育方式与方法的影响。我国各少数民族有着种类繁多的礼仪仪式。这些礼仪仪式承载着丰富的德育内容，开展这些礼仪仪式的过程其实就是对参与者实行道德教育的过程。比如有些民族有举行成年礼的习俗，这些成年礼都有一个隆重、庄严的仪式。家族长老率领亲族友人，社区领头人率领民众都来参加仪式。仪式由家族长老主持，气氛庄重肃穆。在正式的仪式过程中，主持人讲述本民族历史、伦理道德、宗教信仰、社会行为规范及生产生活知识，在此过程中在场所有的人都会受到深刻的道德教育和教诲。

　　总之，民族文化的各种形态都包含着丰富的道德教育方式与方法，并对少数民族道德教育的方式与方法产生重要影响。而且，民族文化形态所体现的德育方式不只如此，更为重要的是，民族文化所体现的道德教育方式与方法促成少数民族道德教育的具体化，促成少数民族道德教育与少数民族文化的结合，并强调在实践中采取少数民族易于接受的文化方式，这对于增强少数民族道德教育的实效性具有重要意义。

道德教育目标的实现需要一定的方法来达成。如果只是制定了道德教育的目标，甚至有了科学的教育理论，但是方法不正确，就会导致预设目标难以达成。黑格尔曾经说过："方法是任何事物所不能抗拒的一种绝对的、唯一的、最高的、无限的力量；这是理性企图在每一个事物中发现和认识自己的意向。"① 道德教育实践也反复证明道德教育方法直接影响道德教育的效果。在其他条件大致相同的情况下，教育者各自采取不同的方法，最终形成的道德教育效果完全不同。只有在具体道德教育实践中采用适合教育者、适合教育内容的方法才能使道德教育取得良好效果。总体来说，在道德教育中道德教育方法对于消化教育内容、提高教育效果、促成教育目标的实现具有重要意义。我们在少数民族道德教育过程中要充分利用文化促进个体道德的生成。充分利用民族文化形成民族道德品质是一种道德教育的方式和方法，即在少数民族道德教育中充分利用少数民族文化，让少数民族在学习、理解、感悟、体验自身文化过程中，自觉或自主地对自身施加道德影响。也就是说，在道德教育中不能就德育谈德育，而是在充分理解道德与文化关系的基础上，通过文化方式或文化载体传递道德教育内容，并通过采取少数民族易于接受的方式开展道德教育，这样才能促成个体道德品质的形成。我国各少数民族都形成了自身独特的文化，在少数民族开展道德教育的过程中，要采取少数民族易于接受的文化方式。文化性是德育的本质属性，道德教育只有转向为文化型德育，采用受教育者易于接受的文化方式，才能取得较好的效果。

---

① 转引自《马克思恩格斯选集》（第一卷），人民出版社1995年版，第139页。

第四章　民族德育融入民族文化的对策

第一节　民族德育内容的文化阐释

一　民族德育内容及其文化阐释的必要性

（一）民族德育的内容评析

人类社会须臾离不开道德。在我国，主要通过家庭、学校和社会等途径来培育个体的思想道德品质。其中，学校教育是培养青少年思想道德素质的最重要途径。学校教育主要通过思想品德课程或思想政治课程来落实教育中的德育要求，以培养学生良好的思想道德水平和政治理论水平。在学校教育中，我们往往把思想教育、政治教育和道德教育融为一体，没有纯粹的道德教育课程。

目前，我国学校思想品德教育或思想政治教育（包括少数民族思想道德教育）的主要内容体现在社会主义核心价值体系和中共中央颁布的《公民道德建设实施纲要》中。社会主义核心价值体系的基本内容包括马克思主义指导思想、中国特色社会主义共同理想、以爱国主义为核心的民族精神和以改革创新为核心的时代精神以及社会主义荣辱观。马克思主义指导思想，主要是指我们是社会主义国家，马克思主义是我们立党立国的根本指导思想，是社会主义意识形态的旗帜；中国特色社会主义共同理想，主要是指我们要在中国共产党的领导下，走中国特色社会主义道路，实现中华民族的伟大复兴这一共同理想；民族精神和时代精神，主要是指在五千年历史演进中，中华民族形成了以爱国主义为核心的团结统一、爱好和平、勤劳勇敢、自强不息的伟大民族精神，而在改革开放新时期，中华民族形成了勇于改革、敢于创新的时代精神；社会主义荣辱观主要是指以"八荣八耻"为主要内容的社会主义荣辱观。同时，公民是现代国家从政治和法律的角度对社会成员的身份确认。公民道德是对公民这一社会主体身份的道德要求，也是一个国家所有公民必须遵守和履行的道德规范的总称。我国《公民道德建设实施纲要》中关于道德内容的一般规定也是对少数民族思想道德建设内容的规定。《公民道德建设实施纲要》关于我国思想道德教育的内容主要包括：一是价值取向教育，强调坚持以为人民服务为核心，以集体主义为原则；二是"五爱"教育，强调爱祖国、爱人民、爱劳动、爱科学、爱社会主义；三是"四德"教育，强调培育良好的社会公德、职业道德、家庭美德和个人品德。这些关于公民道德内容的规定内容丰富、科学、严谨，对促进民族素质不断提高具有十分重要的意义。这些规定既是对全体公民的总体要求，也是青少年学生思想道德教育的主要内容，决定了我们在思想道德教育中要有效地传播这些道德教育内容。

我国少数民族道德教育内容形成了以汉文化为背景的传统模式。在我国学校教育中，思想教育、政治教育和道德教育融为一体，学校没有设立独立的道德教育课程。同时，教育主管部门按照德育目标要求也给各级各类学校设置了统一规范的课程体系和课程标准，如2001年教育部出台的《九年义务教育小学思想品德课和初中思想政治课课程标准（修订稿）》《全日制普通高级中学思想政治课课程标准》。高等学校也设置了统一规范的思想政治课程体系。这些课程标准强调统一大纲、统一教材、统一课时。而且，相关部门在思想道德教育的内容、方法、原则及实施等各方面都做了统一规定。这形成了我国思想道德教育的传统模式。本书的调查显示，民族学校在道德教育中基本没有专门开设与本民族密切相关的德育文化课程。传统思想道德教育模式使全国各地、各类学生接受统一规范的思想道德教育。这利于统一思想，形成一定的思想道德观点和立场。但这种思想道德教育模式，在其内容、原则、方法上主要是以汉族为背景建立起来的，主要适应于我国以汉族为主的广大范围，而忽视了对我国少数民族的关照，也即忽视了以汉族为背景建立起来的思想道德体系对少数民族德育的适切性。我国是一个多民族国家，有 55 个少数民族，各民族都有着自身独特的文化，各自的风俗习惯有着较大差异。教育理论认为适合教育对象的教育才是最好的教育。传统的德育模式形成了德育内容的标准化，而标准化的德育内容不适应多样性的德育对象。这种在思想道德教育领域采取全国统一大纲、统一教材、统一课时的标准模式在一定程度上影响了不同群体思想道德教育的实际效果。因此，在少数民族思想道德教育中，需要实现全国一般性的道德教育内容规定与少数民族道德教育实际的有机结合，也即在具体公民道德建设实践中，教育者需要根据教育对象的实际情况，把公民道德建设的主体内容转化为具体的、针对不同教育对象和教育群体实际的内容，以增强少数民族道德教育的针对性。因此，在道德教育内容方面，对少数民族思想道德教育来说，需要把全国普遍性道德教育内容的规定转化为与少数民族传统文化相适应的表现形式，使道德教育的内容适应少数民族传统文化习惯，以提升少数民族道德教育的实效性。这种把全国普遍性道德教育内容的规定转化为与少数民族传统文化相适应的表现形式的过程就是德育内容的阐释与转化过程。

（二）民族德育内容之文化阐释的必要性

1. 缘于受教育者对德育内容可接受性的要求

思想道德教育是把一定社会所需要的思想道德观念，通过有意识或有组织的活动传递给受教育者的实践活动。这一活动的核心是教育者把一定的思想道德观念传递给受教育者。从另一个角度理解就是受教育者对教育者所传递的思想道德观念的接受。道德教育中的接受是道德接受主体出于道德需要而对道德文化信息传递者通过各种媒介所传递的道德文化信息的反应与择取、理解与解释、阐释与内化以及外化践行的求善过程。若受教育者接受、接纳和认可了教育者所传递的思想道德观念，那么这一教育过程就基本成功。若受教育者对所传递的思想道德观念表示不接受，那么这一思想道德教育活动就是失败的。因此，思想道德教育的核心问题是受教育者对思想道德教育内容的接受问题。

影响思想道德教育接受的因素很多，包括思想道德教育的主体、客体、介体和环体，其中思想政治教育内容的可接受性具有重要意义。道德教育的核心是道德教育内容的传递。思想道德教育内容的可接受性对思想道德教育的实效性有着重要影响。这就要求我们在道德教育过程中要特别关注思想道德教育内容对对象的适切性问题。在接受过程中，从接受主体看，道德接受主体依据自身的接受特性，在以道德需要为核心的期望值目标的作用下，对德育信息进行筛选，将那些与自己的社会性质、文化背景、知识能力、情感心态、思想素质、道德境界相吻合的成分摄取出来，做出合乎逻辑的阐释和理解，并将其阐释在自身的框架之中，使自身的接受素质即主体特性得到优化。从这里可以看出，道德教育的核心是接受主体对德育信息进行筛选，只有那些与道德教育接受者的社会性质、文化背景、知识能力、情感心态、思想素质、道德境界相吻合的内容才会被接受。在这一过程中，道德信息的文化意义十分重要，只有符合文化内涵的道德教育信息才会深层次地影响受教育者。因此，道德信息需要适应接受者的文化状况，只有适应受教育者文化接受方式的道德信息才会被接受，否则就会被排除在外。因此在道德教育实践中，道德教育者要深入挖掘与阐释道德教育内容的文化内涵。这里一个重要的问题就是教育者根据什么原则来改变道德教育的内容和方式才能有助于道德教育实际效果的提升。

总体来说，道德教育内容需要符合受教育者的接受特点，那些适合受教育者接受特点的教育内容才会被受教育者所接受。适合受教育者的一个重要特点就是道德教育内容要适合受教育者的文化习惯，对于那些不适合受教育者文化习惯的道德教育内容需要进行适合其文化习惯的改变与转换。通过这种改变与转换使其传播的思想文化信息接近受教育者的接受图式，以增强接受主体在接受过程中对道德教育信息接受的可能性与概率。

2. 缘于个体的接受模式受制于相应的文化模式

在道德教育中，一般来说具有文化性的德育内容易于被受教育者接受，即在道德教育中那些适合受教育者传统文化习惯和文化特性的信息较容易被德育接受者所接受。传统文化具有可接受的性质是由文化与人的关系决定的。文化是人创造的，但文化一经形成就会凝固为特定的文化模式，发展成为独特的文化传统，进而对人的行为模式产生影响，包括人的接受模式。一种文化模式和文化传统往往通过各种社会形式与传播媒介介入人们的精神生活和物质生活之中，潜移默化地影响着、改变着、形成着人们的行为方式、价值取向、思维特点，使其不知不觉地打上其文化背景的烙印。露丝·本尼迪克特指出："谁也不会以一种质朴原始的眼光来看世界。他看世界时，总会受到特定的习俗、风俗和思想方式的剪裁编排。即使在哲学探索中，人们也未能超越这些陈规旧习，就是他的真假是非概念也会受到其特有的传统社会习俗的影响。……在个体生活的历史中，首要的就是对他所属的那个社群传统手把手传下来的那些模式和准则的适应。落地伊始，社群的习俗便开始塑造他的经验和行为。到咿呀学语时，他已是所属文化的造物，而到他长大成人并参加该文化的活动时，社群习惯已是他的习惯，社群信仰已是他的信仰，社群的戒律已是他的戒律。每个出生于他那个群体的儿童都将与他共享这个群体的那些习俗，而出生在地球另一面的那些儿童则不会受到这些习俗的丝毫影响。"① 文化这种对个体的影响反映着个体所能自觉接受信息的内容与特点。

在道德教育中，每一个接受主体都归属于一定的民族，都置身于特定的文化背景之中，在进行道德接受活动之前，他就戴上了一副"文化眼镜"。这副"文化眼镜"就是海德格尔所说的"理解的前构""前有""前见""前设"。这副"文化眼镜"就是我们所指称的由文化模式和文化传统构成的文化背景。每一个道德接受主体在道德接受活动中都不由自主地受制于这种文化背景。而其中的文化传统主要作为一种文化认同机制和信息过滤器影响受教育者的接受方向与接受范围。比如，在中国这种重人伦、亲情、孝道的传统文化背景中成长起来的人很难接受现代欧美那种"家庭责权伦理观念"；当然那种在西

---

① ［美］露丝·本尼迪克特：《文化模式》，王炜等译，生活·读书·新知三联书店1992年版，第5页。

方理性主义、个人主义文化氛围中成长起来的西方人，对中国人的孝文化，对中国人的亲子关系也感到大惑不解。这就不难理解，在道德教育过程中只有那些与传统文化相适应的德育信息才能为受教育者所接受。

（三）民族德育内容之文化阐释的内涵

如上所述，我国《公民道德建设实施纲要》中关于公民道德教育内容的规定与少数民族道德教育的适切性存在差异。在少数民族道德教育中要根据少数民族传统文化实际对道德教育的具体内容做出符合民族传统文化的阐释，即民族德育内容的文化阐释。民族德育内容的文化阐释主要是指为增强少数民族道德教育内容的适切性和可接受性，在少数民族道德教育过程中，要根据少数民族传统文化的实际，对《公民道德建设实施纲要》等文件中的一般德育内容做出符合各少数民族自身传统文化习惯的阐释与转换，以丰富道德教育内容的民族文化内涵，使道德教育内容为各少数民族所接受和理解。也就是说，在少数民族道德教育中，要对公民道德教育的具体内容实现符合具体少数民族文化的文化阐释与转换。这里主要包含如下几层含义：一是民族德育内容之文化阐释缘于公民道德建设中有关道德教育内容的一般规定与少数民族文化及现实道德教育实际存在的差异。教育者通过对公民道德教育内容一般规定的文化阐释来弥补这一差距，实现社会主义公民道德教育内容与少数民族道德教育内容的合一。二是民族德育内容之文化阐释的目的在于增强少数民族道德教育的适切性和可接受性。道德教育的最终目的在于德育内容最后被德育对象所接受。道德教育内容的接受需要以道德教育的针对性为前提，只有适合德育对象的德育内容才可能被德育对象所接受。三是道德教育内容的文化阐释要从少数民族传统文化出发，立足于民族传统文化实际，做出符合少数民族文化习惯的文化阐释。也就是在民族德育中，公民道德教育内容的文化阐释不能曲解和误解少数民族文化，德育内容的文化阐释必须符合少数民族文化习惯，符合少数民族传统文化接受方式。四是民族德育内容的文化阐释致力于丰富公民道德教育内容的文化内涵。公民道德教育中关于道德教育内容的规定都是一般性的、原则性的，这些规定较为简约，在道德教育中需要赋予这些一般性的、原则性的规定以丰富的文化内涵，去浸润感染德育对象。

在具体开展的少数民族道德教育实践中，德育内容的文化阐释与转换主要从两个方面展开，即德育内容之内涵的阐释与转换和德育内容之形式的改变与转换。

第一，德育内容之内涵的阐释与转换。如前所述，"内容"是指物件里面所包含的东西以及事物内部所含之物的实质或意义。道德教育的内容就是道德教育信息所含的实质和意义。转换，即改变、改换。少数民族道德教育中德育内容的转换不是把一种德育内容转换为另一种德育内容。这里主要是指教育者对德育内容进行文化阐释，即在道德教育过程中，对社会所要求的道德教育内容不是机械地、原封不动地灌输给少数民族学生，而是根据少数民族文化内涵及文化习惯需要，对德育内容做出适合少数民族文化的阐释，然后把这种阐释落实到少数民族道德教育实践中去。根据接受论原理，接受是外部传递的信息在接受者的接受图式的作用下，通过选择、筛选、内化这一过程完成的。道德教育的内容在多大程度上能够被选择、筛选、内化，源于德育内容对道德教育对象的适切性，只有那些与少数民族文化相适应的内容才会被少数民族接受。根据以上分析，少数民族德育内容之内涵的阐释与转换主要基于两个方面的原因。一是由于思想道德教育的内容是属于原则性的，这些原则上的规定具有抽象性、概括性，如果在思想道德教育中把原则性、抽象性的思想道德教育内容作为教育信息传递给受教育者，必然使受教育者难以理解。二是我国思想道德教育内容的特性，使我们对于不同群体思想道德教育的难度增加，不能体现出道德教育内容的针对性。在道德教育中，需要教育者针对受教育者的文化状况实际对道德教育内容做出符合其文化习惯的阐释。在具体实践中，道德教育内容的文化阐释与转换需要研究道德教育总体性规定的核心内容，并注意结合具体民族道德及其民族文化的特殊性进行阐释与转换。

第二，德育内容之形式的改变与转换。形式即形态和样式。德育内容的形式就是德育内容的具体形态和样式，也就是德育信息的具体表现或表达形式和样态。不同文化背景下的德育信息的表达方式有差别，这种差别有时就成为道德教育中的障碍。因此，我们在道德教育中需要对影响道德教育信息传播的德育信息形式进行转换，使其符合民族文化的表达形式。这其实就是在德育信息的表达上实现民族化。少数民族道德教育中德育内容的形式转换主要是指将德育内容的一般表达形式转换为民族表达形式。这一概念主要包含两方面的内容。一是德育内容的一般表达形式。这里的一般表达形式主要是指，我国思想道德教育实践中对思想道德教育内容的统一规定的表述方式。这一统一规定中的术语表达主要考虑了全国范围的普适情况，而没考虑到不同区域、不同文化状况的实际。二是德育内容的民族表达形式。这主要是指在少数民族道德教育中，道德教育内容的符号表达要符合少数民族文化习惯的表达形式。对于同一德育内容，不同民族有不同的表达形式。在德育实践中，教育者只有根据特定民族的文化风俗习惯，把一般性的德育内容转化为特定民族文化的表达形式，才能增强道德教育过程中德育内容的可接受性。比如毛泽东在探讨马克思主义中国化的过程中，把西方观念中主观与客观相符合，根据客观实际存在事物的状况探求事物内部规律的现象概括为中国传统文化中的"实事求是"，这就是一种表达形式的转换。在少数民族道德教育中，也要对德育内容实现符合德育对象文化习惯表达形式的转换。

二　民族德育内容的文化阐释原则

我国实行统一的、规范的德育模式，思想道德教育内容由教育部门统一设置。我们在对具体群体（包括少数民族）开展思想道德教育的过程中需要将道德教育内容进行适合其民族文化接受习惯的阐释，以在道德教育过程中促进受教育者的有效接受，增强道德教育的实效。民族德育内容的传统文化阐释需要遵循以下原则。

（一）德育内容文化阐释的可接受原则

可接受性的研究源于修辞学，强调修辞文本的建构应遵守"适切性"和"有效性"的基本原则。《现代汉语大词典》对"接受"的定义为"对事物容纳而不拒绝"。《新牛津英语大词典》中对 accept（接受）的解释为：（1）consent to receive or undertake（something offered）

（同意收取或承受所提供的物）；（2）believe or come to recognize（a proposition）as valid or correct（相信或认识到某一事理的合理性和正确性）。思想道德教育中，德育内容传统文化阐释的可接受性主要是指在少数民族思想道德教育过程中将一般性的道德教育内容进行阐释转换，使其适合于教育对象的文化习惯，以促进德育对象的有效接受，增强道德教育的实效性。

道德信息的接受与接受者、传播方式及德育内容本身有着密切关系。道德教育内容文化阐释的可接受性原则就是要求在传统文化阐释中注重符合受教育者的文化接受习惯，促进个体道德素质的有效生成。在思想道德教育实践中，德育内容之文化阐释的可接受原则的实现主要体现在，德育内容的文化阐释要遵循少数民族的文化习惯。从个体的角度看，个体生来就不可避免地生活在前人所创造的客观的文化世界之中，并受历史沉积的文化的限制。① 正如兰德曼所言："我们全都是由我们在其中成长和存在的共同群体的传统塑造成的，我们是由自己的过去塑造成的。我们是这种'遗产'的承担者，这种'遗产'为我们的未来规定了路线。"② 德国教育家阿道尔夫·第斯多惠提出了教育中的"文化适应原则"。在他看来，儿童一出生就被置于一定的社会之中，其所生活的社会被打上了深深的文化烙印。在此文化环境之中，儿童广泛而深刻地受既有文化的影响。因此，儿童的教育也需要适应文化。他说："在教育时，必须注意人在其中诞生和将来生活所在的地点和时间的条件，一句话，应注意就其广泛和包罗万象的意义来说的全部现代文化。"③ 在这里，阿道尔夫明确地提出教育受文化条件的制约，我们需要把教育置于特定的文化背景下进行考察。在思想道德教育中，德育内容文化阐释的可接受原则主要缘于思想道德教育实践中接受环节的重要性，以及个体对其所处文化环境的适应性。民族德育内容之文化阐释的目的就是促进德育对象对道德教

---

① 冯建军：《生命与教育》，教育科学出版社 2004 年版，第 36 页。
② ［德］兰德曼：《哲学人类学》，阎嘉译，贵州人民出版社 1988 年版，第 11 页。
③ 参见张焕庭《西方资产阶级教育论著选》，人民出版社 1979 年版，第 355 页。

育内容的有效接受。因此，道德教育内容的文化阐释必须考虑德育内容阐释后的可接受性，因为道德教育的过程从某种程度上说就是促进受教育者对道德信息的接受过程。

道德教育内容的文化阐释必须遵循受教育者的文化背景。因此，在道德教育内容的传统文化阐释中需要对少数民族传统文化有深入理解，只有这种深入理解才能把有关道德教育内容的一般规定有效地阐释为符合各民族传统文化的思想政治教育内容，并促成受教育者对道德教育内容的接受。

（二）德育内容文化阐释的目的性原则

少数民族道德教育是一项有目的的活动。道德教育的终极目标是教育对象对所要求的道德教育信息的接受与接纳，并形成与社会要求一致的道德行为。民族德育内容传统文化阐释的目的性原则主要是指在德育内容阐释过程中，要遵循实现道德教育目标的指向。在民族德育中，其德育内容的民族文化阐释必须遵循目的性原则。德育内容的文化阐释实质是一种跨文化活动，即要把汉文化语境下的德育内容转化为少数民族的文化形式。同时，德育内容的文化转换也是一种文化阐释，即对德育内容做出适合少数民族文化的阐释。在这种阐释中从少数民族特有的视野和"文化眼镜"来审视，就是伽达默尔所说的"理解的前提""成见"。这副"文化眼镜"就是我们所指的由文化模式和文化传统所构成的文化背景。

民族德育中德育内容文化阐释的目的性原则具有以下作用：一是为思想道德教育内容文化阐释活动指明方向。目的是一面旗帜，为人的活动指明了奋斗的方向。少数民族道德教育的终极目标是教育对象对所要求的道德教育信息的接受与接纳。这一目的指明了德育内容文化阐释的方向，其他一切方面都必须与这个方向一致，德育内容文化阐释的途径和方法也必须有利于这一目的的实现。二是为思想道德教育内容文化阐释活动提供动力。斯大林曾经说过：伟大的精神只是为了伟大的目的而产生的。在少数民族道德教育过程中，教育者因为实现这个目的的冲动而激发出自身的活力与能力，克服各种困难与障碍，有效实现德育文化内容的文化阐释。三是为思想道德教育内容文化阐释活动的效果提供依据。如上所述，道德教育内容的传统文化阐释是为了实现少数民族道德教育的目的。因此，检验德育内容文化阐释是否有效及成效大小的直接依据就是思想道德教育目的的实现程度，如果阐释后的德育内容有助于实现思想道德教育的目的，就证明这一阐释活动是有效的。

德育内容文化阐释的目的性原则在实践运用中需要注意以下几点：首先，要准确理解原有思想道德内容的核心目的。思想道德教育内容的文化阐释必须依循原有德育内容所体现的道德教育目的，只有准确理解原有内容所体现的道德教育目的才能有的放矢地根据其目的要求，并依据教育对象所属民族的特有文化习惯展开阐释。其次，要对教育对象的民族文化有较为深刻的理解。这是因为，道德教育内容的民族文化阐释是一种跨文化的阐释，在这一过程中必须对目标文化有深刻的理解，只有对目标文化有深刻的理解才能切实地把原有道德教育内容阐释为与目标文化相关的表达或适合目标文化的特有的表达形式。

（三）德育内容文化阐释的本土化原则

本土，意为"乡土，原来的生长地"。作为一个规范概念，"本土化"具有多重含义，从文化意义上理解，本土化一是强调尊重并注重本土人文环境，二是注重人文环境和消费者需求差异的地域性。这一概念强调不同地方风土民情不一样。个体到了一个新环境，可以带入自己国家的习俗，但更重要的是先接受当地的风土民情。如果一味要求别人接受自己的文化风俗，只会显得自己与环境格格不入。我国传统的德育内容及其表现形式在面对文化差异较大的对象时，显得不适应，这需要在少数民族道德教育中对道德教育内容进行适合其本民族文化习惯的阐释，也就是德育内容文化阐释的本土化。

少数民族道德教育内容的本土化阐释主要是为了增强少数民族道德教育的适应性，以增强道德教育的针对性。我国实行全国统一的道德教育模式，德育内容及其表现形式全国统一。我国幅员辽阔，民族众多，各个民族都有着自身独特的民族文化习惯。而各少数民族长期生活在各自独特的地域，形成了内容和形态各异的文化习惯。由于置身于自身特定的文化背景之中，各民族逐渐适应了"他所属的那个社群传统手把手传下来的那些模式和准则"，而且这种影响往往形成一种"集体无意识"。在道德教育中，如果德育的内容和形态与少数民族的文化习惯不一致，就会使教育对象对道德教育传递的观念有所排斥，进而影响教育对象道德素质的生成。因此，在少数民族道德教育中需要根据少数民族文化的实际情况，对道德教育内容进行适合民族文化的阐释，即道德教育内容本土化。道德教育内容是指那些用于培养教育对象思想政治品德的道德观点、原则和规范体系，即那些用来培养年青一代的世界观、道德价值观、道德原则和具体道德规范。

在少数民族道德教育内容之本土化阐释的过程中需要注意以下问题。一要树立因材施教的观念。如前所述，少数民族道德教育内容的本土化阐释就是根据各少数民族实际和文化习惯对道德教育内容进行改造，使道德教育的内容适应少数民族文化的接受方式和形态。要对少数民族德育内容进行适合其民族文化的有效阐释，就需要教育者具有因材施教的教育理念，切实从受教育者立场和文化习惯出发开展德育工作，因为德育内容的文化阐释其实体现的就是教育的适应性理念。二要对少数民族文化有深刻的把握。民族德育内容的传统文化阐释是从国家统一的规范德育内容向适合少数民族文化的德育内容阐释。阐释的目标是适合少数民族文化，因此道德教育者必须对少数民族的文化习惯有深入的了解，没有准确把握少数民族文化的德育内容阐释是无意义的。三要对少数民族传统道德体系和具体道德内容有深刻理解。每个民族都有体现本民族特点和品格的优良道德传统，这些优良的道德传统经过漫长历史的筛选，对社会文明发展起到了积极的作用，而且都形成了自身的内容体系及丰富的具体内容。在由统一规范的德育内容向适合少数民族文化的德育内容阐释的过程中，需要充分利用好传统民族德育内容，使两者达到有效契合。

（四）德育内容文化阐释的生活化原则

德育内容文化阐释的生活化主要是指在少数民族道德教育中，为适应少数民族道德教育的需要，把社会要求的对少数民族道德教育的内容，根据少数民族的文化习惯，转化为适合少数民族日常生活的德育内容。这包含两层含义，一是德育内容文化阐释的生活化要遵循少数民族传统文化的规定。这是因为，道德教育内容阐释的核心是使道德教育的内容适合教育对象的接受实际。在少数民族道德教育中，文化适应性是影响少数民族道德教育实效性的核心内容，只有适合民族文化的道德教育内容才易于为少数民族所接纳和认同，并积极促进个体道德素质的形成。二是德育内容文化阐释的生活化要使道德教育内容植根于现实生活。如前所述，生活与道德密切相关，道德学习与道德教育要与教育对象的生活密切联系才能增强道德教育的实际效果。生活是指人为了生存发展而进行的各种活动，是人生命的动态展开。道德教育的内容只有切合教育对象的生活实际才能促进教育对象道德素质的有效生成。

德育内容文化阐释的生活化源于道德教育的生活化。道德与生活密切相关，没有道德的生活不可想象，同样远离生活的道德也无法想象。人类为了更好地生活而提出了道德话题。道德附属于生活的各个要素之中，同时如果把道德从生活中剥离出来，道德就成为纯粹的知识。纯粹的知识抽象地存在于学生的观念之中，而不能解决和处理生活中的道德问题，这样的道德是无意义的。道德教育应该在生活中展开。陶行知先生指出"教育要通过生活才能发出力量而成为真正的教育"①，道德教育也是如此。道德教育只有根植于现实生活，才能具有深厚的基础和强大的生命力，如果脱离生活，德育就会失去其真实意义，成为束缚和异化人的工具。道德教育的生活化是道德学习和道德教育的内在要求。这一规定要求在少数民族道德教育内容的文化阐释过程中遵循道德教育生活化原则。

总之，在少数民族道德教育中实现德育内容文化阐释的生活化，既要考虑教育对象的文化习惯，又要融入道德教育对象的生活，使两者有机地融为一体。在教育实践中，践行德育内容文化阐释的生活化原则要注意充分把握和运用少数民族的日常生活文化，包括少数民族的风土人情、传统习俗、生活方式、文学艺术、行为规范等，使道德

---

① 陶行知：《陶行知全集》（第五卷），湖南教育出版社 1985 年版，第 476 页。

教育内容与这些因素有机结合。

三　民族德育内容之文化阐释的策略与运用：基于土家族等民族分析

如前所述，民族德育内容之文化阐释目的在于增强道德教育内容的适切性，使整个社会关于道德教育的一般内容适应少数民族的文化接受习惯，以增强道德教育的实效性。民族德育内容的文化阐释包括两个方面，一是对整个社会的规范性德育内容赋予丰富的文化内涵；二是对德育内容做出适合有关少数民族文化的阐释与转换。

（一）当前土家族道德教育内容概述

我国在思想道德教育领域实行全国统一领导管理模式。各民族的德育内容基本统一。在当前我国思想道德教育中，德育内容主要包括社会主义核心价值观的基本内容和《公民道德建设实施纲要》中关于德育内容的一般规定。

培育和践行社会主义核心价值观是当前我国道德生活的主题。社会主义核心价值观构成我国当前道德教育的重要内容。2012年11月，党的十八大报告明确提出"三个倡导"，即"倡导富强、民主、文明、和谐，倡导自由、平等、公正、法治，倡导爱国、敬业、诚信、友善，积极培育社会主义核心价值观"，这是对社会主义核心价值观的最新概括。首先，"富强、民主、文明、和谐"是社会主义核心价值体系在国家层面的价值理想。富强主要指国家经济上的富裕强大，即人民生活殷实而富足，国家整体经济实力显著增强。民主主要指我国政治体制趋于完善，人民群众各项当家做主权利得到真正落实。文明主要强调我国整体国民素质的大大提升，以及科学技术水平和精神文明水平达到较高水准。和谐指我国社会中的个人之间及群体之间友好相处，各类社会矛盾趋于缓和，呈现出一种和睦、协调的状态。这四个方面是社会主义核心价值体系在国家层面的体现，是中国共产党在全社会倡导的国家层面的核心价值观，体现了当代中国社会在国家层面的价值理想和价值追求。其次，"自由、平等、公正、法治"是社会主义核心价值体系在社会层面的价值追求。自由是指人在社会生活中自主、自觉、自在的活动，这是人本质的内在体现，也是促进人全面发展的重要条件。平等是指在社会生活中，人与人之间在政治、经济、文化等各方面享有同等权利和均等的机会，没有特权存在。公正是指人们在处理各种社会关系中坚持公平、正义，强调每个人都享有同等权利、机会，不因人们经济社会地位的差异而有不同。法治主要强调的是一种制度治理，即在社会管理中不因管理者个人好恶来实现社会管理，而是基于民主形成一套法律制度，管理者依靠法律制度治理社会。自由、平等、公正、法治四者彼此联系，互相协调，共同体现了社会主义核心价值体系在社会层面的基本立场。最后，爱国、敬业、诚信、友善是社会主义核心价值体系在个人层面的价值要求。这四个方面是党倡导的个人处理与国家、与社会、与职业、与他人关系时所坚持的价值标准。爱国，即热爱自己的祖国，就是对自己的祖国要有深厚的情感，并注意呵护和保护祖国，只有这样国家才能更好地保护我们个体与家园。敬业，强调个人对自身所从事的职业要有高度责任感和敬畏感，只有敬业才能获得个人生存的物质之需，同时也才能更好地为他人和社会服务，实现自身的价值。诚信，即在社会交往中要诚实守信，只有诚实守信才能赢得他人的信任，才能在社会中与他人建立起良好的人际关系。友善，强调在处理人与人的关系中，以善心对待他人，人与人之间相互关心、相互帮助，这是社会良性运转的必要条件，也是社会主义社会的核心价值追求。爱国、敬业、诚信、友善层层深入，层层具体化，体现了社会主义社会中建立个人与国家、职业、社会、他人良好关系的价值要求。

《公民道德建设实施纲要》关于道德教育内容的规定主要包括以下几个方面：一是为人民服务。强调为人民服务不仅是对共产党员和领导干部的要求，也是对广大群众的要求。每个公民不论社会分工和能力，都能够在本职岗位，通过不同形式做到为人民服务。在道德教育中，必须积极倡导为人民服务的道德观，把为人民服务的思想贯穿于各种具体道德规范之中。为人民服务是社会主义道德区别和优越于其他社会形态道德的显著标志。二是集体主义。强调在社会主义社会，人民当家做主，国家利益、集体利益和个人利益在根本上相一致，使集体主义成为调节三者利益关系的重要原则。在道德教育中，要把集体主义精神渗入社会生产和生活的各个层面，引导青少年正确认识和处理国家、集体、个人的利益关系，提倡个人利益服从集体利益、局部利益服从整体利益、当前利益服从长远利益，反对小团体主义、本位主义和损公肥私、损人利己，把个人的理想与奋斗融入广大人民的共同理想和奋斗之中。三是爱祖国、爱人民、爱劳动、爱科学、爱社会主义。强调在道德教育中，要引导青少年发扬爱国主义精神，提高民族自尊心、自信心和自豪感，以热爱祖国、报效人民为最大光荣，以损害祖国利益、民族尊严为最大耻辱，提倡学习科学知识、科学思想、科学精神、科学方法，艰苦创业、勤奋工作，反对封建迷信、好逸恶劳，积极投身于建设有中国特色社会主义的伟大事业。四是社会公德。强调随着公共生活领域不断扩大，人们相互交往日益频繁，社会公德在维护公众利益、公共秩序，保持社会稳定方面的作用更加突出，成为公民个人道德修养和社会文明程度的重要表现。在道德教育中，要大力倡导以文明礼貌、助人为乐、爱护公物、保护环境、遵纪守法为主要内容的社会公德，鼓励人们在社会上做一个好公民。五是职业道德。强调随着现代社会分工的发展和专业化程度的增强，市场竞争日趋激烈，整个社会对从业人员职业观念、职业态度、职业技能、职业纪律和职业作风的要求越来越高。在道德教育中，要大力倡导以爱岗敬业、诚实守信、办事公道、服务群众、奉献社会为主要内容的职业道德，鼓励人们在工作中做一个好建设者。六是家庭美德。强调家庭生活与社会生活有着密切的联系，正确对待和处理家庭问题，共同培养和发展夫妻爱情、长幼亲情、邻里友情，不仅关系到每个家庭的美满幸福，也有利于社会的安定和谐。在道德教育中，要大力倡导以尊老爱幼、男女平等、夫妻和睦、勤俭持家、邻里团结为主要内容的家庭美德，鼓励人们在家庭里做一个好成员。[①]

（二）土家族文化及其德育内容本土化

在土家族道德教育实践中，我们要力图使全国一般性的道德教育与土家族传统文化有机结合。土家族，自称"毕兹卡""孟兹黑"，

---

① 《公民道德建设实施纲要》，人民出版社 2001 年版。

是生活在湘鄂渝黔毗连地带的一支历史悠久的少数民族，主要居住在
云贵高原东端余脉的大娄山、武陵山及大巴山麓的 10 万余平方千米
的土地上，主要分布于湘鄂渝黔毗连的武陵山地区。根据 2010 年第
六次全国人口普查统计，土家族人口数为 835.39 万人，仅次于壮族、
满族、回族、苗族、维吾尔族、彝族。土家族的基本特点为：有独立
的语言、传统的节日、古朴的歌舞、精美的工艺、奇特的乐奏、哭唱
的婚丧、特殊的信仰、自尊的禁忌、顽强的民族意识和悠久的历史遗
迹等。在漫长的民族发展过程中，土家族形成了自身独特的道德观念
和道德教育模式。作为生活在祖国家庭中的一员，土家族的道德教育
也遵循着国家对公民道德教育要求的一般规定。国家颁布的《公民道
德建设实施纲要》、社会主义核心价值体系、社会主义核心价值观等
有关公民道德教育的一般要求也是对土家族道德教育的要求。

　　土家族文化深刻地影响着土家族的德育。这主要从两个层面来理
解。第一，土家族在长期的历史发展中形成了自身独特的文化。土家
族文化体现在其生活文化、信仰文化、节日文化以及禁忌文化之中。
其中，土家族的生活文化主要包括服饰文化、饮食文化和民族文学。
土家族服饰以其各自独具特色的文化含义和审美情趣呈现出五彩斑斓
的绚丽色彩；土家族的饮食文化更是民族历史及文化传统积淀的产
物；土家族民族文学是民族文化感性体验与理性思维的结合体。在节
日文化方面，土家族节日繁多，既有自古传承而来的传统节日，又有
现代形成的各种节日，而且每个节日都有丰富的内容和多样的形式。
在禁忌方面，土家族在历史发展中，由于生活环境、社会实践的发展
形成了具有本民族特色的原始禁忌。这些因素共同形成了丰富多彩的
民族文化。第二，土家族文化蕴含着丰富的德性精神和人伦意识。具
体来说，土家族人在漫长历史中形成的德性精神和人伦意识主要包含
以下几个方面：一是爱国精神。土家族是巴人的后代，早在巴国时
期，在战乱中为维护国家稳定与安全，就逐渐形成了土家族人的爱国
意识。尤其是在国难当头、强寇入侵或内乱纷纷、民不聊生的关键时
刻，土家族人总能加入慷慨赴国难的壮士行列。比如，抗日战争中以
湘西土家族、苗族、汉族为主体的 123 师在浙江嘉善一带血战七天七

夜，其间土家族人誓死杀敌、报效祖国之心得到完全表露。二是重孝之风。土家族人具有重孝的传统，在土家族人看来，善莫大于忠、孝，若能效忠于国家或长辈，不论其地位高低、家境贫富都会得到人们的尊重，同时还会将其事迹作为教训子孙后代的道德蓝本，教育和鼓励子孙以忠孝为先、以忠孝为本。而且，土家族人的孝，不局限于亲子之间人伦关系的和谐，往往还可推及纵向的祖先和横向的父系、母系宗族亲团，乃至对所有长辈的遵从。土家族重孝的道德秉性体现为对长辈言辞、意愿的顺从和对已故祖先的缅怀与追思。三是与人为善。土家族人在与他人交往中注重与人为善，其核心内容是注重人与人之间的相互尊重，一种在相互平等道德层面上的相互尊重。土家族人认为个人的幸福与周围人的幸福息息相关。在日常生活中常用"对得起"来作为与他人交往的准则，就是在交往中宁愿亏自己，不能亏别人，即他们在社会生活中总是严于律己，宽以待人，无论说话或做事，总是强调要"对得起"他人，决不允许为个人利益而使他人受到伤害。四是诚实守信。正直与诚实是土家族人的一种天赋品质。以前地方志在介绍土家族人的风情时，多用"朴"来形容正直诚实的品格，如称其"风尚质朴""憨朴""愿朴"等，强调其诚实朴质。在待客方面最能表现土家族人的诚心。无论亲疏贵贱，有无礼品，进门就是客，并以上好的物品款待。另外，土家族人的借贷不写借据，亲属间的相互借贷和短期借贷也不收利息，这种借贷无字无据无定期，全凭信用，条件一好转就自觉偿还；当本人不能偿还时，由子孙偿还，真正做到父债子还。五是勇敢坚毅。中华民族刚劲勇毅，作为中华民族的一员，土家族人也具有自强不息、勇敢坚毅的德性精神，在数千年的民族发展历程中，这种精神已化为民族的自然天性。土家族的勇敢坚毅可从土家族人的英雄崇拜中看出，任何一个民族的英雄崇拜并非为崇拜而崇拜，而是以英雄为本民族的德性典范。土家族人崇拜的英雄都有一种共同的英雄品质：勇敢坚毅，且天生神力，武勇超群。这种勇敢坚毅源于土家族的生产力条件，在原始生产力的条件下勇敢顽强的精神成为人们生存的必需。

土家族德育内容的文化阐释与转换需要坚持德育内容的本土化。

土家族文化及土家族自身的德性精神和人伦意识是土家族人在长期历史发展中的本土生成。这种本土的道德教育内容与模式对土家族自身道德素质的生成有着潜移默化的作用。这些德性精神和人伦意识维系了土家族社会的运转，也为土家族人后代所传承与发扬，对土家族人的思想与行为产生了深刻的影响。在道德教育实践中要充分运用德育与文化的密切关系，借助文化要素促进道德的生成。因此，在对土家族青少年开展有关公民道德教育的实践中，一方面要充分利用土家族文化，用文化育德，用文化润德，另一方面要充分运用土家族在漫长历史中形成的德性精神和人伦意识，直接助力于土家族青少年的道德建设，即在道德教育内容方面，要促进公民道德教育内容本土化，使道德教育内容与土家族文化有机结合。具体来说，就是道德教育者在德育实践中，要对公民道德建设在德育内容方面的要求做出适合土家族文化的价值内涵阐释与转换，促进土家族青少年对德育内容的接受与认同。本书的调查研究显示，土家族和苗族家庭的道德教育内容丰富多样。其内容主要包括尊老爱幼、孝敬父母，不偷盗、勤劳、节俭，讲秩序、不乱吐乱扔，诚实、讲信用，热爱祖国，等等。而且，少数民族家庭道德教育特别注重传统德育内容，在尊老爱幼、勤劳节俭、诚实守信方面显示出较高的比例。因此，在具体道德教育实践中，要根据实际对一般道德教育内容进行向民族文化的阐释与转换。

总之，包括土家族在内的我国境内的少数民族都有其独特的文化和自身的伦理价值观念。而德育应以文化为背景，"没有文化的德育不是真正的德育"。在土家族道德教育实践中，我们要力图实现土家族道德教育内容的本土化。

（三）民族德育内容之文化阐释的策略与方法

如前所述，少数民族德育内容的文化阐释主要是指在少数民族道德教育中，需要把国家和社会有关少数民族道德教育的一般要求阐释转换为适宜少数民族文化接受的道德教育内容，同时把国家和社会关于少数民族道德教育的一般要求与少数民族自身的道德规范有机结合，以把道德教育的一般要求直接转换为少数民族自身的道德形态，促进少数民族道德教育素质的生成。根据这一界定，我们在少数民族道德教育内容的文化阐释中需要注意以下几个方面。

首先，少数民族道德教育内容的文化阐释要注重把道德教育要求与具体民族文化结合起来。对少数民族道德教育的目标要求是少数民族道德教育的最终目的。德育目的的达成有多方面的因素，其中德育内容的文化适切性有着重要意义。所谓适切性就是强调道德教育的内容要适合受教育者的年龄特征、德育层次和文化习惯等。只有适合少数民族文化习惯的道德教育内容才会在德育实践中为受教育者所接受，因为道德教育在某种程度上不只是道德规范和道德内容的传递，更是隐藏于道德规范和道德内容背后德育文化的传递。这种德育文化是更为持久的，只有融入文化，并体现为文化的德育才是真正的德育，也才会在道德教育实践中取得良好效果。因此，在少数民族道德教育中要注重从具体民族文化价值内涵角度对少数民族道德教育内容进行阐释，以使德育对象深刻理解德育内容的文化意义，并在德育内容与其自身文化的契合中，接受、认可德育内容所传递道德信息，促成个体道德品格的形成。

其次，少数民族道德教育内容的文化阐释要注意把对少数民族道德教育的一般要求与少数民族自身德育规范和德育活动有机结合。每个民族在其长期的历史发展中都形成了自身的德育内容和规范体系，并形成了自身特有的道德教育方式，少数民族也是如此。在少数民族道德教育过程中，把国家和社会对少数民族道德教育的一般要求融入少数民族自身的道德教育规范体系，会在道德教育实践中取得积极的效果，因为少数民族已熟悉、接受，并习惯于自身的道德教育内容和道德教育方式。这种结合会促进道德教育活动的自然展开和个体道德素质的自然生成。当然在此过程中，国家和社会对少数民族道德教育的一般要求与少数民族自身的道德体系可能不完全一致，有时甚至有冲突的地方，这需要在道德教育实践中把国家和社会所要求的道德内容进行阐释与转换，使之形成与本民族德育内容相似或相近的道德规范和要求，进而实现两者的有机结合，以实现道德教育内容的本土化。

最后，在少数民族道德教育内容的文化阐释中，要不断探索道德教育内容文化阐释的新方法，促进道德教育内容向适合于少数民族文化接受方式的方面转化。具体来说，可在德育实践中采取以下方法。一是概念阐释法。也就是对《公民道德建设实施纲要》中有关德育内容的概念进行文化阐释，赋予相关概念丰富的文化内涵，同时做出有关适合少数民族文化的阐释与转换，使德育概念所传递和承载的德育内涵易于被少数民族青少年认可和接受。德育内容概念的文化阐释，就是把这种远离现实生活的、枯燥的、索然无味的规定，转化为充满文化内涵，体现人与人之间深层文化关系的表达，以增强青少年对德育内容的深层理解和接受。二是目的阐释法。目的是意志行动所要达到的结果，它规定着人的行动方向。道德教育内容文化阐释的目的阐释法，就是向德育对象阐述设置该道德教育内容的目的，体现其中的人文意义，让德育对象了解德育内容设置的目的，进而认同和接受道德教育内容的方法。在道德教育内容的文化阐释中，我们要让德育对象真正了解道德教育内容设定的目的，以促进德育对象对德育内容的接受和理解。同时，在德育内容内涵的阐释中要注重融入文化要素，让德育对象深刻理解德育内容所体现的人文目的。让德育对象在认识和处理人与人之间的关系中理解并接受道德教育内容。三是比较阐释法。比较是认识事物的基本方法。不同事物相互比较，各自的特征得以明显呈现。少数民族德育内容的文化阐释之比较阐释法主要是指在道德教育内容的文化阐释中，运用比较的方法在不同文化间进行横向比较和纵向比较，让道德教育内容在具体民族的文化阐释中得到透彻、充分的阐释的方法。这种对民族德育内容充分、透彻的文化阐释，有助于德育对象理解、把握和接受道德教育的内容。四是联想阐释法。联想是由一种事物想起另一种事物的心理过程。少数民族德育内容的文化阐释之联想阐释法，主要是指在道德教育过程中，教育者在对德育内容的文化内涵进行阐释时，因某一道德教育内容而想到与之相关的道德教育和文化现象，进而以之为事例对此道德教育内容进行类比和阐释，以促进德育对象对道德教育内容的理解的方法。民族德育内容之价值内涵的文化阐释的联想法，就是以某一德育内容为基础，通过联想和想象，举一反三、触类旁通，从多角度、多维度对道德教育内容的价值内涵展开文化阐释，促进教育对象对所阐述的道德教育内容的深刻理解，以便更易于接受相应的道德教育内容。

（四）以社会主义核心价值观培育为例的民族德育内容文化阐释

这里，我们再以社会主义核心价值观培育为例来说明少数民族德育中的德育内容的文化阐释与转换。社会主义核心价值观是我国少数民族道德教育的重要内容。社会主义核心价值观是从我国整体情况出发，在关注历史与现实，概括各类群体价值观的基础上提出来的。它与具体各少数民族自身的传统价值观有一定差异。今天探讨和发掘少数民族传统价值观与社会主义核心价值观的关系，对于阐释社会主义核心价值观的民族文化内涵，培育和践行少数民族社会主义核心价值观无疑具有重大意义。社会主义核心价值观之民族文化阐释与转换的一项重要任务就是揭示社会主义核心价值观与少数民族传统价值观的同质性。我国境内各少数民族都有着自身独特的价值取向和价值立场。本书认为，我国各民族的价值取向和价值立场与社会主义核心价值观具有一致性。这种一致性体现在各少数民族历来都梦想建立一个富强、民主、文明、和谐的国家，期盼建立一个自由、平等、公正、法治的社会，同时期盼人人都热爱自己的国家、敬业奉献，人们之间都彼此诚信、友善。

1. 关于社会主义核心价值体系在国家层面的价值理想：富强、民主、文明、和谐

历史上，我国各少数民族在改造世界、与剥削阶级斗争和共处的过程中，也形成了自身对理想国家和理想社会的向往与追求。这种向往与追求体现在少数民族的伦理文化之中，也体现在少数民族英雄思想、宗教向往和文学艺术之中。其对国家和社会的渴求及描述与社会主义核心价值观在国家层面的价值追求有着惊人的一致性。具体体现在以下几个方面。

一是少数民族对富强国家的追求。我国各少数民族长期生活在边疆和自然条件恶劣的边远地区，过着艰苦的生活。他们热切地渴望着自己民族和国家富足强盛，并用各种方式描绘和勾画着美好生活蓝图，同时为之而努力奋斗。

二是少数民族对民主国家的向往。民主主要是指政治民主权利，强调社会成员按照平等和少数服从多数的原则共同管理国家事务。我国各民族在原始社会中就形成了选贤任能的传统，族内成员之间在权利和义务方面彼此平等，即便氏族首领也没有任何特权，相传神农氏就亲身耕作农田，其妻亲身织布，因而他在民众中享有崇高威望。我国各少数民族长期受专制集权压迫，他们渴望当家做主，并为获得民主与统治阶级进行了不屈不挠的斗争。维吾尔族思想家阿不都·哈立克·维古尔在《我的维吾尔族》中痛斥当时的封建统治阶级，他指出封建统治阶级是"大肚皮的、非常专制的、残酷的毛拉和各种各样的依禅"①。他痛斥封建社会对人权的践踏和腐朽黑暗的专制统治。在晚年他把争取民主、反对封建专制的斗争指向帝国主义。他向人们昭示形成当时黑暗社会的根本原因是国外帝国主义的支持与盘剥，并指出帝国主义是其民族的敌人，要想结束当时的黑暗处境，必须与帝国主义进行殊死斗争，把他们赶出国境。② 这里，阿不都对专制集权的痛斥和对殖民主义者的反抗，是对民主国家的追求与向往。

三是少数民族对文明社会的憧憬。文明与野蛮相对，指社会发展到较高阶段所表现出来的一种人类能较好处理人与人、人与自然、人与社会关系的人类文化状态。在漫长的历史发展中我国各少数民族创造了灿烂文明，同时各少数民族对文明社会也充满着憧憬与向往。维吾尔族思想家法拉比在其重要著作《论文明城居民的观点》中就提出了建设一个文明城邦或道德国度的思想。他说，一个为了实现幸福而建立起来的相互依存、互助的社会是文明道德的社会。同时，他认为道德国的领导者应是一个从人们中选出来的有才能的哲学家。他强调，这个国家应该有公正和社会之爱，全体居民之间都是相互平等的，可以自由挑选职业。③ 法拉比的社会理想展示了少数民族对理想社会在精神维度上的追求。另外，藏族思想家萨班·贡嘎坚赞在《萨

① 参见熊坤新、李建军《新疆诸民族伦理思想研究》，中央民族大学出版社 2008 年版，第 30 页。
② 同上书，第 18 页。
③ 同上。

迦格言》中也强调文明社会是仁政和德治的社会，社会文明要依靠贤者、知识、智慧和道德。这些少数民族思想家们对理想社会在精神文明层面的强调及其所提出的文明社会的标准，凸显了他们对文明社会的憧憬与向往。他们的社会价值理想与今天我国社会主义核心价值观具有一致性。

四是少数民族对和谐社会的期盼。和谐强调的是一种有条不紊、井然有序和相互协调的社会，是一种对人类美好社会状态的描绘，是一种社会理想。我国境内各少数民族因长期深受封建社会剥削与压迫，长期战乱，对和谐稳定的美好生活充满着无限向往。蒙古长篇史诗《江格尔》描述了一个蒙古人向往的"北方的天堂"，这里风景优美，仓廪充实，没有战争，老人和小孩都得到很好的照顾，人们安居乐业。在这个北方天堂社会里，风土民情淳朴，人们之间亲如兄弟、彼此团结，同时草原美丽富饶，牛羊成群，骏马奔腾，宫殿雄伟壮丽，展现出一片和谐局面。《江格尔》中的美好图景反映了蒙古族人民对建立一个合理社会制度和过上幸福美好生活的追求与向往。①《格萨尔王传》是一部著名的藏族史诗，史诗里也描绘了一个令人向往的"岭国"社会。在自然环境方面，岭国异常美丽，土地肥沃；在社会方面，岭国没有剥削，没有压迫，人们平等地参与国家事务，社会十分和谐，国内没有法律和监狱，人民过着和平安宁的日子。这里藏族先人所描述的令人神往的岭国是藏族人所期盼的理想社会，体现了藏族人民对建立一个和谐美好社会的期盼与追求。少数民族诗歌是对少数民族社会现实和社会理想的描绘，两首史诗所展现的社会理想，犹如陶渊明构想的桃花源社会中的和谐景象。这是少数民族人民期盼建立一个和睦、协调社会的写照。

2. 关于社会主义核心价值体系在社会层面的价值追求：自由、平等、公正、法治

社会是人类赖以存在的基础，我国各少数民族在长期生产生活中形成了各自处理和协调社会关系的价值体系和价值标准。这些价值体

---

① 参见李资源《文明的呼唤》，广西人民出版社 2004 年版，第 61 页。

系和价值标准维系着少数民族社会的稳定。少数民族社会价值体系中蕴含着丰富的自由、平等、公正、法治思想，这些思想和价值立场与社会主义核心价值取向具有同质性。具体从以下几个方面展开说明。

一是少数民族对自由社会的追求。自由是相对于束缚而言的，我国各少数民族生活的旧社会经济不发达、政治不民主、文化较落后，身受种种束缚和限制，他们渴望着自由。而在现实中，这种渴求往往难以实现，只能把这种希望流露和寄托在其文学、艺术作品及宗教信仰之中。比如，少数民族民间歌谣就反映了少数民族的心声与追求，反映了少数民族对社会的看法和人生的态度，并蕴含了丰富的价值理想。在《自由歌》中，朝鲜族人民发出了撕心裂肺的呐喊：人啊，无论是谁，只要他是人，生来就应享有平等自由。人若被剥夺了自由，同死人没有两样，如果这样我们宁可不要这种生活，我们需要自由。被压迫的孩子呀，期望你们快快长大，你们要为我们的自由去勇敢地斗争。凶残的敌人啊，不管你多疯狂，武装后的我们要和你殊死斗争，为了自由我们即使死在战场，也要变成自由魂。① 歌谣描述了朝鲜族人民没有自由的悲惨处境，以及为争取自由的呐喊与抗争，也反映了朝鲜族人渴望自由、追求自由，以及为了获得自由宁可牺牲自身生命的精神气质。

二是少数民族对平等社会的追求。社会平等主要指社会成员彼此处于平等地位，特别是人与人之间在权利和机会面前处于同等地位。在旧社会，我国各少数民族长期遭受剥削阶级压迫，他们没有平等权利，渴望着人与人之间自由平等。各少数民族为了获得平等权利与专制统治阶级开展了不屈不挠的斗争。在此过程中，少数民族同胞对建立理想的平等社会也进行了积极的探索。比如在回族民间流传的《杜文秀的传说》中，杜文秀等一批贫苦农民不堪忍受剥削阶级的残酷压迫而揭竿起义，奋起反抗，并在成功之后努力建立一个平等社会。传说中，杜文秀建立的平等社会就是他建立的大理政权。在大理政权

---

① 参见《中国少数民族文学作品选》（第一分册），上海文艺出版社 1982 年版，第 144—145 页。

中，杜文秀提出各少数民族因来源不同，各自有着自身的传统和信仰，相应各民族有权利信奉自身的传统和信仰，而且这些宗教信仰一律平等；在处理与其他民族的关系中，他强调不分汉族、回族，各民族彼此平等，不得相互欺凌；在用人任职方面，坚持一视同仁。① 虽然有关杜文秀传说的真实性还有待考证，但杜文秀传说中所体现的有关少数民族人民对不平等社会的抗争以及对平等社会追求的精神，体现着回族人民对社会平等的向往与追求。这也是我国少数民族人民对理想国家与社会的追求与向往的体现。这种价值追求与当前我国社会主义核心价值观具有一致性。

三是少数民族对公正社会的追求。公正一般来说是指人们在待人或处事时坚持的一种公平正直、公平平等、公正无私，没有偏向的立场和态度。在剥削阶级社会里，统治阶级和社会权力拥有者在办事和处理问题时缺乏公平正义之心，徇私枉法，偏袒权贵与财富。人民大众对于社会的公平正义也成为一种期盼，少数民族也是如此。在长期生活中我国各少数民族对社会公平正义也开展了不懈的追求。其有关公平正义的价值追求，一方面体现在其信仰之中，另一方面在实践中则是把它列为行为处事的准则。例如，《藏族礼仪答写卷》中把公正列为十大价值之首，并认为国家法令必须奉行"公正""均等"原则，若统治者在实施统治中能坚持不偏不倚、公正行事，就会获得老百姓的无限钦佩，这对于其自身统治也是有利的。为官一方，官者对百姓要虚怀若谷，同时要像天平一样公平，这样才会得到百姓的爱戴。② 这里，对社会公正的期盼和对公正行事的倡导，凸显了社会公平正义价值取向在人们心中的重要地位。这些对社会公平正义的信奉和追求与社会主义价值取向具有一致性。

四是少数民族对法治社会的追求。法治包含两层含义：一是用法律制度治理国家，强调制定和完善国家法律制度；二是指依照法律和

---

① 参见熊坤新、李建军《新疆诸民族伦理思想研究》，中央民族大学出版社 2008 年版，第 80 页。

② 参见李资源《文明的呼唤》，广西人民出版社 2004 年版，第 36—37、61 页。

制度治理国家的法治精神，强调在民主基础上制定法律制度，并按制度治理国家，在处理社会和国家事务中不因管理者改变而改变，管理者只是合法制度的执行者。在其实质上，法治是一种民主精神，体现的是一种社会进步。我国传统社会强调君主至上，实行人治。在国家和社会管理中，统治者依据自己的好恶确定事务的是非曲直。这使得包括少数民族在内的人民的许多合法权利遭到侵害。少数民族期盼统治者能依法治国、秉公行事，这是他们对法治国家和法治社会的期盼。同时，各少数民族为实现法治理想，在其民族内部也积极开展了依"法"治理本民族内部事务的法治实践。比如，在传统社会中，我国部分少数民族形成了用习惯法处理民族内部事务的传统。如凉山彝族在中华人民共和国成立前没有受理各种案件的司法机关和成文法律，他们主要通过不成文的习惯法来处理各种民事纠纷，以维系彝族社会的有序发展。苗族社会的"议榔"制度也是少数民族追求法治的探索。他们主要通过"榔头"择定吉日召集族人讨论榔规条款，通过后的"榔规"向全寨人宣读，提醒大家注意执行，任何人不得违反。所有村寨的重要事项均由"榔规"确定下来，并要求所有村民遵守和维护。这种"议榔"的形式具有政治民主的性质，其"议榔"内容和对"榔规"的执行就是法治精神的体现。又如，藏族《礼仪问答写卷》中主张，人们做什么事情都要"合规矩"，认为"合规矩"就不会出现伤风败俗之事，严格执行规矩，大家都会高兴；并认为，只要规矩一以贯之地严格执行，就会形成一种"公正之法"。这种公正之法一定会得到本民族民众的广泛称赞。这里"合规矩""行公正之法"实质体现的是一种法治精神，也体现了少数民族对法治社会的向往。少数民族对于法治社会的殷切期盼与朴素探索，得到了少数民族社会的支持与拥护，体现着少数民族社会的整体价值取向与追求。

3. 关于社会主义核心价值体系在个人层面的价值要求：爱国、敬业、诚信、友善

个人与国家、职业、社会及他人的关系是现实社会中每个人都逃脱不了的社会关系。我国各少数民族在长期社会生产与生活中也形成了自身如何处理与国家、职业、社会和个人关系的价值准则。这些价

值准则是少数民族人民在个人层面的价值观，这些价值观较好地处理了少数民族社会内部的各种社会关系，维系了少数民族社会的稳定和发展。少数民族个人层面的价值观与社会主义核心价值观具有趋同性。具体分析如下。

一是少数民族的爱国精神。爱国主要是指对自己所生存祖国的热爱，它主要是指长期生活在这片土地上所形成的情感，也指国家政权对个体自身利益的维护，还包括与共同生活在这片土地上的人们所形成的情感。我国少数民族都有强烈的爱国主义情感，这种情感体现在他们对这片土地的热爱、对生活在这片土地上人民的情感，以及当国家受到威胁和灾难时所进行的不屈不挠的斗争。俄罗斯族有一首歌叫《我爱祖国》，其歌词唱道：无论严寒多么刺虐，也不能让我对祖国的热爱有所冷却；无论狂风多么肆虐，也不能让我对祖国的忠贞有所动摇。这种对故土祖国的热情依恋、这种坚定与深沉，深深地表达了他们的爱国情怀。在《勇敢去战斗》的歌曲中他们又唱道：保卫国家、保卫疆土，即使战死在战场我们也不回头，我们要大胆地去战斗，要让群魔在我们面前不停地发抖。① 其誓死保卫祖国的决心展现了俄罗斯族执着的爱国情怀和高尚的爱国情操。民歌中的述说，体现了少数民族同胞在保卫疆土中的大无畏爱国精神。这种爱国精神与爱国情怀也是今天我国社会主义所倡导的。

二是少数民族的敬业精神。敬业，主要是指个体对所从事的职业的敬畏，因为职业为个人提供生存之需。职业价值观一方面体现为个人如何处理与外界环境的关系，另一方面体现为如何处理个体与职业环境中的人们之间的关系。我国少数民族长期生活在边疆和偏远山区，他们过着农耕与游牧生活，长期与自然打交道，以获取生存之需，在此过程中形成了质朴的爱岗敬业的职业价值观。少数民族的职业价值观主要体现在其对待劳动的态度上。彝族有谚语说，"穷则非天命，勤劳能致富；富非命注定，懒惰会变穷"，"吃饭为生活，生活

---

① 参见熊坤新、李建军《新疆诸民族伦理思想研究》，中央民族大学出版社 2008 年版，第 214 页。

须劳动","吃好须辛劳,穿好须勤奋"。① 这些谚语体现了彝族社会处理个人与职业、劳动与财富的价值标准。布依族民间谚语说"选媳妇看秋收勤劳手巧,挑丈夫看春耕吃苦耐劳",又说"选婿看犁田,择妻观纺纱","勤快的人有吃有穿,懒惰的人挨饿受冻","要得富,田坎走成路;要得穷,田坎成草蓬"。② 关于布依族,《普安县志》载"(仲家)民多质朴,尚勤俭,士之勤于文学者,素称礼教之邦"。这里,布依族把一个人是否勤劳节俭作为评价其道德好坏和能力强弱的标准。我国少数民族对待劳动的这些朴素观点反映的是少数民族对待职业的态度和敬业精神。今天,少数民族的社会生产力水平有了较大提高,具体劳动形式与以往有了较大差异,但少数民族对待劳动的态度所体现的价值取向仍需发扬光大。

三是少数民族的诚信品质。诚信即诚实守信。诚实,强调主体在处理社会关系中真诚、实在、不欺;守信,强调主体间彼此相信、信赖,恪守信义。在我国,自古以来诚信被认为是做人的基本品质,《礼记》中就有"诚者,天之道也""诚者,人之道也"之说。我国少数民族在处理本民族内部人际关系以及与其他民族的关系中也形成了内涵丰富的诚信文化。少数民族诚信文化所体现的核心价值与社会主义所倡导的诚信价值观具有一致性。比如,彝族的《劝善经》就强调做人要诚实不欺,不应"以为杂真,孚取奸利"③。藏族的《萨迦格言》劝告人们要形成良好的品德,认为"信用是最好的朋友"。并告诫人们,对于那些不讲信用的人,没人会与他们交朋友;做人主要看内在品德,比如彩虹虽然美丽,但是想摘彩虹来做首饰是自欺欺人。同时,劝诫人们一定要对那些贴心老朋友倍加珍惜,不要因为结识新朋友而舍弃贴心老朋友;犹如猫头鹰信任乌鸦,到时会败坏自己的名声。④ 其格言体诗歌以通俗语言强调了人与人之间交往中诚信的重要性。另外,我国各少数民族在商业领域也形成了浓郁的诚信文

① 参见张哲敏《民族伦理研究》,云南民族出版社1990年版,第143页。
② 参见李资源《文明的呼唤》,广西人民出版社2004年版,第119页。
③ 参见张哲敏《民族伦理研究》,云南民族出版社1990年版,第140页。
④ 参见李资源《文明的呼唤》,广西人民出版社2004年版,第89页。

化。比如，回族在商品交易中主张买卖公平，分量要足；禁止抬高市价，以次充好；禁止出售未成熟果实。这些朴素的商业原则体现了我国少数民族可贵的诚信品质。

四是少数民族的友善品质。友善，即友好、善良，表示人与人之间体现出的一种亲近和睦状态。在其内涵上，"友善"即"善友"之意，强调一种基于内在善心的友好，这种基于内在善心的友好能使人与人之间形成一种真正的和谐关系。中华民族历来是一个友善的民族，《孟子》中就有"君子莫大乎与人为善"。我国各少数民族，一方面继承了中华民族的友善文化，另一方面由于其独特的生活环境和生存方式，形成了各自的处理人与人之间关系的伦理标准，也形成了各具特色的友善传统。上文提到的彝族《劝善经》就直接以"善"命名，强调劝人为善。其核心价值取向是，"善"是做人之本，因而不但要与人为善，还要劝人为善。《劝善经》劝诫我们要与人为善，对于孤儿我们要奉献爱心，对于寡母我们要给予资助，对于老人我们要敬爱，对于儿童我们要关怀。并强调，我们要把善心铭刻于思想的深处，我们要经常想到孝敬父母，常想着与村邻友好相处，常想着如何施惠于人；同时，要把善心转化为实际行动，常做孝顺父母的事，做对人有益的事，做怜惜牲畜、粮食、野兽、飞禽、昆虫等生命的善事。① 这些都反映了彝族尊老敬贤的传统美德，体现了少数民族的友善价值取向。我国其他少数民族都有着与人为善的优良道德传统，其友善的价值取向与我国社会主义核心价值体系具有一致性，发掘少数民族传统文化中的友善传统是培育我国社会主义核心价值观的宝贵资源。

---

① 参见张哲敏《民族伦理研究》，云南民族出版社1990年版，第138—140页。

第二节 民族德育方式的文化转换

一 民族德育方式及其文化转换的内涵

(一)民族德育方式评析

"方式"指说话做事所采取的途径和方法。少数民族道德教育方式就是指在少数民族道德教育过程中,教育者所采用的用以促进个体思想道德素质养成的途径、方式、方法和手段。当前我国的少数民族道德教育仍旧实行大德育模式,即全国统一标准的思想道德教育模式,在这种模式下全国思想道德教育一盘棋。

我国少数民族道德教育没有形成自身特有的道德教育方式和道德教育方法。在道德教育方式方面,我国道德教育主要采取学校教育途径、灌输式教育方式以及理论教育的方法。首先,我国青少年道德教育的主要途径是学校。儿童从小就进入幼儿园,然后进入小学、初中、高中、大学,在学校度过人生发展的关键阶段,这一阶段约20年。学校教育有目的、有组织、有系统。在学校教育的各个学段,国家统一管理、统一规定,并安排专门时间,并设置专门课程,安排专门老师。而家庭道德教育方式处于弱化状态,且学校思想道德教育在内容和形式上与家庭道德教育脱节。我国少数民族道德教育也是如此,即道德教育以学校德育为主要途径,并主要采用灌输式的教育方式。其次,在总体教育模式方面,我国主要采用灌输式教育。灌输式教育是一种以强制性为突出特征的教育方式。这种教育方式强调单方向、机械地进行说教,不注重受教育者的主体地位和主观能动性,强调受教育者被动接受。最后,在道德教育方法方面,我国思想道德领域普遍采用理论教育法。理论教育法,是由教育者有目的、有计划地向受教育者灌输思想道德理论,帮助受教育者逐步树立科学世界观、价值观,提高其思想道德素质的一种教育方法。其特点是以理服人,使人心悦诚服。理论教育法是我国思想道德教育最主要、最基本的教育方法。在思想道德教育实践中,理论教育法的方式主要包括理论讲授法、理论学习法、理论宣传法和演讲报告法。理论讲授法主要是教育者通过口头语言向受教育者传授道德教育理论的方法，是目前使用最多、应用最广的一种理论教育方法。理论学习法是通过有组织、有计划的集体学习或个人自觉学习来掌握思想政治和道德价值的方法，是一种自我灌输的方法。理论宣传法是运用大众传播媒介和舆论工具向人们灌输科学理论和道德价值的方法，是一种普遍灌输的方法，这一方法主要通过理论讲座、读书辅导以及开办专题节目的方式展开。理论教育法是我国思想道德教育的一种最主要、最基本、最普遍的道德教育方法，也是我国各少数民族道德教育的最主要、最基本、最普遍的道德教育方法。除此方法之外，我国思想道德教育的方法还包括实践锻炼法、榜样教育法、自我教育法、形象教育法、心理咨询法等。

长期以来我国青少年道德教育主要采取的是如上所述的学校教育途径、灌输式教育方式以及理论教育的方法。这也是我国少数民族道德教育的主要方式与方法。应该说，这些道德教育的方式与方法是比较成功的，促进了我国社会良好思想道德风气的养成。当然，这种道德教育的方式与方法是在全国范围内所采取的普适性教育方法，对大多数地区或大多数人是适用的，但针对有着较大文化差距的少数民族群体，这一方式与方法缺乏适应性。这是因为，不同民族群体的生活方式、文化习惯有较大差异，采取某种固定的道德教育方式和方法，不一定能达到较好的道德教育效果。比如，在学校德育中传统的德育模式所采用的理论教育方法不一定适合少数民族学生的需要。一方面，理论教育需要接受者有较强的逻辑思维能力，而少数民族学生往往抽象思维能力较具体形象思维能力弱，在一定程度上影响着少数民族道德教育效果的提升。另一方面，理论教育从理论到理论，从原理到原理，形成严密逻辑，而且这些理论往往超出现实，即使儿童理解、掌握了这些德育理论与观点，也不一定形成个体道德素质。总之，各少数民族有着自身独特的文化，各民族独特的文化形成了各自独特的道德教育接受方式与方法，只有那些适合于民族文化的道德教育方式和方法才能易于为受教育者所接受。对于少数民族道德教育，我们需要根据自身民族文化的特殊性，改善各种道德教育方式与方法，以促进民族群体道德素质的生成，增强道德教育的实效性。

（二）民族德育方式之文化转换的必要性

如上所述，传统的道德教育方式与方法有着自身的缺陷性。少数民族道德教育需要根据自身的特殊性，特别是根据自身传统文化的特殊性对传统的道德教育方式与方法进行整合与转换，探索适合少数民族文化的道德教育方式与方法。具体来说，民族德育方式之文化转换的必要性体现在以下方面。

首先，少数民族道德教育方式的文化转换是增强少数民族道德教育的适应性的需要。"适应性"是一个生物学术语，主要是指生物体与环境表现相适合的现象。生物体与环境相适合，必然会使生物体从环境中汲取养分促进其成长，同时这种生物与环境的适应也使环境处于一个平衡系统之中。思想道德教育中道德教育的方式方法与教育对象体的适应，特别是道德教育方式方法与道德教育对象在文化上体现出来的适应，必然会促使个体道德素质的有效生成。这种适应其实是一种因材施教的教育理念与教育模式。"夫子教人，各因其材"，古人在教育中注重根据教育对象的特殊性，有针对性地开展教育。在少数民族道德教育中从少数民族特有文化出发，采用适合少数民族文化的道德教育方式可以增强少数民族道德教育的教育效果。少数民族道德教育方式的文化转换，就是从少数民族特有的文化背景和文化习惯出发，把以往的道德教育方式方法转换为与少数民族文化相适应的道德教育方式方法，增强少数民族道德教育的适切性，提高少数民族道德教育的实效。

其次，少数民族道德教育方式的文化转换是充分发挥少数民族原有德育方式方法的功能与潜能的需要。我国少数民族原有道德教育模式在一定程度上推动着少数民族道德教育的发展。但由于教育对象的差异，特别是教育对象文化上的差异，道德教育中一般性的方式方法与少数民族文化不够吻合，影响着道德教育的效果。因此，需要我们从文化角度改进原有道德教育的方式方法，使之适应少数民族文化，以增强少数民族道德教育实效性。少数民族道德教育方式的文化转换要义之一就是在原有道德教育方式方法中注入文化要素，以增强道德教育方式方法的适切性。汉族背景下的道德教育一般方法，一旦与少数民族文化结合，就会充分发挥原有德育方式方法的功能与潜能，使之展现出与原有单一德育方法完全不一样的道德教育效果。

再次，少数民族道德教育方式的文化转换是拓展道德教育方法与途径的需要。如上所述，在原有少数民族道德教育中，理论教育法是道德教育的最基本、最普遍的方法，而这种方法对于少数民族来说并不适应，因为少数民族的思维有着具体性、形象性的特点，他们习惯于具体形象的道德教育方式。而理论教育法主要是通过抽象理论演绎，达到教育目的。我国少数民族传统文化中有着丰富的教育资源，少数民族学生可积极参与本民族文化实践体验，这种实践体验活动对于增强道德教育实效性具有重要意义。我们把这一方法称为文化实践教育法。对于少数民族来说，我们需要从其文化特征出发，大力发展文化实践教育法，并把文化实践教育法作为少数民族道德教育的主要方法。这种由传统以理论教育为主的道德教育方法转换为以文化实践为主的道德教育方法，拓展了思想道德教育的方法与途径，对于增强思想道德教育的实效性具有重要意义。

最后，少数民族道德教育方式的文化转换与整合可以形成一种道德教育的新视角与新模式，促进道德教育的创新发展。少数民族道德教育方式的文化整合与转换，不仅是一种道德教育方式方法的拓展与创新，更是一种道德教育的新视角与新模式。这种道德教育模式从人与文化的关系出发，借助文化对人的影响与作用，来影响个体的道德教育方式，促进个体道德素质的生成。这种新模式和新视角引领着道德教育者去充分挖掘教育对象背后的文化因素，并充分利用教育对象所在背景的文化方式来开展道德教育，促进个体对道德教育价值观的接受，以增强道德教育的实效性。这是因为，思想道德教育的实现程度在一定意义上就体现在道德教育对象对教育者所传递的道德教育价值的接受。一种更好把握教育对象特殊性的思想道德教育新模式必然会在实践中促进道德教育的新发展。

（三）民族德育方式之文化转换的内涵

少数民族德育方式与少数民族文化有着密切关系。民族德育方式的传统文化转换的核心内容就是在少数民族道德教育实践中，采取适合少数民族传统文化的道德教育方式，或在道德教育中采取少数民族传统文化易于接受的道德教育方式。具体来说，少数民族德育方式的传统文化转换包含以下几层含义。

一是在少数民族道德教育中采取适合少数民族传统文化的道德教育方式。所谓适合少数民族传统文化的道德教育方式，主要是指在少数民族思想道德教育过程中，基于少数民族的文化差异而采取的本民族的传统德育方式或与之相关的其他本民族文化易于接受的形式。在道德教育中，采取本民族文化易于接受的方式主要是由民族文化之于其德育活动的重要性决定的。民族共同体的核心是基于共同地域、共同经济生活所形成的共同文化。民族文化决定着民族德育的内容与形式，构成民族德育的土壤和载体。民族文化对于少数民族德育的这种关系，要求教育者在对少数民族开展思想道德教育中采取少数民族文化易于接受的教育方式。在民族德育实践中，教育者只有采取适合少数民族的文化接受方式才能增强少数民族学生思想道德教育的实效性。总之，我们在对少数民族开展思想道德教育中，要注重运用少数民族易于接受的文化方式，以增强少数民族思想道德教育的实效性。

二是在原有道德教育方式方法中融入少数民族文化。在教育实践中，各个民族对与其自身文化相适应的道德教育方式显示出较大的兴趣和趋同，因为与其文化相适应的道德教育方式符合他们的日常生活习惯，不会在道德教育实践中产生矛盾和冲突。另外，道德教育者采用与少数民族文化相适应的道德教育方式也显示出对少数民族文化的尊重。由于少数民族在社会生活中一般处于社会的边缘，这种对其文化的尊重使其产生一种文化自信，进而更乐于接受道德教育者所传播的道德价值观念。同时，他们认为对其文化的尊重就是对少数民族人的尊重，这无疑会促进道德教育效果的提升。与此同时，在原有少数民族道德教育方式方法中融入民族文化因素，会增强德育方式的文化适应性。在原有的德育模式里，我国少数民族道德教育的方式方法忽视各少数民族文化的融入，使民族道德教育遵循道德教育的"一般"模式。在原有德育方式中融入文化必然会充分发挥原有德育方式的活力，使原有德育方式借助自身优势，融进新的活力元素，以促进道德教育的有效开展。民族文化融入传统的德育方式会使受教育者更乐于接受或更习惯于接受教育者所传递的道德价值观。

三是建构适合少数民族传统文化的道德教育新模式和新途径。少数民族道德教育方式的传统文化转换的另一层含义还在于，传统道德教育方式因文化的融入，形成了少数民族道德教育的新模式和新范式。新范式就是形成人们思维与活动所共同遵循的一套范型和模式。少数民族道德教育方式的文化融入与转换会挖掘出少数民族道德教育的新途径和新方式。当前道德教育（包括少数民族道德教育）在一定程度上走入低迷状态，其原因之一就是道德教育方式方法缺乏创新，因为新时代、新问题需要新的方法来解决。少数民族道德教育途径和方法的创新必然会带来少数民族道德教育的新景象。库恩指出，在科学领域，一种范式的形成会带来一场巨大的科学的革命。可以说，文化融入与整合所带来的少数民族道德教育方式方法的新视角会带来少数民族道德教育方式方法的革新与创造，这种在方法和方法论领域带来的革新与创造必然带来少数民族道德教育的新景象。

四是实现少数民族道德教育各种方式方法的有机整合与转换。少数民族道德教育方式的传统文化转换还有一层含义就是借助道德教育中的文化融入促进各种传统道德教育方式的整合。"整合"强调的是围绕某一主题把分散的资源进行有机统合，实现对资源的充分利用，同时实现有限资源的充分共享与协同，使现有零散、孤立资源得到系统化和规模化的运用，进而充分提高资源利用效率。"整合"坚持的是系统的优化原则，在对系统的资源和要素进行整合中，其系统本身的资源和要素并没有增加，主要是改变组成系统的资源和要素结构，实现其资源和要素的充分利用，并使资源和要素的功用实现最大化，这就是系统论的价值所在。系统论就是强调把一切事物看成一个系统，强调要素的功能大于系统的功能，强调充分组合各种要素，以实现要素功能最大化。少数民族道德教育各种方式的整合就是以文化德育方式为纽带，在传统道德教育方式方法中融入文化要素，并把这些融入文化要素的道德教育方式联系在一起，使其彼此衔接形成一个整体，进而形成一个道德教育方法论体系。当然，在这种道德教育方式的整合中要充分体现出文化要素的功能与作用，使其成为真正联系其他各个要素的纽带。

二 民族德育方式的文化转换原则

德育方式是德育主体在对德育对象进行道德教育过程中所采取的方式、办法、途径或手段。有效的德育方式促进道德教育目标的达成。我国在少数民族道德教育中需要根据少数民族传统文化差异，将一般化的、规范化的道德教育方式转换为适应少数民族传统文化的道德教育方式。具体来说，民族德育方式的传统文化转换要遵循以下原则。

（一）适应性原则

少数民族德育方式之文化转换中，其适应性主要强调转换后的少数民族道德教育方式要适应少数民族文化，适应少数民族的德育接受方式。传统文化对于少数民族的重要性是由"民族"这一人们共同体的基本特征决定的。对少数民族开展思想道德教育，需要尊重、认同少数民族文化，这样才会得到少数民族的认同和接纳。同时，少数民族在接受教育者后才会进一步接受道德教育者的观点和立场。教育是教育者和受教育者建立在良好关系上的一种影响和感化。在对少数民族学生开展思想道德教育中，教育者必须尊重少数民族文化，通过对受教育者的文化尊重和人格尊重，建立起良好的教育和受教育关系，从而形成民族学生对道德原则的有效接受。

民族德育方式传统文化转换的适应性原则要求教育者在对少数民族开展思想道德教育中，采取少数民族文化易于接受的教育方式。所谓适应少数民族的文化接受方式，主要是指在民族德育中，教育者考虑到少数民族的文化差异而采取合适的教育方式或在少数民族德育中把德育理论转化为少数民族的文化表达，使之民族化或直接通过民族文化载体传播道德教育理论。教育者只有在民族德育中采取适合少数民族的文化接受方式，才能增强少数民族学生思想理论教育的实效性。

　　道德教育方式的适应包括道德教育方式方法与道德教育目标的适应、与道德教育内容的适应以及与道德教育对象的适应。在少数民族道德教育中教育者要对道德教育对象有深刻的把握，特别是对少数民族文化要有深刻的把握。泰勒指出，文化是一个包括知识、信仰、艺术、道德、法律、风俗、习惯在内的复杂总体。道德教育者需要对少数民族的历史、地理、风土人情、传统习俗、生活方式、文学艺术、行为规范、思维方式、价值观念等有深入了解。道德教育者只有在对少数民族传统文化充分了解基础上，根据道德教育的具体内容，结合实际采用适合少数民族文化习惯的道德教育方式，才能增强道德教育的适应性。

　　（二）可操作性原则

　　可操作性，即宜于操作或实施的性能。它常用来指做法、措施等科学简便，好进行、好实施，也指某种方案、计划、决策、工程等具有可以施行的种种条件、因素，而可以实施和实行。在社会科学意义上，可操作性就是指一种理论或方法能够被人们具体把握运用的程度所显示出来的特性。具体说，就是指某一理论或方法能够在多大程度上转变为对实际应用具有较强针对性的实践措施。道德教育方式方法的可操作性是增强道德教育实效性的前提。在以往的道德教育实践中，有些道德教育方法有创新性，但是在实际工作中很难操作，主要原因是这些道德教育方法比较抽象，在实践中难以转化为规范的操作程序和具体的操作方式，因而使得道德教育的方法难以在实践中得到理解和运用。概括地说，民族德育方式传统文化转换的可操作性主要是指民族德育的方式方法转换转化为特定民族文化的德育方式后所具有的可以施行或可以操作的特性，即主要是指道德教育方式方法在实践领域的应用特性。方法是否可操作，是衡量一种方式方法优劣的重要标志，因为道德教育是一项实践性很强的活动，道德教育的目标需要通过具有可行性的道德教育方式来实现。忽视可行性和可操作性的道德教育方式与方法是无意义的。

　　民族德育方式传统文化转换的可操作性主要包括两个方面的内

容。一是在民族德育方式的传统文化转换中，要做到少数民族德育及
其方式与少数民族传统文化的结合；二是在民族德育方式的传统文化
转换中，要做到转换后的道德教育方式有可以实施、操作的特性，因
为道德教育要在实践中完成，而且道德教育方式需要切实可行才能展
现其独特魅力。这里可操作性或可行性也有两层含义：一是指转换后
的道德教育方式能够在道德教育实践中得到具体的运用与执行，而这
取决于转换后道德教育方式的合理性与周详性；二是指转换后的道德
教育方式能够得到教育者和受教育者在心理上的认同，并能在教育者
与受教育者共同作用下实现道德教育的目标。因此，要使一种道德教
育方式方法得到有效的应用与实践，就必须把方法具体化为适用于特
定环境和条件的具有可操作性的实践措施。道德教育方法缺乏操作性
往往表现为道德教育方法抽象、概括，难以被人们准确地把握和运
用。同时在道德教育方法转换和整合的过程中，不能囫囵吞枣、不求
消化，仅仅满足于概念移植，听起来新鲜但很难解决实际问题。

　　民族德育方式的传统文化转换需要注意以下两点，以便增强道德
教育方式方法的操作性和适应性。首先，在德育方式文化转换的过程
中要转变观念，切实提高对道德教育方式可操作性的重要作用的认
识，只有注重道德教育方式的可操作性，才能不断提高道德教育工作
的实际效益。其次，德育方式文化转换的过程中，要对少数民族文化
及道德教育方式有深刻理解，不搞花架子，要积极通过科学论证，使
其转变为便于把握和应用的具体措施与方法。

　　（三）实践性原则

　　民族德育方式传统文化转换的实践性原则，是指少数民族道德教
育所采取的方式要体现道德教育的实践性，并能在实践中促进个体道
德素质的生成。实践在人类社会形成与发展中发挥着独特的作用。实
践产生了人类，实践推动着人类社会发展。可以说，人类社会的一切
进步、人类一切意识的形成都源于实践，道德教育也如此。个体道德
品性和道德素质的需求来源于实践，个体道德品性和道德素质的生成
形成于实践，个体道德品性和道德素质最终也将应用于实践。可以
说，道德教育在本质上是实践性的。实践对道德教育的决定作用要求

道德教育必须遵循实践性原则，脱离实践的道德是抽象的、无意义的，也终将被抛弃。同时从道德教育的目的来看，道德教育不是让学生掌握系统的道德知识，其关键在于使学生内化道德知识，形成道德品质和道德素养，并用这些道德品质和道德素养去处理与解决日常生活中的道德问题，以形成道德行为。一般来说，个体任何行为的履行都经历着一个知、情、意、信、行的复杂过程。在道德教育中，个体的"知"是形成"行"的前提条件，由一般意义的"知"，通过"情""意"形成确信的、深信不疑的"信"，进而引起"行"的产生。从这一过程来看，道德知识的学习不是道德教育的目的，道德教育的目的是道德实践行为的发生。而且，由"知"到"情""意"的过程不是一个逻辑过程，而是一个实践过程。也就是说，逻辑推理达不到"情"和"意"的层次，只有把所"知"的东西，积极运用于实践之中，才会达到最终的"行"，即在整个过程中实践起着决定性的作用。

因道德教育在本质上是实践性的，只有那些立足于道德实践，并体现道德教育实践性的道德教育方式才能在实践中展现出生命力。道德教育及其方式应突出实践特性。教育者在道德教育活动中需注重学生的实践参与，让学生在实践中获得体验与收获，进而使社会对个体的道德要求在实践中内化为个体的道德素质。总之，实践是道德的前提，是道德生成的助力器。人类因社会实践产生了道德需要，因实践需要推动着道德发展。同时在道德教育过程中，实践推动着个体的道德知识转化为道德情感，进而由道德情感转化为道德意志，最后形成个体的道德行为，也即个体道德素质的形成依托于德育实践。可以说，道德教育的实践特性决定了少数民族道德教育方式的传统文化转换需要遵循实践性原则，而且只有遵循这种实践性原则，少数民族道德教育才能焕发出活力。

（四）科学性原则

在少数民族道德教育过程中，教育者改变以往德育中"一般化"的道德教育方式，采取适合本民族文化的道德教育方式还需要遵循科学性原则，即民族德育方式传统文化转换的科学性原则。科学性原则强调少数民族道德教育方式的传统文化转换要符合教育规律，不允许不顾道德教育的规律而随意行为。它强调教育活动要符合所施加对象的年龄特征、心理特征、文化习惯和认知规律，不能不顾及对象的客观实际。

少数民族道德教育方式传统文化转换要遵循科学性原则是由少数民族道德教育所追求的目的决定的。追求道德教育的实效是道德教育的直接目的，也是少数民族道德教育的出发点和归宿。没有实际效果，少数民族道德教育就没有实际意义。在德育实践中，道德教育的实效性主要是指方法的可操作性，在实践中的可行性，以及产生良好效果的可靠性。具体来说，德育实效表现为德育现实功能与期望功能的吻合度，如果现实功能与期望功能的吻合度高，那么这种道德教育就是有效的，反之如果两者相差太远，道德教育的实效性就低。可以说，科学性与实效性的有机结合是当前德育改革的必由之路。很长一段时间以来，社会对思想道德教育效果的评价不高，其核心原因是思想道德教育没有遵循科学规律，实效性不高，甚至劳民伤财。过去我国的思想道德教育模式是基于一种"工作"或"管理"思维，即把思想道德教育当作思想道德管理或把思想道德教育当作思想政治工作。这种基于"工作"或"管理"的德育是一种灌输式的德育，是一种说教式的德育，是一种非科学的模式。它突出道德教育者在教育活动中的主导和主体地位，受教育者在教育活动中只处于被动地位，形成了"我说你听，我打你通"的状况。这种道德教育缺乏人文关爱，极大挫伤了受教育者的积极性与参与性。这实质上是未能完全遵循道德教育的客观规律，是道德教育缺乏科学性的结果。因此，道德教育要想取得良好的效果必须遵循道德教育的客观规律，遵循道德教育的科学性原则。

在少数民族道德教育过程中，由于少数民族的特殊性，教育者根据少数民族传统文化实际，在对一般的道德教育的方式方法进行转换的过程中必须遵循道德教育的一般规律。这样才能促使教育对象对道德教育内容的有效接受，以达到道德教育的实际效果。这些规律包括心理学规律、教育学规律、道德发展规律，甚至社会发展规律等。具体来说，在道德教育实践中要把握以下两个方面。一是要把握个体的心理接受机制。德育接受是道德教育的重要环节，影响着道德教育的效果和目标的实现。不同的人有不同的心理接受机制，在教育中必须对教育对象的接受活动展开研究，把握道德教育接受的一般规律和特殊规律。同时，要从教育对象的内在需要出发，遵循"满足需要"的规律，帮助学生形成正确的需要层次和需要结构，引导学生把个人成才目标与国家教育目标有机结合起来。二是要把握个体思想品德形成规律。个体思想品德的形成往往是在教育性活动和交往中产生的。其具体过程主要是主体的心理活动，不能直接观察和操作，这需要道德教育者为个体道德的生成搭建桥梁。个体思想品德在实践活动中形成，又在实践活动中体现，因此道德教育者需要在教育实践中有意识地设计和组织相应活动，以促进个体道德素质的生成。

三　民族德育方式之文化转换的策略与运用：基于土家族等民族的分析

（一）土家族德育的现实方式

方式，包括途径、方法和手段。道德教育方式包括道德教育的途径、方法和手段。这里我们从思想道德教育的方法和途径两个方面展开分析。

在思想道德教育途径方面，我国把学校作为思想道德教育的主渠道。学生在学校中通过接受专门系统的思想道德教育，形成对政治生活和社会生活的初步的规范知识，同时在参加学校党团和各种实践活动中，初步具备相关的社会实践能力。具体来说，学校思想道德教育主要通过系统的思想理论教育、"三育人"活动、各种课外活动和集体团队建设等方式展开。系统的思想理论教育是中国学校思想道德教育的主要形式，基本形式是思想品德课程和政治理论课程；"三育人"即教书育人、管理育人、服务育人，学校教师、管理干部和服务人员结合自身业务工作，有目的有计划地对学生进行思想道德教育和行为指导；课外活动方面，主要指积极组织学生参加生产劳动和社会实践，帮助他们认识社会了解国情；同时，学校通过营造良好的班风、系风、院风、校风等，创造并形成良好的集体风气，对学生进行潜移默化的影响。少数民族地区的思想道德教育也基本沿用全国大多数地方思想道德教育的做法，土家族地区也是如此，即以学校作为思想道德教育的主渠道，学校设立专门的思想道德教育课程，通过专门的工作人员，划出专门的教育时间，对各类人员进行思想道德教育。另外，在家庭教育中，由于我国升学制度的影响，大多数家长主要重视学生的知识学习，而对思想道德教育重视不够，并把思想道德教育的希望寄托于学校；在社会教育方面，尽管多年来一直在探讨和倡导，但由于我们"社区力量"和"社区资源"主要还是街居行政体系，其功能发挥明显不足。土家族地区的家庭教育和社会教育状况也基本如此。

在思想道德教育方法方面，我国学校德育主要运用正面的、直接的、规范的教育方法，也即理论教育法。在具体实践中，土家族道德教育也主要采取前文所述的理论灌输方法，其具体形式有理论讲授、理论学习、理论宣传和演讲报告等。学校德育把社会所要求的道德规范"灌输"给学生的做法往往形成了一种机械灌输或强行灌输，具有明确的规定性和必须服从的强制性。列宁在《怎么办？》一书中指出："工人本来也不可能有社会民主主义的意识。这种意识只能从外面灌输进去。各国的历史都证明：工人阶级单靠自己本身的力量，只能形成工联主义的意识……"[1] 他认为，较高层次的思想道德理论是从有产者阶级中有较高教养的知识分子发展起来的，而一般民众觉悟的提升需要外在的"灌输"。思想道德教育中的理论教育法之依据就来源于此。但列宁讲的"灌输"不是机械的、强制性的灌输。列宁思想道德教育理论中所讲的"灌输"，是从思想道德教育的结果来讲的，即强调教育对象在接受教育后形成了某一思想道德观念。也就是说，这里的"灌输"强调的是从无到有，强调形成了某一最终结果，而不是教育过程中的强制灌输和硬性灌输，不是具体的灌输方法。而我们在思想道德教育实践中往往误解列宁的"灌输"思想，把它当作一种忽视教育对象的主体性和特殊性的具体灌输方法，因而往往实效性不高，甚至引起教育对象的反感。

---

[1] 列宁：《怎么办？》，人民出版社1965年版，第30页。

　　土家族地区的道德教育主要沿用传统的德育模式。但是，这一道德教育模式在德育方式上存在着两个弊端。一是学校主渠道和以理论灌输为主的方式存在对道德教育内涵认识不足的问题。道德教育的学校主渠道，易使道德教育走向一种知识化、思维化倾向，而忽视家庭德育和社会德育的实践功能，进而形成了学校教育的知性德育范式。这一范式把学校德育当作一套可以测量的知识系统，把个体道德行为的养成看成道德知识学习的结果，而与此相适应的道德教育方法就是理论的灌输。这使学校道德教育成为学生个体的认识活动和道德知识的灌输过程，具体表现在学校开设专门化的课程以及课程教学中逻辑严密的知识演绎，德育内容抽象枯燥，并与学生现实生活相脱节。二是传统模式对教育对象的特殊性把握不足。不同教育对象有不同的特性，只有深刻把握教育对象特性的思想道德教育才能为对象所接受。在民族德育中，教育对象的文化背景具有多样性，其德育方式选择也应是多样的。而在此方面，传统的德育模式显得不足。道德教育方式的文化转换就是在深刻把握教育对象特性的基础上实现道德教育方式与德育对象在文化上的适应。

　　总体来说，上述思想道德教育模式是在我国范围内实行的广泛的思想道德教育方式。对土家族来说，由于土家族独特的民族性、地域性及长期形成的生活习惯和思维方式的差异，原有德育方式的适应性不够，难以在土家族思想道德教育中发挥积极效果。因此在土家族思想道德教育实践中，需要对这种规范的思想道德教育方式进行适当转换，使之符合本民族的需要，符合本民族的接受习惯，以增强本民族思想道德教育的实效性。

　　（二）土家族传统德育方式及其文化转换

　　土家族是一个历史悠久的民族。在长期生产生活中土家族人创造了灿烂的文化。土家族的民族文化体现着土家族人的生产方式和生活模式，并影响着土家族人社会生活的各个领域，也影响着土家族人的道德文化生活和道德教育实践活动。

　　在长期的道德生活中，土家族也形成了独具特色的道德教育方式，主要包括口传教育、仪式教育、日常习俗教育等。

一是口传教育。这种教育方式主要以口头文学的形式教育、启迪、影响青少年。讲述者一般都由长者担任，这一方式在日常生活中的任何时候都可进行，形式多样，可讲、可唱、可诵，其内容有神话、传说、故事、寓言、谚语、歌谣等。这种口传教育对儿童价值观引导有着重要作用。以土家族婚姻中的血缘禁忌教育为例。在土家族地区流传着"布索与雍妮"的传说故事。在"布索与雍妮"的传说故事中，当莫巴洛尼劝说布索与雍妮兄妹结婚时，兄妹俩说道："人家掉颈你打秋，我们是一母所生的兄妹，怎么能够结婚呢?"不管莫巴洛尼怎么说，兄妹俩就是不肯。因兄妹不愿成亲，风父公公、云母婆婆、乌龟伯伯、石尼徒嘎这些仙人都来了，他们围着布索和雍妮，一劝再劝，但布索和雍妮根本不愿成亲。故事反映了兄妹忌婚在布索和雍妮观念中深深扎下了根。一方面，可以说，兄妹对血缘婚姻的忌讳已超出了单纯的生物学意义解释，因为他们并不知道近亲结婚的遗传后果，其核心是对亲情人伦的遵守。人道之初，婚姻伦常为首，婚道认为血缘禁忌为首。对科学规则之外的这种人类伦常关系的遵守是有"意识"的人区别于一般动物的核心标志。另一方面，故事反映出这种婚姻中的血缘忌讳不是外在于个体规则与规范的，而是兄妹心灵深处的做人的理念，是内化在兄妹内心的为人准则。因为一种德性准则和人伦规范只有内化于人，才能对社会个体起到规范和引领作用。伦理道德教育就是要引导人认识准则和规范背后的深层原理，土家族先民婚性中的血缘禁忌所体现的就是这种深层因素。布索和雍妮最终在神仙的舆论和诱导下勉强成婚，因而人们往往认为土家族一直有血缘婚的传统。恰恰相反，这正是土家族先民恪守血婚人伦的深刻写照，是对打破血缘婚性关系的反叛。可以想象，若没有神仙的诱导和外界的驱使，宁愿让世界没有人类，兄妹俩也不愿意打破伦常，血亲成婚。故事中兄妹死活不愿成婚，其核心在于他们心底觉得这是乱伦，这反映了土家族先人婚姻中的血缘禁忌。

二是仪式教育。土家族日常生活中有多种仪式，包括劳动仪式、婚姻仪式、丧葬仪式、建筑仪式等。在各种仪式活动中，仪式过程及仪式所传达的丰富内容是对青少年进行思想道德教育的有效方式。土家族有哭嫁的传统，哭嫁其实是土家族传统婚俗中的一种仪式。在男方发轿娶亲的当晚，出嫁姑娘要与前来"吃酒"的亲友、家族中的老少（即姑娘姊妹、舅娘、姨娘、表姊妹、伯娘、婶娘、婆婆、太婆婆等）哭一个通宵。出嫁姑娘与她们即将分别，需要表达难分难舍之情。哭嫁的场景与内容对在场青年男女就是一个典型的道德教育过程与情境，如哭嫁中体现出的责任教育。土家族青年男女把结婚本身当作一种责任，既是青年男女的责任也是父母的责任，即所谓"男大当婚、女大当嫁"。在土家族地区，自己的闺女长大成人之后，父母要把女儿送出家门，女孩往往在哭嫁歌中哭诉结婚后可能受到的折磨。母亲常常劝唱道，"我的幺，我的女，你开声来娘流泪；世上只见多钱财，不见哪家多子女；不是世道兴起走，金钱再多不换你"。这里母亲认为女儿出嫁是因为"世道"，这既是女子自身的责任，也是父母的责任。姑姑劝唱中也常唱道，"你的爹娘有好心，把你当着命根根。只怪世道兴起走，你和爹娘要分手"。另外，母亲还常常劝唱道，"桃树开花柳叶长，燕子衔泥上新梁；我儿长大要出门，娘又喜来娘又伤"。这说明，姑娘出嫁也是母亲心中的一件喜事和高兴的事。姑姑劝唱道，"坐上花轿莫后悔，女人平生都有回"。上面提到的"世道"就是人们之间的一种伦常关系，也即女孩出嫁是一种人生伦常与责任。

三是日常习俗教育。土家族日常习俗形式多样、内涵丰富，儿童一出生就被置于独特的生活环境，使其潜移默化地接受着相应的教育，比如土家族婚姻中有重情轻财的伦理习俗。以男方对女方父母的馈赠为例。土家族的馈赠主要是在过节之日女婿拜见岳父岳母，这是土家族人礼尚往来交往习俗的延伸。根据土家族的婚俗，女婿携带酒肉、糖果、面条，去岳丈家看望老人。婚俗中的馈赠表现出的积极意义在于男方对女方父母的感谢与敬意。女方父母养育一个子女成人需要花费大量财力、精力和心思，双方通过这些往来活动彼此建立情感。这种馈赠表达了彼此的情谊以及对子女婚姻关系的敬畏与尊重。女婿一般在岳丈家住一两天后回家。女婿回家时，岳父母给女婿一些东西，表达谢意，并给女婿礼钱，以表示长辈对晚辈的疼爱之意。另外，男方根据女方家族的大小、多少、亲疏关系情况，按女方的建议，还要给亲房的伯伯、叔叔送去礼物，以表示敬意。凡是接受了拜年礼物的叔伯婶娘和哥嫂，同样也要给侄女婿或妹夫礼品作答谢。男方给女方至亲家族与亲戚的馈赠，主要是为了维系与女孩家族与亲属的关系。通过这种礼尚往来的方式建立深厚情谊，再加上血缘与亲属关系，彼此关系更加牢固。在这些彼此往来之中，所体现的主要不是彼此馈赠，更重要的是男方对女方亲戚家族的敬意与感谢，也表示男方对女方父母的感谢与敬意。土家族的德育方式是土家族在漫长历史中摸索和创制出来的道德教育方式，这些德育方式有效地形成了土家族的世界观、人生观与价值观。这些价值观在维护土家族地区的社会稳定发展方面起着积极作用。土家族道德教育的特有方式是土家族人乐于接受的有效方式，本身也属于土家族文化的组成部分。而当前土家族地区青少年的道德教育模式极大地影响了思想道德教育的实效性。对土家族来说，改变现有道德教育模式，要根据土家族区域和文化差异以及道德教育方式上的差异，根据德育的实践，实现本民族道德教育方式的文化转换。

在土家族德育实践中，其德育方式的传统文化转换主要包括两个方面。

一是把文化的主客位关系转化为主体间关系，注重教育者对土家族文化的认同与尊重。在现实德育实践中，汉文化处于绝对主导地位，甚至在一定程度上"挤压"少数民族文化，而它是各民族的精神家园和最后领地。因此，对土家族开展思想道德教育，需要尊重、认同土家族文化，建立起汉民族文化与土家族文化的主体间关系。文化上的主体间关系使得两种文化处于平等地位，彼此间相互认同与尊重。这样基于汉文化背景的德育才会得到少数民族的认同和接纳。少数民族只有在接受德育工作者后才会进一步接受德育工作者的观点和立场。教育是教育者和受教育者建立在良好关系上的一种影响和感化。在对土家族学生开展思想道德教育中必须尊重土家族文化，通过文化尊重和人格尊重建立良好的教育和受教育关系，从而形成少数民族学生对道德规范的有效接受。相反，如果在思想道德教育中漠视或不尊重少数民族文化，会使少数民族学生对德育规范形成一种抵触情绪，甚至敌视德育工作者和德育理论及观点。

二是教育者在对土家族学生开展思想道德教育中要采取少数民族文化易于接受的教育方式。只有在土家族的思想理论教育中采取适合本民族的文化接受方式才能增强本民族学生思想道德教育的实效性。本书中的调查显示，土家族、苗族的家庭教育中比较常用的方法有故事教育法、自身示范法、仪式教育法、惩戒法、说理法等。对不同家庭背景学生的进一步访谈显示，少数民族农村家庭仍然普遍采用上述教育方法，而城市家庭中主要采用说理及故事教育法。对于所讲故事的内容，前者主要利用民间故事开展教育，后者多为讲述现代社会或市场经济中的小故事。这表明，土家族传统道德教育方式在现今道德教育中仍然发挥着积极作用。因此，在对土家族青少年开展思想道德教育的过程中，需要将过去的道德教育方式方法进行适合于土家族文化的整合与转换，使之适合土家族文化和土家族的文化接受方式。同时，要将过去思想道德教育的方式方法与土家族传统思想道德教育的方式方法有机整合，促进土家族思想道德教育方式方法的优化。总之，土家族有着自身独特的生活环境，其在历史、政治、经济、科技、法律制度、民族语言、艺术等方面与其他民族都有着较大差异，同时土家族也形成了自身独特的道德教育方式与方法。因此，在土家族教育中需要根据自身民族文化实际，进行适合本民族文化的道德教育方式转换。

（三）土家族德育方式之文化转换的策略与运用

土家族及其文化的特殊性要求在土家族道德教育实践中，根据土家族传统文化及其传统道德方式状况，对土家族道德教育的方式方法进行整合与转换，实现土家族道德教育方式方法的民族化。其具体策略包括以下两个方面。

首先，要把原有广泛使用的道德教育方式方法与土家族传统文化的具体形式有机结合。把学校教育作为思想道德教育的主渠道及在道德教育中主要采用理论灌输法是我们过去广泛使用的道德教育方式方法。民族德育方式的文化转换需要实现这种道德教育方式方法与本民

族文化的有机结合。对土家族来说，就是要把传统道德教育方式方法
与土家族民间习俗、宗教信仰、文学艺术等有机结合。第一，民间习
俗。其是土家族在长期社会发展中沿袭下来的礼节、习惯等的总和，
是土家族人民在历史长河中所创造的一种社会文化。土家族民俗在不
同程度上反映了土家族的生活方式、历史传统和心理情感。它普及和
深入土家族整个社会生活的各个方面。这些民俗又可具体分为经济民
俗、社会民俗、节日民俗。经济民俗包括生产民俗、饮食民俗、居住
民俗、服饰民俗。社会民俗包括家庭习俗、婚姻习俗、村落习俗、丧
葬习俗、人生礼仪习俗，其中人生礼仪习俗是指在人的不同的生活和
年龄阶段所举行的不同仪式，指在人生的某个阶段通过一定的仪式完
成向下一阶段的过渡。土家族人的人生礼仪主要有诞生礼、冠礼、婚
礼、葬礼四种。土家族节日民俗与汉族农历纪年法及汉族节日有较大
关系。土家族节日不仅起源于岁时节气，而且还起源于生产、祭祀、
庆贺、纪念、社交等活动，这些节日习俗包含着土家族人民的伦理道
德观念、价值观念和行为模式，具有鲜明的民族特色。第二，宗教信
仰。土家族信仰的主要是自己的原始宗教，形成原始宗教思想的渊源
是土家族原始的"万物有灵"观念。土家族的信仰具体包含以下几个
方面：一是自然崇拜。这体现为对自然物和自然现象的崇拜。二是图
腾崇拜。土家族的图腾有动物图腾，也有植物图腾。动物图腾有鹰图
腾和白虎图腾等。三是祖先崇拜。祖先崇拜是在自然崇拜和图腾崇拜
基础上发展起来的一种原始信仰形式，祖先崇拜根植于灵魂不死的鬼
灵理念。鬼灵理念是土家族先民从人的死亡、昏迷经验和做梦经验中
派生出来的一种原始思维观念。四是禁忌。在原始社会，土家族先民
对宇宙中的奇怪现象无法解释，就认为无法解释的现象里面蕴藏着祸
害，于是对这些神秘的现象产生了种种禁忌。第三，文学艺术。文学
是指用语言塑造形象、反映社会生活、表达作者思想情感的艺术。土
家族人在生产生活中创造了丰富的文学艺术，既包括诗歌、散文、小
说、戏剧，也包括神话、传说、故事、歌谣等，这些文学艺术能给人
以艺术感染和思想的启迪。在土家族德育方式的文化转换中要把土家
族文化的具体形式与少数民族道德教育有机结合起来。

其次，要把原有的道德教育方式与土家族的传统道德教育方式有机结合。这种结合的实现首先需要弄清楚土家族的传统道德教育方式，并在这些传统德育方式中融进现代德育内容，或者在现代德育内容的传递与传播中运用本民族的传统德育方式。土家族传统的道德教育方式主要包括家庭教育、家族教育、村寨社区教育、师徒传承教育等。

家庭教育。土家族家庭教育包括以下几种形式。一是伦理道德准则形式教育。土家族人一生的各个阶段都有相应的道德教育任务与教育内容。作为家庭教育，土家族人生各个阶段的教育一般都与传统的家法、家规和传统风俗结合在一起。对土家族来说，家庭教育主要就是伦理教育和礼俗教育，而较少涉及科学或技术方面的教育，而这种伦理和礼俗教育涉及吃、穿、住、行等各个方面。土家族长辈对晚辈的教育不拘形式，在与晚辈共同开展生产与生活的过程中，利用各种时机对晚辈实施显性的或隐性的潜移默化的教育，以培养他们的道德情感和道德素养。二是养育、禁忌、宗教、劳动形式教育。土家族非常重视孩子的养育，孩子出生后有很多禁忌来维护孩子健康，通过各种宗教活动来保护孩子健康成长。三是口头和书面文学形式教育。在少数民族中，长者讲述和诵读形式多样的民间作品，内容包括神话、传说、故事、寓言、谚语、歌谣等，对子女施加影响，使其心智得到健康发展。同时通过这些艺术形式，以情动人，给子女以美的感受，培养他们分清是非、爱憎分明的道德情感。四是祭祀形式教育。通过祭祀形式使人和祖先发生联系，在宗教观念上既制约着死者又规范着活人，不仅要求后代追孝祖宗、肃敬祭祀、躬行祖道，还要求祖先惠顾子孙。

家族教育。家族教育与家庭教育有密切联系，都是强调基于血缘关系的教育。家庭主要基于近亲血缘关系而形成，而家族不限于近亲的血缘关系。家族教育主要通过传统家族礼法对其后辈进行教育与感染。家族教育主要通过一些具体活动展开，如家族婚姻、家族祭祀。通过一系列相关的活动增进本家族人的情感与认同，促进本家族人相互依赖，并建立起良好的人伦关系，进而促进社会和谐稳定。

村寨社区教育。村寨社区教育相对家族教育和家庭教育来说，是一种更为宽泛的教育。村寨是一种地域和行政意义的划分，村寨社区教育作为一种社区德育形式超越了家族教育。家族教育主要是依托于血缘关系、人伦关系及其传统家规、家法实施的教育，而村寨社区教育是依托于人们之间的契约关系或共识所形成的教育。村寨社区教育的具体形式主要包括德育氛围及舆论的营造，或开展大规模的活动等。道德由一定社会的经济基础所决定，并为一定的社会经济基础服务。道德规范是指那些对人际关系以及人们的行为所作出的规定。

师徒传承教育。道德规范是从前人的口传心授和行为示范中习得的，是在道德教育中得到了系统化的行为准则。师徒传承就是一种典型的口传心授和行为示范教育。所谓口传心授的教育方式，主要是指把教育内容通过口头传承的方式，一传十、十传百地传授给受教育者。口传心授的内容包括日常生活和科学知识、社会伦理道德规范、高尚的精神和审美情趣等。同时，文化传承并非全都由某一个传承人所为，而为群体所习得、所传承，甚至变成了集体潜意识行为，如此反复，代代相传。总体来说，上述这些具有本民族传统特色的道德教育方式在民族生存与发展中起着积极的作用，在今天的土家族道德教育实践中我们需要有机结合土家族的传统道德教育方式，并对土家族传统道德教育方式优化重组或赋予其新的内容，使其在道德教育实践中发挥积极作用。

第三节　民族德育环境的文化重构

一　民族德育环境及其文化重构的内涵

（一）民族德育环境评析

在英语中，环境（environment）一词是拉丁文"in（en）"与"circle（viron）"的组合，基本含义为"环绕""围绕""包围"之意。《韦氏新大学词典》对"环境"的界定是"环绕在一物周围的事物、状况",强调"环境"是针对某一中心事物而言的,是围绕某个特定中心的物的外部事物与条件状况。《中国大百科全书·教育卷》中把环境解释为"人和生物周围的一切事物,这些环境给人和生物以若干影响"。这一概念有以下几层含义:一是认为环境主要是针对人和生物而言的,人和生物以外的物所对应的外部世界不属于环境范畴;二是强调"环绕之物"对人和生物的"影响",没有对人和生物构成影响的不属于环境范畴。另外,《教育大辞典》把环境界定为影响个体成长和发展的一切外部因素。由以上可以看出,有关环境含义的两个本质界定是:与中心或主体相对应和影响作用的存在。这两个方面共同构成环境概念。道德教育环境就是环绕道德教育活动并影响个体道德素质生成的各种要素的总和。个体思想政治品德的形成、发展过程都是在一定的环境中进行和完成的,并受环境的影响和制约。

我国少数民族道德教育内含于整个国家的思想道德教育环境之中。在德育实践方面,德育管理部门更强调道德教育的统一性,轻视道德教育的个体性或特殊性。这种道德教育模式,形成了"大一统"的道德教育环境。这种道德教育环境就是少数民族道德教育的环境。这种德育模式有着自身的独特优势,在我国社会主义建设的特殊时期曾发挥过积极作用,但随着时代发展和教育对象主体意识的增强,原有道德教育要素所形成的道德教育环境,不利于新时期德育实效的提升。

德育环境影响民族德育实效的提升。比如,在思想道德教育实践中,我国的传统德育模式强调管理上的强制性和教育方式上的灌输性,而忽视教育对象的主体性。在思想道德教育管理中,采取"一刀切"的方式,往往要求教育对象对道德教育内容无条件服从,教育者成了传播意识形态的工具。在道德教育内容方面,该模式突出他人和社会的价值,而忽视道德教育的主体价值。比如,在道德教育中一味强调为他人和社会着想,而忽视道德教育对象的主体地位。这样的道德教育环境难以真正促进个体道德素质的内在生成。任何一项教育活动都是在特定时空中进行的,特定环境对个体思想道德素质的生成有着重要影响。特定道德教育环境引发道德教育活动的动机，提供道德教育素材，影响道德教育效果。特定道德教育环境中那些代表社会发展方向的积极因素强化道德教育效果。这些积极因素是促进道德教育活动开展的重要基础。而教育对象就是从这些积极因素中汲取营养，获得提高。在道德教育实践中，只有那些与道德教育对象相适应的道德教育环境才会积极促进教育对象道德素质的生成。道德教育在具体实践中需要考虑不同教育对象的特殊性，以增强思想道德教育的针对性，更有效地开展思想道德教育。

我们需要根据少数民族的具体实际，改变道德教育的传统模式，建构适应于特定民族文化的道德教育环境。对少数民族来说，我国道德教育的传统模式对少数民族的道德教育缺乏针对性和适应性，需要根据少数民族的具体实际情况对少数民族道德教育的原有环境，包括政治环境、经济环境、文化环境和社会环境进行优化和改造，使之适合少数民族的接受习惯。在这一过程中特别需要关注少数民族道德教育环境与少数民族文化的适应情况。因此，教育者需要在道德教育实践中，根据少数民族传统文化，优化和重构少数民族道德教育环境，以充分发挥道德教育环境对少数民族道德教育的熏陶和促进作用，促进少数民族个体道德素质的生成。

（二）民族德育环境之文化重构的必要性

一种文化（包括民族文化）一旦生成，就会以一定结构形式走向系统，凝固成特定的文化模式。这种文化模式和传统以其特定形式介入人们的精神生活和物质生活，并潜移默化地影响和改变着人们的行为方式、价值取向，进而对个体道德的生成产生重要影响。由于历史和生活环境的差异，不同民族的人们形成了各具特色的文化，因此在道德教育过程中需要根据各民族特定的文化模式和文化传统对道德教育环境进行重构与优化，以促进本民族青少年良好道德素质的生成。民族德育环境的文化重构的必要性体现在以下方面。

首先，民族德育环境的文化重构是增强道德教育环境适切性的需要。道德教育环境的适切性具有至关重要的意义。当前我国少数民族道德教育的环境基本上是传统模式的环境。由于偏重道德教育中的意识形态导向，政府对各少数民族道德教育环境的倡导与创设基本上是一个模式。而少数民族社会也有着自身的道德教育生态。当两种道德教育环境有差距和不一致时，教育者和受教育者会显得手忙脚乱、不知所措。环境对个体道德教育的影响，一方面是指现存的政治、经济、社会、文化环境对个体道德教育的影响；另一方面指道德教育者在道德教育实践活动中所创造和构建的德育环境对德育的影响。少数民族道德教育文化重构的重要意义是在道德教育实践中，凸显少数民族文化要素，创造和构建新的道德教育环境，以增强少数民族道德教育环境的适切性，进而促进少数民族优良道德素质的有效生成。这需要我们在实际工作中，立足于少数民族文化和原有教育生态环境，把外在对少数民族道德教育的要求转化为适合本民族文化的道德教育要求，重构少数民族道德教育环境，以增强少数民族道德教育的适切性，提高少数民族道德教育的实际效果。

其次，民族德育环境的文化重构在于充分发挥文化的德育功能。马克思指出"人创造环境，同样，环境也创造人"。环境是人的哺育者，以其自身的特性潜移默化地感染人、熏陶人，使人在不知不觉中受到熏陶和影响。文化环境对个体的影响往往是柔性的、自然的影响。这种影响是受教育者愿意接受和乐于接受的，不会使受教育者感到不适。任何个体都生活在一定的环境之中。一个民族、一个地区，其独特的风俗传统、风土人情和语言文化影响着人的心理和个性品格，进而影响着个体道德及道德的养成。美国人类学家米德通过对生活在新几内亚的原始部落的比较研究发现，居住在山地、河岸、湖边三个不同环境中的人群，其人格特征也有着很大不同。民族德育环境文化重构就是强调通过文化重构形成有利于道德品格生成的文化环境，以"文"化人，促进个体道德素质的生成。这里主要凸显"文化"在道德教育环境营造中的地位，突出"文化"在道德教育活动中的作用。文化对人的影响主要是通过文化介质所承载的文化价值内涵对个体潜移默化的影响。这种影响有两方面的特征：一方面，这种影响是潜移默化的；另一方面，这种影响是深层次的。文化价值内涵对个体的影响直抵个体的内心和精神深处，在个体精神深处打下深深的烙印。这种影响的深刻性是其他任何要素所不能及的。在道德教育实践中，教育者要充分利用文化要素的这一功能，促成个体道德品格的生成。在德育环境营造方面，就是要形成具有深刻文化内涵的德育环境，充分发挥环境的育人作用。总之，个体思想政治品德的形成、发展过程与道德教育过程在很大程度上受环境的影响和制约。道德教育环境的文化重构就是充分利用文化与环境对道德教育的积极意义，促进个体道德的生成。

最后，民族德育环境的文化重构是优化和改善道德教育环境的需要。在道德教育实践中，德育环境对道德教育成效有着重要影响。环境通过引发德育活动动机、提供道德教育材料、影响德育效果、内化德育内部矛盾等方式推动道德教育不断向前发展。因此在德育实践中，需要不断地改善和优化德育环境。少数民族德育环境要如何优化，必须先弄清楚当前少数民族德育及其环境存在的问题是什么。对少数民族来说，当前德育及其环境存在的主要问题之一是道德教育及其环境的适切性问题。一个主要方面就是德育工作者对德育对象及其文化背景把握不够。因此，需要更进一步优化和改善德育环境。本书提出德育环境的文化重构就是这种努力。德育环境的文化重构，强调对构成环境的各要素进行重新组合与建构，并在这种组合与建构中突出文化要素，使文化成为环境的主题，整个环境都围绕文化来构建，凸显人的主体作用与价值。文化重构的实现，一般要经历若干依次衔接的阶段，发明或引进、阻抗与摩擦、调整重构、整合涵化等。德育环境的文化重构过程实质上是一种以教育对象文化背景为基础的道德教育环境的调整重构、整合涵化的过程。这一过程实质上是一种环境的创造。民族德育环境传统文化重构所形成的新环境更有利于个体道德素质的生成，同时这种环境的文化重构也是道德教育者对环境的创造，以形成一个更好的、有利于个体道德素质生成的环境。

总之，德育环境的传统文化重构，既是环境与道德教育的密切关系的要求，也是传统文化对个体道德品质生成的影响决定的。在少数民族道德教育中，需要不断优化环境，特别是形成有利于道德素质生成的文化环境，促使个体道德素质的有效生成。

（三）民族德育环境之文化重构的内涵

道德教育活动需要在一定的环境中进行。良好的道德教育环境促进个体道德的生成，相反不良的道德教育环境对个体良好道德的形成起反作用。因此，在道德教育实践活动中，教育者需要创造良好的道德教育环境以促进个体良好道德的有效生成。同时，结构主义认为任何事物都是一个结构的构成，一个独特的结构就形成一种独特的事物。对构成事物的要素进行调整使其模式和架构更趋于合理就是一种重构。民族德育环境的文化重构就是凸显道德教育环境中的文化要素。具体来说，民族德育环境的文化重构就是对道德教育环境中的各种要素进行重新组合与构建，充分发挥德育环境中文化要素的作用，形成以文化要素为主题的德育环境，以促进个体道德素质的有效生成。"民族德育环境文化重构"这一概念主要包含以下几层含义。

首先，民族德育环境的文化重构是一种德育环境的创造与优化。重构，就是重新组合与建构。德育环境的文化重构就是对构成德育环境的各种要素进行重组，突出其中的文化要素，形成新的结构，以充分利用环境中的积极因素，并把环境中的消极因素转化为积极因素，使环境中的各个要素形成合力，充分发挥作用，促进道德教育活动的有效开展和个体道德素质的生成。德育环境的文化重构所形成的新结构和新环境是对原有环境的优化，也是对原有环境的一种创造。这种优化与创造必然会促进少数民族道德教育实效性的提升。马克思认为个体所生存的外部环境是由人创造的，同时人所创造的外部环境也改变着人自身。他指出，个体所处的外部环境"是人们交互活动的产物"①，人们不是完全在既定的环境中生存，人们也在不断地更新条件，改变原有环境。道德教育也如此。道德教育环境的创造过程是德育环境创造者根据道德教育对象的思想品德培养要求，创设对德育对象的思想品德产生影响的德育环境的动态运行过程。传统的道德教育模式构成了我国少数民族道德教育环境的基本形态。在少数民族道德教育实践活动中，由于道德教育对象的特殊性，其道德教育环境应充

---

① 《马克思恩格斯选集》（第四卷），人民出版社 1995 年版，第 532 页。

分融入少数民族自身特有的内容，特别是融入本民族的文化内容。而少数民族道德教育的文化重构就是对原有德育环境的改造，在少数民族道德教育环境中融入文化要素，促成环境的优化，突出文化要素的育人功能。

其次，民族德育环境的文化重构主要凸显德育环境中的传统文化要素。民族德育环境的文化重构主要强调德育环境中的文化要素，突出德育环境中的文化要素主题，使文化要素在个体道德的生成中起重要作用。广义的文化是指除未被人类改造的自然环境之外的一切物质产品和非物质产品。狭义上，文化主要指物质生活之外的精神现象和精神生活，主要包括社会的思想道德、科技、教育、艺术、文学、宗教、传统风俗等。民族德育环境的文化重构就是凸显德育环境的传统文化要素，使传统文化中的价值观、规范、习俗、物质文化和符号等与少数民族道德教育有机结合，促进少数民族道德素质养成。在道德教育中凸显德育环境中的文化要素，主要是由道德教育与文化的密切关系决定的。人是环境的主体，人创造了文化，同时文化又塑造着人。一方面，环境对人的塑造表现为环境对人的潜移默化的影响，因为个体总是一定环境中的个体，环境的熏陶感染改变着个体的品质和样态。另一方面，由环境潜移默化所形成的个体的思维方式、行为模式及生存方式又作为自身思想行为的准则，形成自身所存在的环境。德育环境的文化重构就是通过凸显文化要素，充分发挥文化环境的教化、塑造、认同与阐释、创新与先导、评价、积累、遗传功能。

最后，民族德育环境的文化重构实质是形成一种文化德育模式。民族德育环境的文化重构就是试图突出德育环境中的文化要素，使道德教育在一种适合本民族传统的文化氛围中运行。因为每一个人都毫无例外地归属于一定的民族，并置身于特定的文化背景之中。置身于这一文化背景之中的个体，在其思想品德形成、发展过程中都不由自主地受制于这一特定的文化背景。这种凸显德育环境中的文化要素的道德教育其实是一种文化德育。文化德育是一种新的道德教育模式。文化德育，是以文化为背景和以文化为基础的思想道德教育。这种以文化为基础和背景的思想道德教育强调在道德教育中要充分利用民族文化要素，以发挥民族文化在思想道德教育中的熏陶感染和潜移默化作用，发挥民族文化传承方式的优势，以文化传承形成道德传承，使德育实践中对个体的道德要求深入德育对象的内心、深入德育对象的灵魂、深入德育对象的生命与生活，以达到运用文化培育德育及"以文化人"的目的。文化德育中的"文化"，是把"文化"作为道德教育的内容、载体和环境，也是把"文化"作为德育的一种方法、途径和手段，强调"文化立德，以文润德，通过引发、认同、固化、传承、再造这一过程，阶梯推进，相辅相成，使学校德育真正走进学生整个心灵，乃至整个精神和生命"①。同时，与其他德育模式相比较，文化德育强调关注生命与生活，注重以人为本。另外，利用文化开展道德教育还能充分发挥文化的载体功能和潜移默化功能，使道德教育从知识传递走向文化塑造，从对教育对象的外在规范走向其内在道德品格的养成。总体来说，文化德育是一种新的道德教育模式，它突破原有的"规范德育"模式，强调把道德教育置于一定民族文化的背景之中，充分利用道德教育与民族文化的内在联系，促进个体道德素质的生成。同时，文化德育凸显了"文化"在道德教育全程中的地位与作用，是一种新的道德教育模式。它对促进道德教育理论的创新与发展具有重要意义。

二 民族德育环境的文化重构原则

道德教育活动总是在一定的环境中展开。环境为道德教育提供各种外在条件，是个体道德生成的土壤。少数民族道德教育要想取得良好的效果，必须营造良好的道德教育环境。因各民族间文化存在较大差异，在少数民族道德教育环境营造中，教育者必须考虑到教育对象在文化上的差异性，以创造有利于少数民族道德生成的文化环境。因此，道德教育者需要改变以往传统的一般德育模式，根据少数民族传统文化实际，重新构建德育环境中的各种要素，阐释、优化德育环境，以为个体良好道德素质的生成营造良好条件。具体来说，少数民

---

① 赵辛辰：《构建文化德育模式打造特色德育品牌》，《江苏教育报》2011 年 4 月 25 日。

族道德教育中，民族德育环境的传统文化重构需要遵循以下原则。

（一）民族化原则

德育环境之传统文化重构的民族化原则主要是指在少数民族德育环境优化和重构中要突出德育环境的民族文化主题。少数民族道德教育对象的主体是少数民族。德育活动必须遵循少数民族的特殊情况，从德育环境营造来说就是要使道德教育环境凸显民族性，只有适合本民族特性的道德教育环境才会促进民族道德的有效生成。民族德育环境之传统文化重构的民族化原则具体包含以下几层含义。一是少数民族道德教育环境营造要凸显德育环境的民族性。民族性是指一个民族表现于共同文化特点上的共同心理素质。这种共同心理素质，也可称为"共同的民族精神""民族性格"或"民族心理状态"。不同民族的民族性有着较大差异。在道德教育实践中需要针对教育对象的民族特性，营造适合特定民族的道德教育环境，使道德教育实践活动与本民族文化达到有机契合。二是少数民族道德教育环境营造要突出民族文化。民族文化差异是各民族间最核心的差异。它是各民族的精神家园和最后领地。这种突出文化性的德育对教育对象具有刻骨铭心和难以释怀之感。因此，对少数民族开展思想道德教育，需要尊重、认同少数民族文化，并为少数民族道德教育的开展创造良好的文化环境。

民族德育环境传统文化重构的民族化原则是由道德教育的内源性和德育与文化的关系决定的。民族德育的内源性是指少数民族道德教育是少数民族自身的需要与创造。因此，道德教育环境创造也要体现出教育对象的民族特性。同时，文化与德育的密切关系决定了在少数民族道德教育环境营造中要充分体现民族的文化特性。我国各少数民族都有其独特的文化。"文化"具有"文治教化"的意思，它是一个复杂的综合体，是人类在社会发展过程中所创造的物质财富和精神财富的总和。道德及道德教育是民族文化系统的重要组成部分，一定的道德教育总是在一定民族文化背景之中进行。在道德教育实践中，道德教育者要有文化主动意识，并在道德教育实践中自觉、有效、充分地利用民族文化，使道德教育中的民族文化从外在的环境要素转变为德育系统的内部要素，形成一种道德教育的民族文化自觉，以充分发挥民族文化的"育德"和"化人"功能，促成个体德育素质的生成。

在民族德育环境的文化重构中有效把握德育环境的民族化原则需要道德教育者在教育实践中，确立受教育者的主体地位，根据受教育者自身实际，因材施教，在深刻认识和把握民族德育对象的特殊性的基础上，为民族德育的培育创造良好的环境。同时，有效把握少数民族德育环境重构的民族化原则，还要求道德教育者对民族文化以及少数民族道德教育规律有深刻的把握。

（二）育人性原则

德育环境的育人性主要是指道德教育环境所具有的培育人或教育人的特性。少数民族德育环境传统文化重构的育人性原则就是指所营造的道德教育环境要具有培育人或教育人的特性。这一原则包含两层含义：一是德育环境营造中要凸显民族传统文化。少数民族道德教育环境的文化重构就是强调在道德教育环境创造中突出文化要素，充分发挥文化要素（特别是传统文化要素）的育人功能。文化育人是一个潜移默化的过程，这一过程在道德教育活动中具有特别的意义。二是所营造的环境要对个体产生积极、正面的影响。教育是增进人们的知识和技能，促进个体社会化的活动。它更强调对个体积极的、正面的影响，更强调正向地去开发、加强人的某些素质、能力，或者反向地去削弱、抑制人的不良行为。因此在德育环境营造中，要努力去开发德育环境的积极要素，以促进个体素质的提升。

少数民族德育环境文化重构要遵循育人性原则是由文化的育人性和环境的育人性决定的。文化对一个民族、一个国家具有重要作用，它渗透到人们的物质生活中，也深刻影响了人们的精神世界，是民族的活的灵魂，也是时代特有的精神风貌。文化的育人性首先体现为文化对社会风尚的引领，一种文化就是一种价值观，通过文化弘扬真善美、贬斥假丑恶，以在一定的地域或环境中形成特定的地域风尚。比如，一个社会在良好社会风尚引领下会形成一种积极向上、包容关爱、以诚相待、友好相处、重信守诺的社会风气。文化的育人性还体现在，文化的丰富内容涵养和感染着一代代人。它表现为文化中的哲学、经济、政治等思想智慧对人的影响。可以说，继承民族传统的优秀文化，本身就是一种对人的培育。另外，环境是围绕在人们周围的外部世界。在道德教育中对人起主要影响作用的是社会环境。环境的育人性主要是指在人所生活的各种环境中，利用人与人之间的种种思想、语言和行为，使得人们彼此之间相互影响、相互制约、相互促进，而产生的对人的教育和影响。在思想道德教育中，环境教育是一种无意识教育，即它是一种不易被受教育者察觉的教育方式。在教育中，特别是在道德教育过程中，最成功的教育是对受教育者有效地实施了教育而受教育者并没有感觉到。道德教育要达到这种效果就需要充分运用环境的育人功能，把道德教育所要求的内容巧妙地融入受教育者所处的环境、融入受教育者的日常生活，使受教育者在日常行动中无意识地接受教育。因此，有效的道德教育需要充分发挥环境的育人功能，并把道德教育内容融入文化环境的营造，使受教育者在现实文化生活之中不知不觉地提高其道德水平。

（三）系统性原则

少数民族德育环境文化重构的系统性原则主要是指环境是由一系列的要素构成，具有系统性。相应地，在德育环境文化重构之中也要注意环境构造的系统性，以使之成为真实的德育环境。德育环境文化重构的系统性强调要充分利用传统文化系统，注重传统文化系统与现实政治、经济、文化系统的结合与融合，还包括传统文化系统与整个道德教育的社会大系统的结合与融合。人的德性发展是各种环境综合作用的结果。马克思指出，"人的本质不是单个人所固有的抽象物，在其现实性上，它是一切社会关系的总和"①。各种要素的彼此连接与融合，共同构成道德教育环境系统。

德育环境的系统性源于德育环境的层级性和构成德育环境要素的多样性。自然和社会中的系统都具有层级性，低层系统构成高层系统的子系统，较高层系统构成更高层系统的子系统。同时，构成某一环境系统的要素是多样的，以社会环境为例，某一社会环境系统一般是由社会中的经济要素、政治要素、文化要素等诸多方面构成的综合

① 《马克思恩格斯选集》（第一卷），人民出版社1995年版，第60页。

体。因此，德育环境的文化重构既要考虑到构成德育环境的不同层级系统，也要考虑到构成环境系统的诸多要素，是一个系统性工程。德育环境优化中的系统性原则就是在德育环境营造中有效发挥各层级系统的功能、有效发挥某一特定系统中各要素的功能，以为个体道德生成创造良好环境。从德育环境的构成来看，德育环境要素主要包括以下几个方面：一是物质要素。个体的任何行为都是在一定物质要素环境下展开的，物态要素构成道德教育活动发生的条件。具体来说，物态要素包括现实自然环境、人类活动所形成的文化物质形态，也包括现实社会的生产力水平条件等。这些具有物质性和客观性的要素是构成道德教育环境的基础。二是制度规则因素。通过具体落实到社会的政治、经济、文化、社会生活的各方面，以法律、道德、习俗、其他的社会规范和学校的各种规章制度表现出来。三是建立在一定的社会物质生活方式基础上的社会意识、人们的思想观念。其具体的形态包括各种学说、思潮、价值观以及各种社会思潮、社会风气、社会心理等。

在道德教育环境的文化重构中要注意从多层次、多角度展开，凸显文化的重要性，使文化真正在个体道德品格形成中起到潜移默化、润物细无声的作用，以增强道德教育的实效性。从德育对象的实践空间范围来看，德育环境包括社会大环境、社区环境、家庭环境、校园环境和大众传媒环境。德育环境文化重构要从系统性原则出发，充分发挥各个层面和各个维度的文化要素，促进个体道德素质的有效生成。同时，这种文化重构要注重在自然和物质形态的文化要素中介入文化的价值内涵，并深刻阐释制度因素的文化要素的内涵，在社会大环境、社区环境、家庭环境、校园环境和大众传媒环境中积极融入文化要素，把系统性原则与文化性原则有机结合，充分发挥文化的熏陶感染作用，促成个体道德素质的生成。

（四）开放性原则

少数民族德育环境文化重构的开放性原则，主要指在德育环境文化重构中要坚持开放理念，构建一个开放性的德育系统。民族德育环境的文化重构中，强调德育文化环境的开放性主要是着力在一个广阔的环境中培养个体品德素质。少数民族文化是少数民族群体在其特定地域和经济社会环境中形成的,其文化影响仅局限于少数民族内部。由于民族文化的民族性、地域性以及民族主义的影响,少数民族文化形成了一个相对孤立的封闭系统。如果在德育环境文化构建中,仅局限于某一孤立的民族文化系统来构建道德教育环境,那么这种环境不利于个体道德素质的有效生成。一定的道德教育环境本身就是一个系统,而系统不能孤立存在于环境之中。它必须与环境交换物质、能量与信息,才能生成、存在与发展,这就驱使系统向外开放。系统既要在内部开放,又要对外开放。系统内部开放,即系统内部各子系统之间相互开放,使子系统之间实现物质、能量、信息共享;系统向外开放主要是指系统与外部环境之间进行物质与能量交换。

系统要保持开放性主要是为了促进系统功能的最优化。系统间的开放性主要是某一系统与其同层级系统及不同层级系统之间彼此沟通与来往,形成物质与能量上的交流与交换,以此充分发挥各自系统的功能与优势,实现彼此互利共赢。在开放系统中,物质和能量的输出与输入是系统开放的两个重要活动。通过系统间物质、能量输入输出的变化,使得系统的功能经历着从低效到高效、从固化到优化的发展。同时,现代系统理论证明,开放的系统能够与外界系统互通有无,在相互开放中各自彼此充分利用对自身有利的东西,实现各自系统的优化,从而使各自系统显示出封闭系统所难以具备的功能。系统的开放主要有三个目的,目的之一主要是力图把原系统与环境置于一个更大的系统与环境之中,因为更大的系统与环境有更大的视野与境界,能得到更大系统与环境的庇护,进而达到优化自身的目的。系统开放的第二个目的是使系统能够在更大范围内寻找自身的生存空间,并与更为广阔的外界发生物质和能量的交流,充分利用系统自身与外界其他系统形成合力,以促使系统在更有利的环境中生存与发展。系统开放的第三个目的是避免系统孤立与封闭。孤立封闭的系统不能有效地从外界获得更多的物质与能量。系统通过开放,可从外界获得更多的物质、能量与信息,进而促进自身发展。因此,在少数民族道德教育环境的文化重构过程中,必须坚持开放性原则,形成有利于个体道德品格生成的文化环境。

关于在民族德育环境文化重构中如何促进民族德育环境和民族文化的开放性问题，一方面要加强某一少数民族德育环境与其他少数民族德育环境间的交流与开放，另一方面要加强少数民族德育环境与汉族道德教育环境的交流与开放。同时，在民族文化方面也是一样，要注重加强少数民族文化间的交流与开放，同时加强汉族与少数民族间文化的交流与开放。这样才会使得少数民族德育环境间的能量与信息不断得到更新，促进自身德育环境优化。同时，民族德育文化环境间的这种开放性能在更大范围内发挥德育环境的协同与创新机制的作用，促进本民族道德教育环境的优化，以在开放系统中促进少数民族良好道德品格的有效生成，推进整个社会精神文明水平的提升。

三　民族德育环境文化重构的策略与运用：基于土家族等民族的分析

个体所生存的社会环境对人的思想品德形成与发展起着决定性的作用。在少数民族道德教育中，由于受传统道德教育模式的影响，少数民族道德教育的微观环境呈现出较强的趋同性。这种趋同现象使得少数民族道德教育环境缺乏适应性和针对性。在少数民族道德教育中，教育者需要根据少数民族教育对象的实际，对道德教育环境进行改造与优化。

（一）当前土家族地区德育环境概述

土家族道德教育环境可分为道德教育的宏观环境和道德教育的微观环境。土家族道德教育的宏观环境主要是指土家族道德教育所面临的外部自然条件和社会条件的总和。自然条件是人们生存发展的物质基础，对个体思想品德的形成和发展有一定影响，而社会条件在人们思想品德的形成和发展中起着主导作用。社会环境条件又包括政治环境、经济环境、文化环境等。土家族道德教育的微观环境与传统道德教育模式趋同，即"大一统"道德教育环境就是土家族道德教育环境。首先，当前土家族德育的政治环境主要是指我国德育处于中国共产党领导的社会主义国家之中，坚持中国共产党领导和马克思主义意识形态，德育目标是培养社会主义接班人。我国社会主义政治大环境深深渗透在土家族道德教育的微观环境之中，并主导着土家族社会。我国是中国共产党领导的社会主义国家，广大人民通过人民代表大会形式实现了当家做主。我国社会主义政治特征集中体现为中国共产党的领导、广大人民当家做主和依法治国的有机统一。土家族地区的道德教育的微观环境就处于这种政治大气候之中。其次，土家族德育的经济环境主要是指我国德育处于公有制为主体、多种所有制并存的经济制度环境之中，同时主要引入社会主义市场经济体制。我国实行以公有制为主体、多种所有制共同发展的经济制度，以按劳分配为主体、多种分配方式并存的分配制度在土家族地区占主导地位。这种经济环境要求在全社会弘扬以为人民服务为核心、以集体主义为原则的思想品德。同时，土家族地区也正在经历经济体制的变革和社会结构的转换。这一变化给我国社会生活带来了巨大影响，特别是市场经济改变了人们长久以来的思想观念，并产生了许多新矛盾和新问题。这些因素共同构成土家族地区道德教育的经济环境。最后，土家族德育的文化环境主要指我国德育处于社会主义民族的、科学的、大众的文化环境之中。我国社会主义文化大环境深深渗透在土家族道德教育的微观环境之中。当前我国正在建设的社会主义文化，主要是培育有理想、有道德、有文化、有纪律的，面向现代化、面向世界、面向未来的，民族的、科学的、大众的文化。这一文化建设以社会主义核心价值体系为根本任务。通过社会主义文化建设，在全社会形成共同理想和精神支柱。社会主义文化氛围深深地影响着土家族社会。

土家族道德教育的微观环境主要是指基于土家族居住地域和土家族民族文化所形成的自然环境和文化环境的总和。土家族世居毗连湘、鄂、渝、黔的武陵山地区。该地区是典型的喀斯特岩溶地区，山高沟深，生活艰难。《容美纪游》记载："武陵地广袤数千里，山环水复中多迷津，桃花处处有之，或即鱼郎误入之所，未可知也。夫其地广人稀，山险迷闷，入其中者，不辨东西南北，宜为餐霞采芝者所居，避秦人择而处焉，岂复知有世间甲子哉！"这一描述就是土家族自然生境的写照。共同地域、共同经济生活，以及以此为基础形成的共同文化和共同心理素质是构成民族的四个特征。基于土家族居住的共同地域所形成的共同文化和共同心理素质，形成土家族道德教育微观环境的社会文化部分。土家族德育的微观环境部分主要包括三个方面的内容：一是基于土家族文化所形成的土家族人的价值观。在社会生活中人们需要形成统一的一套行为判断标准，指导人们的行为。人们把有利于社会整体生存和发展的行为定义为好的和正确的，并在观念上加以认可。随着人类经验的积累和认识的发展，人们不仅有了一系列基本的行为好恶判断标准，而且最终抽象出一套一般的、概念化的标准体系，这就是价值观。这种价值观是内化在人们意识中的一般行为判断标准，是人们意识之中最深层次的东西，深刻地影响着人们的生活，构成道德教育环境的内核。土家族社会的价值观构成了土家族道德教育的观念环境。二是土家族社会的基本行为规范。在一定的社会中都存在着一些为大家所接受的基本规范，不仅群体成员自身遵守，而且也要求别人遵守。这些规范包括社会习俗、道德规范和法律规范等。在土家族的发展历史中，本族人民创造出了一系列约定俗成的风俗习惯，如婚丧嫁娶、传统节日等。这些习俗规范影响并构成了土家族的道德教育环境。三是物化环境所形成的文化意义。土家族在漫长的发展过程中创造了无数辉煌灿烂的物质产品，而这些物质产品都留下了价值观的痕迹，从而使这些物质产品获得了文化意义。这些物态文化是人类生产和社会活动的物质结晶，影响着人们价值观的形成，进而影响着人们的行为。

土家族道德教育的外部大环境与土家族内部微观环境之间的矛盾形成了土家族德育的"两张皮"现象。如何实现两者的协调与结合，促进矛盾化解，增强土家族道德教育的实效性是当前德育亟待解决的问题。这就需要实现对土家族道德教育的文化环境的重构，促进土家族道德教育微观环境与宏观环境的有机结合。

（二）土家族德育环境重构须积极融入文化要素

土家族道德教育的大环境主导着土家族地区道德教育的小环境。虽然土家族人有着自身独特的政治观念、经济生活方式和文化方式，但土家族这些独特的生存方式被淹没在更大的社会潮流之中。这使得土家族人在社会生活的诸多方面感到不适应。由于受自身文化背景及其观念的影响，土家族人对外来观念和思想的接受表现得较为迟钝。其核心原因是外来文化观念没有与土家族本族文化有机结合。因此，在对土家族实施有关公民道德教育的实践中，需要把道德教育与土家族文化有机结合。在道德教育环境方面，需要在原有德育环境下，重构土家族道德教育环境，使之适合于土家族文化。从文化视角重构土家族道德教育环境需要把握以下三个方面。

首先，充分发掘土家族微观德育环境之中的文化要素功能。如上所述，土家族道德教育的微观环境主要是指基于土家族居住的地域和土家族民族文化所形成的自然环境和文化环境的总和。其中，土家族所生活的社会文化环境对土家族道德教育有着决定性影响。因此，在土家族道德教育中，要注重发掘其微观德育环境中的文化要素功能，也就是要充分发掘土家族传统文化的德育功能。土家族传统文化有物化形态和精神形态两种形式。其中，精神形态的文化体现在本民族的日常生活之中，常常通过一系列的仪式或活动表现出来。在以往道德教育实践中，文化仪式的文化精神没有得到充分挖掘和利用。以往文化仪式中的文化精神更多的是一种自在的存在。若在德育实践中，教育者能充分发掘文化仪式中的文化精神，可使其成为一种自为性的存在，进而为道德教育实践所利用。

其次，积极在土家族宏观德育环境中融入土家族的传统文化要素。土家族宏观德育环境是土家族道德教育所面临的外部大环境。当土家族道德教育的外部大环境与土家族这一特定对象相结合时，这一外部大环境就被赋予了特定意义。因此在土家族德育实践中，要积极在其道德教育的环境中融入土家族传统文化要素。土家族在长期生产生活中创造了灿烂的土家族文化。土家族文化体现着土家族人的生活方式。民族文化与道德教育的关系要求在少数民族道德教育中将道德教育置于少数民族文化之下，营造具有民族文化特色的思想道德教育环境。在土家族道德教育的环境优化中要充分利用并体现土家族文化。

最后，注重把宏观德育环境的总要求融入微观德育环境。土家族道德教育的外部宏观环境状况构成社会对土家族道德教育的总要求。

土家族道德教育的微观环境构成土家族道德教育的内部系统。在道德教育方面，土家族除遵循本民族的道德要求外，作为整个社会大系统中的一员，还必须遵循整个社会的道德要求。只有这样土家族才能更好地实现与其他民族的交往、交流、交融。因此在道德教育实践中，要注重将外部宏观德育环境对公民道德的一般要求与内部微观德育环境实现有机结合。这是因为，在德育活动中，德育内部系统对个体道德素质的生成起决定性作用。因此，要把宏观外部德育环境中的道德要求融入微观的内部德育环境，同时在其内部的德育环境中积极开发民族传统文化要素，以促进德育对象良好道德素质的有效生成。

总之，文化与环境的关系以及土家族文化对土家族道德教育的至关重要性要求在土家族德育环境的优化中充分利用并体现土家族文化，以实现对土家族原有的道德教育环境的文化重构，进而促进土家族青少年良好道德素质的有效生成，因为教育从来就是某个共同体、社会或民族借以向下一代传授他们认为对本团体的稳定和生存必不可少和至关重要的文化传统的一种社会过程。

（三）土家族德育环境文化重构的策略与运用

少数民族道德教育环境的文化重构，主要是指在少数民族道德教育环境营造中，重新组织民族德育环境的构成要素，充分发挥文化要素在道德活动中的功能。土家族德育环境的文化重构就是土家族道德教育环境优化，其目的在于充分发挥土家族文化要素在道德教育环境中的育人作用。具体来说，土家族德育环境的文化重构需要从以下几个方面入手。

一是要素重构。要素，是指构成某一事物的成分、规定或方面，是构成事物或系统的基本单元。要素重构，就是把组成事物和系统的基本要素进行重新组织与构造，以给事物或系统带来新的因素。在土家族道德教育中，其德育环境文化重构之要素重构主要是指，在分析土家族道德教育环境构成要素的基础上，对德育环境构成要素进行重新组合，突出文化要素在道德教育环境中的地位，形成以文化为主导的多元一体的道德教育环境。在这一德育环境重构中起主导作用的是文化要素，其他要素在文化要素的主导下充分发挥自身作用。同时，要素重构不是为重构而重构。在突出道德教育环境的文化要素的过程中，还需要在具体实践中，充分运用文化题材来反映文化要素在德育环境中的重要地位。比如，土家族民间习俗是土家族人民在历史长河中所创造的一种社会文化，它在不同程度上反映了土家族的生活方式、历史传统和心理情感。在具体道德教育环境中，可运用民族习俗来营造道德教育环境的文化氛围，因为土家族习俗已普及和深入土家族整个社会生活的各个方面，这些习俗包含着土家族人民的伦理道德观念、价值观念和行为模式。这种基于本民族文化的德育可有效促进受教育者品德的生成。

二是主题建构。主题指作品的主要题材，是作品通过塑造艺术形象和描绘生活图景所表现出来的主要思想。主题建构就是指围绕一定的主题思想对系统和环境进行构造，并充分运用与主题相关的题材，形成充分体现主题思想的环境和氛围。道德教育环境文化重构之主题建构，主要是指在道德教育环境优化与建构中，以文化为主题来构建道德教育环境，充分发挥文化要素作用。德育环境之文化主题建构的重要意义在于能有效地形成一种文化德育环境。在土家族道德教育中，需要充分利用这一方法，建构一种具有浓厚土家族文化特色的道德教育氛围，以更好地提高道德教育的实际效果。在德育环境的文化主题建构中，要注意把文化主题与民族文化的具体形式有机结合。比如，可以以土家族文学为载体开展主题德育实践活动。土家族文学分为书面文学和口头文学两类。书面文学有诗歌、散文、小说、戏剧四种。口头文学即民间文学，指人民群众集体口头创作、口头流传并不断集体修改加工的文学。土家族口头文学包括神话、传说、故事、歌谣等。土家族人有丰富多彩、优美动听的神话故事，这些神话故事反映了土家族人民的生产和生活，给人以艺术的享受和传统的思想教育。在土家族德育环境的文化重构中要把土家族文化的具体形式与少数民族道德教育有机结合起来，使少数民族在潜移默化中不知不觉受到影响。

三是家庭、学校和社会联动。道德教育环境的文化重构需要充分发挥家庭和社会的作用，因为道德教育环境营造是一个综合工程，其中，家庭、学校和社会的观念及其舆论环境是形成德育环境的重要因素。只强调任何一方或任何两方的作用，都不会形成良好的道德教育环境。因此，需要从文化方面有效发挥家庭、学校和社会的联动作用。这主要是由家庭教育、学校教育和社会教育自身的特点及其在道德教育中的地位与作用决定的。家庭教育主要是由父母或长者在家庭中对其晚辈和后代开展的教育。家庭教育的主要内容包括个体品行教育、健康教育、家谱教育和宗教教育。其教育方式方法包括故事教育、仪式教育、说理教育、家长示范及惩戒教育等。学校教育，有着固定的场所，是一种有组织、有计划的教育。社会教育，主要通过社会舆论及构建良好的思想道德教育环境来影响青少年，以形成对家庭教育和学校教育的积极补充。另外，少数民族的思想道德教育还包含许多其他内容与形式，如少数民族在生产生活中的自然教育，以及日常生活中的口授心传教育。前者主要是指少数民族以生产劳动为载体所开展的教育活动，后者主要是日常生活中的口授心传。因此，在少数民族道德教育环境文化重构中要充分发挥家庭、学校和社会的功能，以促进道德教育环境的优化。

结语　少数民族要走文化德育之路

由上述研究可知，道德教育与文化密切相关，少数民族道德教育尤其如此。由于深受传统文化影响，少数民族道德教育必须根植于民族传统文化才能取得良好效果。根据上述研究，本书提出少数民族要走文化德育之路，以建立一种少数民族文化德育范式。

一　文化德育的内涵与特征

（一）文化德育的内涵

文化德育，即基于文化的道德教育，主要是指在少数民族道德教育中，充分利用其民族文化要素，发挥文化的道德教育功能，实现文化培育德育、文化润化德育和文化传承德育的目的。文化德育是一种新的道德教育范式，这一范式展示了道德教育与文化的全新关系，强调道德教育的一切活动都要与文化有机结合。具体来说，对文化德育的内涵理解包括以下几个方面。

一是文化德育源于文化与道德教育的内在联系。道德是人在社会生活中处理人与人、人与社会、人与自然之间关系的最基本行为规范。文化实质上是不同人类群体的生活方式和共同遵守的行为模式，是一定社会中人们之间的一种人文与人事关系的反映。可以说，道德和道德教育本身就是一种文化。一定的道德价值内涵总是蕴含于一定的文化之中。文化决定着道德的价值内涵，并构成道德教育的基础和核心。同时，文化构成德育的资源与载体，文化构成道德生成的土壤，文化影响着德育对象的思维方式，文化决定着德育的内容和方法。道德与文化的这种密切关系要求道德教育必须植根于民族文化，这也是文化德育的内源性要求。

二是文化德育强调德育的核心是对道德规范之价值内涵的教育。

道德在具体实践中表现为一系列的道德规范。道德规范是人们在处理各种道德关系时所必须遵守的规则和规范，而道德规范的价值内涵是指道德规范背后所反映的人们之间或人类社会的社会关系和文化关系。道德规范的价值内涵是产生和形成道德规范的基础，一切道德规范都要以道德规范的价值内涵为根据。在本质上，道德规范的价值内涵是人类的有效社会文化关系在道德领域的深层体现，是人类的有效社会文化关系在道德领域的抽象和理性表达。文化德育就是深入挖掘道德规范所体现的人文关系及其价值内涵，通过对人们之间社会人文关系和价值内涵的把握，来促进个体道德素质的生成。文化德育就是强调道德规范价值内涵之教育，以使教育对象认识到所开展的道德教育不是传统意义的规范教育，而是一种文化教育。

三是文化德育强调德育实质上是对道德规范背后的人文人事关系的教育。文化不是抽象的。它实质上是主体间人文人事关系的反映。道德规范就是调节一定社会中人们之间人文人事关系的规则与规范。道德教育需要把道德规范还原为现实社会中的人文人事关系，使德育对象在现实生活中、在自身的生存方式中体验或感受德育，以达成对社会共同行为模式的遵守，保持社会协调运转，不断向前发展。道德教育不能止于道德规范和道德内容的传递，更要注重阐释隐藏在道德规范和道德内容背后的人文人事关系，以使之得到沿袭与传承。这种基于文化的德育才是更为持久的，只有融入文化并体现为文化的德育才是真正的德育，也才会在道德教育实践中取得良好的效果。

四是文化德育强调把"文化"融贯于道德教育的各个要素和环节。道德教育活动既包含一系列的环节和过程，也包含一定的结构和要素。文化德育强调充分利用民族文化和社会文化要素，对德育对象实施全方位的思想道德教育，即要使文化融入道德教育的各个要素和环节，使之隐形地、无声地贯穿于德育对象学习、生活全过程，以对德育对象实现深度浸润。同时在道德教育实践中，我们也需要把文化贯穿于道德教育的各个要素和环节。我们只有把民族文化置于道德教育的各个要素和环节之中，深入挖掘文化与德育的内在联系，才能促进个体道德素质的有效生成。

五是文化德育强调充分发挥文化的"润化"功能，以文化浸润德育。道德及道德教育蕴含于文化之中。文化构成个体道德生成的土壤与环境。文化德育就是充分利用文化来浸润德育，发挥文化引领、认同、固化、传承的作用，使德育走进人的心灵，走进人的精神，走进人的生命，从而达到"文化润德""文化化人"的根本目的。在道德教育实践中，我们要努力促进文化与道德教育全面融合、彻底融合，形成一种水乳交融之势，让道德融合、化解于文化之中，以促进德育对象道德素养的生成。

六是文化德育强调充分发挥文化传承功能，以文化传承形成道德传承。道德具有传承性，道德的传承性源于道德的文化属性。文化是道德的基础，是德育的本源，道德教育要通过文化传承形成道德传承。文化的传承性缘于人类社会的世代相袭，特别是人类社会生存方式的世代沿袭。文化德育的要义之一就是通过文化传承形成道德传承。离开文化这一基础要素，德育就会失去根基，变成枯燥的教条、空泛的说教，毫无生气。通过文化传承形成道德传承，既是文化传承的应有之义，又有利于个体良好社会道德素质的生成。因此，以文化传承生成道德传承也是文化德育的应有之义。

七是文化德育强调道德教育要与民族文化的具体形式有机结合。文化包括知识、信仰、艺术、道德、法律、风俗以及作为社会成员的人所掌握或者接受的其他的相关才能与习惯。在实践领域，文化德育强调道德与文化的具体形式相结合。由于文化存在于文化的具体形式之中，道德教育只有在与文化的具体形式相结合中才能产生良好效果。同时，文化总是一定主体的文化，因而也可以说基于文化的思想道德教育就是基于教育对象的全部知识、信仰、艺术、道德、法律、风俗以及任何其他才能和习惯的思想道德教育，只有这样才能把道德与文化理论联系贯彻于德育实践。

（二）文化德育的特征

文化德育具有以下特征。

一是文化全息性。文化德育强调"文化"贯穿于道德教育的各个方面及各个环节。文化贯穿于德育的各个方面和环节体现出文化在德育中的渗透和全覆盖，具有全息性。文化德育就是强调充分发挥文化对教育对象的全面渗透、感染和教育作用，以培养教育对象优秀的道德品质，培养健康、健全、有用之人。

二是文化体验性。文化是人的文化，体现的是现实社会中人与人之间的关系模式。文化只能在人与人之间的现实关系中被感知和接纳。文化德育就是让德育对象体验现实社会中的人文与人事关系，让其在活生生的、充满文化气息的德育实践中主动吸收、主动体验，在增强自身民族文化自觉中认可并践行一定社会的道德价值观。

三是文化浸润性。文化构成道德教育的大环境，同时道德及道德教育本身也属于文化的一部分。作为德育环境的民族文化对个体形成广泛的熏陶、润化和感染。这种熏陶、润化和感染既构成民族德育的环境，也构成民族道德素质生成的机制。在个体道德养成中，民族文化这种潜移默化的影响，使得道德教育对象在不知不觉中接受这种文化的熏陶。在这种环境熏陶感染下所形成的道德价值具有极强的稳定性。

四是文化承袭性。本书提出从文化视角探讨道德教育，还缘于文化和道德具有传承和沿袭的特性。道德具有传承的特性，即它以信息的形式在人类之间传播与传承。这种传承性强调后一个社会形态的人们对前一个社会形态的道德观念、道德准则、道德规范和道德实践的具体内容的继承，从而使得前后两个社会形态的道德有一定程度的连续性。道德承袭的主体是文化的承袭。因此，通过文化传承形成道德传承，是促进个体道德生成的有效机制。

五是文化深层性。人类所生活的外在环境包括许多要素，包括可以感知的自然、器物及现实的人们之间的关系等。这其中，只有在自然、器物及现实人们关系背后的文化价值内涵对人的影响才是"根部"性的东西，其影响是深层次的，它在个体内心的深层影响比器物意义上的影响更为深远。现实世界中，每一个体毫无例外地都属于一个民族，都生活在一定的民族文化背景之中，这一民族文化对每一个体的影响是深远和持久的，它对个体道德的影响更为内在、更为有效。文化德育中文化的深层特性，形成了文化对德育的影响。

二 文化德育的内在要求

文化德育强调道德教育要以文化为根基和依托，要注重对道德规范背后的文化价值内涵的教育。文化德育要求道德教育在方法、载体、环境、资源、内容等方面有着丰富的文化内涵和文化意蕴，即有着适合民族文化的道德教育方式与方法、承载丰富道德教育信息的文化载体、内涵丰富的文化道德教育环境、蕴含丰富道德教育信息的文化资源、具有丰富文化的道德教育内容等。具体来说，文化德育的内在要求主要包括以下几个方面。

（一）探索适合民族文化的道德教育方式与方法

文化是人的生存和发展方式。文化方式就是一种道德形成和道德教育方式，也即人化的过程、文化的过程，也是人类道德产生的过程。这是个体道德形成的自然过程，少数民族也是如此。少数民族文化方式本身也是一种道德教育方式，因此在少数民族道德教育过程中要充分利用文化促进个体道德的生成，即在文化德育中要注重探索如何发挥民族文化的德育功能，让少数民族在学习、理解、感悟、体验自身文化的过程中，自觉或自主地对自身施加道德影响。这就需要在充分理解道德与文化关系的基础上，探索如何通过文化的方式传递道德教育内容，或如何通过文化载体传递道德教育内容，并通过采取少数民族易于接受的方式开展道德教育，以促成个体道德品质的形成。文化性是德育的本质属性，道德教育只有转向为文化型德育，只有采用教育者易于接受的文化方式才能取得较好的效果。

（二）有效利用承载德育信息的文化载体

道德教育的目的是向教育对象传递一定社会的道德规范。而包括科学知识、文学艺术、制度文化在内的文化要素承载着一定的价值观和丰富道德教育信息，构成道德教育的载体。这一载体在道德教育过程中为道德教育活动提供具体的加工对象，同时也连接道德教育各个要素，以促使道德教育活动得以运行。可以说，文化载体在道德教育活动中发挥着举足轻重的作用。基于文化的思想道德教育就是要在道德教育中充分利用文化载体，以积极发挥文化要素在道德教育中的载体作用。如何发挥文化要素在道德教育中的载体作用，如何促使道德教育与少数民族文化的具体形式（包括语言符号、传统仪式、风俗习惯、节日活动、文学艺术以及宗教活动等）相结合，也是文化德育的内在要求。

（三）创设具有文化内涵的道德教育环境

任何个体的成长都离不开环境，道德教育也如此。良好的道德教育环境促进个体道德的生成，相反，不良的道德教育环境对个体良好道德的形成起反作用。因此，在道德教育实践活动中，教育者需要创造良好的道德教育环境以促进个体良好道德的有效生成。一定社会条件下产生的法律、道德等社会意识形态及其社会风俗习惯，为人们设计出道德行为规范，形成道德环境，制约和影响着人们的言行。我国各少数民族都创造了各自灿烂的民族文化，这些文化对少数民族产生了深刻影响，它深深地积淀在民族主体的心理结构之中，构成少数民族思想和行为形成的外部条件，形成了少数民族道德教育的环境。利用文化要素创设、优化道德教育环境也是文化德育的内在要求。

（四）利用与开发民族文化中的道德教育资源

人类的一切活动都是依托于一定的资源来实现的。我国少数民族传统文化中蕴含着丰富的德育资源。各民族的道德教育就依赖于民族文化中的德育资源来实现。传统文化的具体形态就是德育资源的具体形态。民族传统文化的形式主要有节日文化、宗教文化、禁忌文化、民族文学等，相应民族文化的德育资源体现为节日文化德育资源、宗教文化德育资源、禁忌文化德育资源、民族文学德育资源等。道德教育总是把一定的道德教育内容和承载道德教育信息的媒介加工后传递给受教育者，而民族文化中的德育资源为道德教育活动过程提供加工对象。在文化德育中，德育工作者需要对物质形态和精神形态德育资源进行加工，挖掘其所蕴含的精神内核，并加工成受教育者易于接受的形式，使其转化为受教育者思想品德素质的一部分。

（五）发掘和阐释德育内容的文化价值内涵

文化德育还包含在道德教育的实践中，需要根据民族传统文化实际对道德教育的具体内容做出符合民族文化传统的阐释。道德在具体实践中表现为一系列的规则与规范。纯粹的道德规范教育是令人生厌的。道德教育的核心是对道德规范所蕴含的文化价值内涵的教育，因为规范的价值内涵是道德规范的基础和精髓，是道德规范的底据。而道德规范的价值内涵蕴含于一定社会的文化之中，蕴含于现实的人文人事之中。道德教育者的重要责任就是阐发和揭示隐藏在道德规范背后的人文价值内涵，即民族德育内容的文化阐释。民族德育内容的文化阐释主要是丰富道德教育内容的民族文化内涵，使道德教育内容充满文化意蕴，而不是仅局限于道德规范的说教。也就是说，在民族道德教育中，如何使公民道德教育的具体内容实现符合具体民族文化的文化阐释与转换也是文化德育探索的内在要求。

三　文化德育实施的必要性与前景

（一）实施文化德育的必要性

首先，以文育德缘于道德教育的文化意蕴。文化是历史凝结成的一种相对稳定的人的生活方式。道德从来就是一个文化范畴。在人类社会中，道德主要是指依靠社会舆论、传统习惯和人的内心信念来维系，并以善恶进行评价的原则规范、心理意识和行为活动的总和。人的存在实质是一种文化存在，道德教育的目的在于促使人的这种文化性的生成。而且道德教育具有一种天生的文化品性，这种文化品性主要在道德教育的目的、主体、内容和方法方面体现出来。在道德教育中，只有从文化的角度思考、理解和把握道德，才能够真正理解道德教育的本质，进而实现道德教育对人的精神的引领。这是因为，"文化提供了物质与符号工具。人类正是通过文化适应所处的生态环境与社会环境，建构关于世界与自我的观念"①。

其次，民族德育的特殊性实质上是民族文化的特殊性。民族间的差异实质是一种文化差异。对民族来说，文化差异具有本质意义，何叔涛指出："民族是从文化的角度来区分的人们共同体，同时又是具有凝聚力的利益集团。构成民族的要素和进行民族识别的标志是共同的历史渊源和语言文化，一定程度的经济联系性和大致相同的经济模式，以及建立在共同体经济文化基础上并受到族际关系所制约而强调

---

① 孟维杰：《心理学文化品性》，黑龙江大学出版社 2007 年版，第 57 页。

共同起源、反映共同利益的民族感情和自我意识。"① 我国是一个多民族国家，各民族在长期的历史发展中都形成了各自独特的传统文化，这些不同的文化"符号"成了各民族各具特色的象征。各个少数民族在对待个人与集体、人与社会、婚姻与家庭、宗教信仰与人生关怀等关系时会产生不同的看法，进而形成不同的文化。不同文化背景下的少数民族形成了不同的道德价值观。因此，在少数民族青少年的道德教育中我们要尊重这种文化上的差异。

最后，以文育德可以提高少数民族道德教育实效。道德教育从来就是一个文化范畴，文化性是道德教育的基本属性。对少数民族来说，文化具有本质上的意义，少数民族间的差异在一定程度上就是一种文化差异。在道德教育过程中，我们要有意识地挖掘利用民族文化开展道德教育。这是因为，各民族都有着自身优良的道德教育传统，而且各少数民族的文化中都蕴含着丰富的道德教育内涵。少数民族传统文化中所蕴含的道德教育内涵为少数民族道德教育提供了深厚的内源性发展动力，这对于提高民族高校少数民族学生的道德教育实效性具有重要意义。正如许瑞芳所指出的："只有根植于深厚的民族文化传统，汲取母体的生命养分，德育才能从根本上实现其内源性的、真正的发展。"② 可以说，基于文化的德育有力地促进了民族德育效果的有效提升。

（二）民族德育之"文化德育"模式的光明前景

首先，文化德育通过积极发挥民族文化的德育功能更能提升德育实效。这是因为，德育与文化间有着密切的内生关系：一是文化对个体道德素质的生成具有潜隐性功能，使个体道德素质在不知不觉中生成；二是作为社会的深层要素，个体或群体在文化作用下生成的道德素质稳固而持久。因此，基于民族文化生成个体德育品质具有较高的实践效率。

其次，文化德育所形成的隐性德育方法更易于为当前中国青少年所接受。中华人民共和国成立以来，我国德育领域的显性德育方法运

① 何叔涛：《略论民族定义及民族共同体的性质》，《民族研究》1993 年第 1 期。
② 许瑞芳：《文化传统：德育现代化的内源性资源》，《教育理论与实践》2005 年第 3 期。

用有余，而隐性德育方法运用不足。这使得德育对象对显性德育方式的反应迟钝，且有反感心理。而文化德育强调德育对象在文化环境中潜移默化地生成德育品质，在参与文化活动中生成德育品质，这更能为教育对象所接受。

再次，文化德育会使德育活动更富有生命活力。文化表现为一系列具体的物质形态，包括民俗博物馆，制度规范、文学艺术、宗教信仰、规约、制度的文本，也包括一系列的仪式活动。在道德教育实践中引入这些承载精神文化的介体，会使道德教育活动更加生动、更有活力。促使个体道德素质在体验、感受中生成，无疑会增强民族德育的实效性和持久生命力。

复次，文化德育是一种新的范式，这种德育范式必定会推动道德教育的深入发展。一种新范式的提出，作为对原有范式的突破本身就是一个巨大的进步与发展，基于文化融入所形成的文化德育范式突破原有的知性德育范式和规范德育范式，是道德教育探索的一个重要进步，从这一意义上说文化德育范式本身就是一大突破。托马斯·库恩指出，一种范式的形成与运用必将会带来科学领域的革命。文化德育范式的提出与形成，除了在理论领域有所创见，在道德教育实践领域也会带来革命性的进展，从而推动道德教育的新发展。

最后，文化德育还能使民族青少年在道德教育中感受到本民族丰富优秀的传统文化，增强民族自信心和民族自觉意识，以更好地认识自己的民族和自身。这是因为，随着时代的发展，少数民族文化消失严重，特别是非物质文化遗产消失速度加快。文化消逝带给民族灾难性的影响，因为文化消逝会使得民族没有自身的信仰、崇拜和寄托，会使其成为社会发展的工具，而找寻不到自身存在的价值和人生寄托。因此，文化德育会使少数民族对自身传统文化更加珍惜。

总之，文化德育是个体德育内涵化的生成方式，也是一种新的德育范式。文化德育不仅促使民族道德素质的有效生成，也能促进民族的自觉意识。为促进少数民族德育和少数民族自身的发展，少数民族道德教育要走文化德育之路。

参考文献

一 著作

1. 《马克思恩格斯全集》（第四十二卷），人民出版社 1979 年版。

2. 《马克思恩格斯全集》（第二十五卷），人民出版社 1974 年版。

3. 《马克思恩格斯选集》（第三卷），人民出版社 1995 年版。

4. 《马克思恩格斯选集》（第四卷），人民出版社 1995 年版。

5. 《马克思恩格斯选集》（第一卷），人民出版社 1995 年版。

6. 《斯大林全集》（第二卷），人民出版社 1953 年版。

7. 《毛泽东选集》（第一卷），人民出版社 1991 年版。

8. 《论语》。

9. 《孟子》。

10. 《公民道德建设实施纲要》，学习出版社 2001 年版。

11. 巴玉玺：《民族思想政治教育环节论》，湖北人民出版社 2012 年版。

12. 陈华洲：《思想政治教育资源论》，中国社会科学出版社 2007 年版。

13. 陈正良：《冲突与整合：德育环境的系统建构》，中国社会科学出版社 2005 年版。

14. 段超：《土家族文化史》，民族出版社 2000 年版。

15. 费孝通：《中华民族多元一体格局》，中央民族大学出版社 1999 年版。

16. 冯建军：《生命与教育》，教育科学出版社 2004 年版。

17. 冯增俊：《教育人类学》，江苏教育出版社 1998 年版。

18. 高发元：《中国西南少数民族道德研究》，云南民族出版社 1990

年版。

19. 高兆明：《伦理学理论与方法》，人民出版社 2005 年版。

20. 龚友德：《中国少数民族道德史》，云南人民出版社 1998 年版。

21. 郭凤志、张澍军：《德育文化论》，中国社会科学出版社 2008 年版。

22. 哈经雄：《中国少数民族高等教育学》，广西民族学院出版社 1991 年版。

23. 贺金瑞、熊坤新、苏日娜：《民族伦理学通论》，中央民族大学出版社 2007 年版。

24. 胡炳章：《土家文化精神》，民族教育出版社 1999 年版。

25. 胡琦：《高校文化德育论》，浙江大学出版社 2014 年版。

26. 黄立之：《先进化论》，上海三联书店 2002 年版。

27. 李伟：《民族伦理与社会和谐》，宁夏人民出版社 2014 年版。

28. 李资源：《文明的呼唤：中国少数民族传统伦理道德研究》，广西人民出版社 2004 年版。

29. 梁漱溟：《中国文化要义》，上海人民出版社 2005 年版。

30. 林耀华：《民族学通论》，中央民族大学出版社 1997 年版。

31. 凌绍崇：《民族教育新论》，民族出版社 2004 年版。

32. 鲁洁、王逢贤：《德育新论》，江苏教育出版社 2000 年版。

33. 鲁洁：《超越与创新》，人民教育出版社 2001 年版。

34. 鲁洁：《当代德育基本理论探讨》，江苏教育出版社 2003 年版。

35. 鲁洁：《道德教育的当代论域》，人民出版社 2005 年版。

36. 鲁洁：《德育新论》，江苏教育出版社 2000 年版。

37. 陆有铨：《皮亚杰理论与道德教育》，北京大学出版社 2012 年版。

38. 《古兰经》，马坚译，中国社会科学出版社 1981 年版。

39. 孟维杰：《心理学文化品性》，黑龙江大学出版社 2007 年版。

40. 沈国权：《思想政治教育环境论》，复旦大学出版社 2002 年版。

41. 沈壮海：《思想政治教育的文化视野》，人民出版社 2005 年版。

42. 沈壮海：《思想政治教育有效性研究》，武汉大学出版社 2008 年版。

43. 沈壮海：《文化软实力及其价值之轴》，中华书局 2013 年版。

44. 司马云杰：《文化价值论》，山东人民出版社 1996 年版。

45. 宋仕平：《土家族传统制度与文化研究》，民族出版社 2005 年版。

46. 檀传宝：《信仰教育与道德教育》，教育科学出版社 2000 年版。

47. 唐凯麟：《中华民族道德生活史研究》，金城出版社 2008 年版。

48. 滕星：《族群、文化与教育》，民族出版社 2002 年版。

49. 万俊人：《20 世纪西方伦理学经典——伦理学前沿：道德与社会》，中国人民大学出版社 2005 年版。

50. 万明钢：《多元文化视野价值观与民族认同研究》，民族出版社 2006 年版。

51. 王飞：《云南少数民族传统文化与道德教育研究》，云南大学出版社 2009 年版。

52. 王仕民：《德育文化论》，中山大学出版社 2007 年版。

53. 王仕民：《文化视域：大学生心理健康教育》，中山大学出版社 2013 年版。

54. 夏连海：《文化德育之光》，北京师范大学出版社 2013 年版。

55. 徐柏才：《民族思想政治教育学导论》，民族出版社 2011 年版。

56. 徐柏才：《中国共产党民族思想政治教育简史》，民族出版社 2013 年版。

57. 易小明：《民族伦理文化研究》，湖南大学出版社 2013 年版。

58. 殷海光：《中国文化的展望》，中国和平出版社 1988 年版。

59. 张岱年：《张岱年全集》（第七卷），河北人民出版社 2007 年版。

60. 张焕庭：《西方资产阶级教育论著选》，人民出版社 1979 年版。

61. 张澍军：《德育文化论》，中国社会科学出版社 2010 年版。

62. 张耀灿等：《现代思想政治教育学》，人民出版社 2001 年版。

63. 张忠利等：《中西文化概论》，天津大学出版社 2003 年版。

64. 赵志毅：《中国民族德育论纲》，民族出版社 1998 年版。

65. 郑英杰：《中国少数民族伦理文化通论》，中国文史出版社 2002 年版。

66. 郑永廷：《思想政治教育方法论》，高等教育出版社 2010 年版。

67. 周兴茂：《土家族的传统伦理道德与现代转型》，中央民族大学出版社 1999 年版。

68. 朱炜：《文化视域中的高校德育研究》，学林出版社 2008 年版。

69. ［德］博尔诺夫：《教育人类学》，李其龙译，华东师范大学出版社 1999 年版。

70. ［德］恩斯特·卡西尔：《人论》，甘阳译，上海译文出版社 1985 年版。

71. ［德］兰德曼：《哲学人类学》，阎嘉译，贵州人民出版社 1988 年版。

72. ［德］罗伯特·施佩曼：《道德的基本概念》，沈国琴等译，上海世纪出版集团 2007 年版。

73. ［德］马勒茨克：《跨文化交流》，潘亚玲译，北京大学出版社 2001 年版。

74. ［德］雅斯贝尔斯：《什么是教育》，邹进译，生活·读书·新知三联书店 1991 年版。

75. ［法］德拉诺瓦：《民族与民族主义：理论基础与历史经验》，郑文彬等译，生活·读书·新知三联书店 2005 年版。

76. ［法］维克多·埃尔：《文化的概念》，康新文、晓文译，上海人民出版社 1988 年版。

77. ［美］R. D. 赫斯利普：《美国人的道德教育》，王邦虎译，人民教育出版社 2003 年版。

78. ［美］杜威：《道德教育原理》，王承绪等译，浙江教育出版社 2003 年版。

79. ［美］格尔茨：《文化的解释》，纳日碧力戈等译，上海人民出版社 1999 年版。

80. ［美］怀特：《文化科学——人和文明的研究》，曹锦清等译，浙江人民出版社 1980 年版。

81. ［美］霍尔等：《道德教育的理论与实践》，陆有铨、魏贤超译，浙江教育出版社 2003 年版。

82. ［美］科尔伯格：《道德教育的哲学》，魏贤超等译，浙江教育出版社 2003 年版。

83. ［美］露丝·本尼迪克特：《文化模式》，王炜等译，生活·读书·新知三联书店 1992 年版。

84. ［美］罗伯特·斯滕伯格等：《教育心理学》，张厚粲译，中国轻工业出版社 2003 年版。

85. ［美］托马斯·库恩：《科学革命的结构》，金吾伦、胡新和译，北京大学出版社 2003 年版。

86. ［日］祖父江孝男：《简明文化人类学》，季红真译，作家出版社 1987 年版。

87. ［瑞士］皮亚杰：《儿童的道德判断》，陆有铨译，山东教育出版社 1984 年版。

88. ［英］C. W. 沃特森：《多元文化主义》，叶兴艺译，吉林人民出版社 2005 年版。

89. ［英］爱德华·泰勒：《原始文化》，连树声译，上海文艺出版社 1992 年版。

90. ［英］彼得斯：《道德发展与道德教育》，邬冬星译，浙江教育出版社 2000 年版。

91. ［英］马林诺夫斯基：《文化论》，费孝通等译，中国民间文艺出版社 1987 年版。

92. ［英］特里·伊格尔顿：《理论之后》，商正译，商务印书馆 2009 年版。

93. ［英］约翰·威尔逊：《道德教育新论》，蒋一之译，浙江教育出版社 2003 年版。

94. Ron Best, *Education for Spiritual, Moral, Social and Cultural Development*, Continuum International Publishing, 2000.

95. Samuel Sidwell Randall, Henry Stephens Randall, *Mental and Moral Culture, and Popular Education*, Nabu Press, 2010.

96. Robert D. Heslep, *Moral Education for Americans*, Praeger Publishers Inc., 1995.

97. Robert Cassie Waterston, *Thoughts on Moral and Spiritual Culture*, Na-

bu Press，2010.

98. Committee on Minority Representation in Special Education，*Minority Students in Special and Gifted Education*，National Academies Press，2002.

99. Beth Harry，*Why Are So Many Minority Students in Special Education？Understanding Race & Disability in Schools*，Teachers' College Press，2014.

100. Zvi Bekerman，Ezra Kopelowitz，eds.，*Cultural Education – Cultural Sustainability：Minority，Diaspora，Indigenous and Ethno – Religious Groups in Multicultural Societies*，Lawrence Erlbaum Associates Inc.，2008.

二　论文

1. 巴玉玺:《对民族思想政治教育资源的理论探究》,《社科纵横》2014 年第 3 期。

2. 班华:《民族文化与民族教育三题》,《教育文化论坛》2011 年第 4 期。

3. 陈成文、孙嘉悦:《社会融入:一个概念的社会学意义》,《湖南师范大学社会科学学报》2012 年第 4 期。

4. 陈万柏:《论思想政治教育文化载体的特征和功能》,《求索》2005 年第 5 期。

5. 陈泽环:《道德建设的文化根基性》,《上海师范大学学报》(哲学社会科学版) 2007 年第 9 期。

6. 程少波:《教育本质研究之批判》,《教育理论与实践》1995 年第 4 期。

7. 崔延虎:《文化濡化与民族教育研究》,《新疆师范大学学报》(哲学社会科学版) 1995 年第 4 期。

8. 戴岳:《论少数民族习俗文化的伦理价值与教育意蕴》,《贵州民族研究》2007 年第 6 期。

9. 董海霞:《文化视域下的道德教育研究》,博士学位论文,山东师范大学,2010 年。

10. 董杰：《关于民族思想政治教育内容、特征及其研究走向的思考》，《思想政治教育研究》2012 年第 10 期。

11. 董同彬：《高职文化德育的困境分析》，《教育与职业》2011 年第 11 期。

12. 董同彬：《文化德育：高校思想政治教育新路径》，《成人教育》2011 年第 12 期。

13. 杜时忠：《2008 年德育年会述评》，《教育研究与实验》2009 年第 2 期。

14. 杜时忠：《我国教育文化学研究的回顾与前瞻》，《江苏教育学院学报》（社会科学版）1998 年第 3 期。

15. 费孝通：《反思·对话·文化自觉》，《北京大学学报》（哲学社会科学版）1997 年第 3 期。

16. 冯建军：《主体道德教育与生活》，《教育研究》2002 年第 5 期。

17. 高力：《原始宗教与民族道德》，《思想战线》1999 年第 3 期。

18. 何叔涛：《略论民族定义及民族共同体的性质》，《民族研究》1993 年第 1 期。

19. 黄柏权：《土家族传统文化的特质》，《中南民族学院学报》2002 年第 8 期。

20. 黄小玲：《企业文化与高职德育工作融合之探析》，《职业时空》2012 年第 1 期。

21. 黄燕熙：《探索民族道德建设新路径》，《中国文化报》2004 年 8 月 19 日。

22. 蒋琪纯：《闽南文化在高校德育的运用研究》，硕士学位论文，华侨大学，2013 年。

23. 金志远：《论多元文化视域下的民族教育价值取向》，《西南民族大学学报》2010 年第 3 期。

24. 瞿州莲：《论湘西土家族传统伦理道德的现代转型》，《贵州民族学院学报》2011 年第 3 期。

25. 郎小倩：《家庭文化的德育功能及其实现》，硕士学位论文，延边大学，2014 年。

26. 李保平：《少数民族传统文化与民族地区高校德育教育》，《宁夏社会科学》2007 年第 3 期。

27. 李建华、冯丕红：《论道德继承》，《伦理学研究》2011 年第 4 期。

28. 李培明：《春晖中学"文化德育"界说》，《中小学心理健康教育》2007 年第 1 期。

29. 李培明：《春晖中学文化德育的理论与实践》，《中国德育》2006 年第 10 期。

30. 李晓元：《闽南文化德育资源现代转化研究——从闽南文化思想政治教育概念说起》，《理论界》2014 年第 11 期。

31. 梁修杰：《广西少数民族传统节庆文化的德育价值》，《中华文化论坛》2014 年第 1 期。

32. 刘合群、柴培：《基于文化视角的高职德育评价导向性研究》，《中国职业技术教育》2014 年第 4 期。

33. 刘赫：《地域文化在思想政治教育中的作用研究——以晋商文化为例》，硕士学位论文，山西财经大学，2010 年。

34. 刘淼炜：《儒家思想文化的现实德育功能》，《教育学术月刊》2012 年第 1 期。

35. 刘武军：《少数民族传统德育探析》，《教育探索》2011 年第 8 期。

36. 刘孝生：《广西少数民族思想政治教育的特点探究》，《法制与社会》2008 年第 12 期。

37. 鲁洁：《边缘化　外在化　知识化——道德教育的现代综合症》，《教育研究》2005 年第 12 期。

38. 鲁洁：《超越性的存在——兼析病态适应的教育》，《华东师范大学学报》2007 年第 4 期。

39. 鲁洁：《生活·道德·道德教育》，《教育研究》2006 年第 10 期。

40. 鲁洁：《市场经济与道德教育价值取向》，《求是》1994 年第 1 期。

41. 陆有铨：《关于学生人文精神的养育》，《教育学报》2005 年第

6 期。

42. 路林：《探索"文化德育"模式，推进德育创新》，《河南社会科学》2011 年第 9 期。

43. 罗洪铁等：《文化环境：思想政治教育运行的新视界》，《马克思主义研究》2007 年第 3 期。

44. 罗箭华：《论少数民族道德传统的特征及影响》，《柳州师专学报》2002 年第 3 期。

45. 马丽君：《民族教育的文化人类学解释》，《青海民族研究》2006 年第 10 期。

46. 马明辉：《现代德育的文化诉求——"文化德育模式"建构的现实基础》，《教书育人》2010 年第 1 期。

47. 孟立军：《试论土家族教育发展的历史特点》，《民族论坛》1994 年第 8 期。

48. 欧玲、邱世兵：《多元文化境遇下的土家族道德教育对策思考》，《长春大学学报》2012 年第 10 期。

49. 戚万学：《当前中国道德教育的文化困惑与文化选择》，《教育研究》2009 年第 10 期。

50. 齐卫平：《基于文化自觉和文化自信的思想政治教育反省》，《思想理论教育》2012 年第 1 期。

51. 邱世兵：《论民族文化对少数民族大学生政治认同的影响》，《吉林师范大学学报》2014 年第 1 期。

52. 邱世兵：《论少数民族传统文化的德育价值》，《学校党建与思想教育》2014 年第 5 期。

53. 邱世兵：《民族院校大学生马克思主义理论接受、认同教育规律浅探》，《四川民族学院学报》2014 年第 1 期。

54. 邱世兵：《民族院校开放办学新路径》，《光明日报》2001 年 6 月 20 日。

55. 邱世兵：《少数民族大学生政治认同教育的策略浅论》，《湖北广播电视大学学报》2014 年第 1 期。

56. 邱世兵：《文化视角下的民族院校道德教育浅论》，《学校党建与思想教育》2012 年第 5 期。

57. 邱世兵：《影响少数民族大学生政治认同的主要因素》，《天中学刊》2014 年第 1 期。

58. 邱振常：《思想政治工作与"文化"接轨的思考》，《江西社会科学》1997 年第 12 期。

59. 沈壮海：《关注思想政治教育的文化性》，《思想理论教育》2008 年第 2 期。

60. 石书臣：《中国优秀传统文化与现代德育的内在联系》，《思想理论教育》2012 年第 2 期。

61. 舒乙：《传统文化与道德教育》，《中国德育》2008 年第 7 期。

62. 苏景霞：《礼仪范畴下云南少数民族认知维层的道德教育》，《贵州民族研究》2014 年第 5 期。

63. 苏振芳：《论思想政治教育的文化自觉》，《思想教育研究》2012 年第 2 期。

64. 覃明兴：《大资源：现代社会发展的支撑系统》，《社会科学》1999 年第 5 期。

65. 唐会荣：《文化德育的价值初探》，《当代教育论坛》2011 年第 12 期。

66. 万建中：《政治与道德的关系》，《宝鸡文理学院学报》2006 年第 2 期。

67. 汪明：《文化德育校本架构与实践研究》，《华人时刊》2014 年第 8 期。

68. 王东莉：《论思想政治教育的人文关怀价值》，《浙江大学学报》（社会科学版）1993 年第 4 期。

69. 王海燕：《试论教育研究的文化意识》，《江苏大学学报》（高教研究版）2003 年第 2 期。

70. 王鉴：《多元文化教育：西方少数民族教育的实践及其启示》，《广西民族研究》2004 年第 3 期。

71. 王军：《民族教育须植根于民族文化的土壤》，《中国民族教育》2010 年第 11 期。

72. 王嫚：《藏族生态文化对生态道德教育的启示》，硕士学位论文，青海大学，2010 年。

73. 王伟珍：《现代道德教育的文化缺失与拯救》，硕士学位论文，河南师范大学，2014 年。

74. 王啸：《道德教育的文化内涵》，《内蒙古教育》2009 年第 17 期。

75. 韦庆华：《论学校教育中的文化思维》，《扬州大学学报》（高教研究版）2001 年第 1 期。

76. 吴黛舒：《文化学和教育学中的"文化"研究》，《华东师范大学学报》（教育科学版）2005 年第 3 期。

77. 吴广庆：《思想政治教育的文化融入研究》，博士学位论文，中共中央党校，2013 年。

78. 吴建强：《大学学校文化及其对教师的影响——中英比较对我们的启示》，《教育学报》2005 年第 4 期。

79. 吴蓉：《少数民族传统文化德育资源在思想政治教育中的开发与利用》，《西南民族大学学报》2012 年第 10 期。

80. 吴文定：《论少数民族民间文学的德育功能》，《民族教育研究》2009 年第 6 期。

81. 向东：《生态道德教育中融入少数民族德育资源的思考》，《西南民族大学学报》2010 年第 6 期。

82. 熊坤新：《当代中国少数民族地区的传统道德在道德教育中的功能与作用问题》，《贵州民族研究》1995 年第 2 期。

83. 熊坤新：《论民族道德与政治道德》，《西南民族大学学报》2007 年第 2 期。

84. 徐柏才等：《民族思想政治教育内容研究》，《思想教育研究》2014 年第 2 期。

85. 许瑞芳：《文化传统：德育现代化的内源性资源》，《教育理论与实践》2005 年第 3 期。

86. 许瑜：《非物质文化遗产在高校德育中的运用研究——以泉州高校为例》，硕士学位论文，华侨大学，2014 年。

87. 李保平：《少数民族传统文化与民族地区高校德育教育》，《宁夏社会科学》2007 年第 3 期。

88. 薛晓阳：《文化认同：道德教育的道德责任》，《中国德育》2007 年第 12 期。

89. 杨爱华：《加强校园文化德育功能路径新探》，《学校党建与思想教育》2008 年第 9 期。

90. 杨千菊：《近 20 年土家族教育研究述评》，《民族论坛》2007 年第 10 期。

91. 杨涛、曾长秋：《地方文化资源与体验式德育教育结合的对策研究》，《湖南社会科学》2014 年第 3 期。

92. 叶澜：《世纪之交中国学校教育文化使命之思考》，《天津市教科院学报》1996 年第 5 期。

93. 叶澜：《试析中国当代道德教育内容的基础性构成》，《教育研究》2001 年第 9 期。

94. 余慧斌：《文化、道德和人格教育》，《上海教育》2004 年第 2 期。

95. 袁建华：《论人文关怀与少数民族高校德育》，《贵州民族研究》2001 年第 6 期。

96. 张迪：《文化自觉视域下高校思想政治教育实效研究》，《中国青年政治学院学报》2014 年第 1 期。

97. 张蓉蓉：《教育与文化传承：贵州少数民族教育存在的两个问题》，《贵州民族研究》2008 年第 6 期。

98. 张维贵：《论德育教育与民族传统文化》，《黑龙江民族丛刊》2009 年第 1 期。

99. 张筱强：《提高思想政治工作的文化含量》，《思想政治工作研究》2009 年第 9 期。

100. 赵辛辰：《构建文化德育模式　打造特色德育品牌》，《江苏教育报》2011 年 4 月 25 日。

101. 赵永文：《少数民族传统文化德育价值研究》，硕士学位论文，武汉理工大学，2013 年。

102. 赵志敏：《民族德育学的研究对象、内容和方法》，《教育评论》

1994 年第 10 期。

103. 赵志业等：《思想政治教育范式研究反思及文化范式出场》，《思想政治教育研究》2014 年第 8 期。

104. 郑忠梅、秦在东：《文化视野：思想政治教育研究的新范式》，《学校党建与思想教育》2006 年第 5 期。

105. 周卫：《对我国少数民族地区大学生思想道德教育特殊性的思考》，《中国高教研究》2009 年第 8 期。

106. 周兴茂：《论土家族的优良道德传统》，《湖北民族学院学报》1996 年第 8 期。

107. 周勇：《论教育研究的文化学路向》，《教育研究》2000 年第 8 期。

108. 周作宇：《教育：文化与人的互动》，《清华大学教育研究》1999 年第 4 期。

109. 朱秘颖、银燕：《孝文化与大学生德育路径的融合》，《盐城师范学院学报》2013 年第 6 期。

110. 朱前星、彭秀珍：《少数民族道德建设的民族性》，《湘潭师范学院学报》2003 年第 9 期。

111. 朱双：《中学德育课程中开发乡土文化资源的研究——以湖南师大附中开发乡土文化资源为例》，硕士学位论文，湖南师范大学，2014 年。

112. 朱艳敏：《"民族思想政治教育"概念解析》，《民族论坛》2013 年第 4 期。

113. Douglas R. May, Matthew T. Luth, Catherine E. Schwoerer, "The Influence of Business Ethics Education on Moral Efficacy, Moral Meaningfulness, and Moral Courage: A Quasi-Experimental Study", *Journal of Business Ethics*, 2013 (1).

114. Bruce Maxwell, Darcia Narvaez, "Moral Foundations Theory and Moral Development and Education", *Journal of Moral Education*, 2013 (3).

115. Polycarp Ikuenobe, "Moral Education and Moral Reasoning in Traditional African Cultures", *The Journal of Value Inquiry*, 1998 (1).

116. L. D. Keita, "A Reply to Ikuenobe: Moral Education and Moral Rea-soning in Traditional African Cultures", *The Journal of Value Inquiry*, 2001 (1).

117. Katherine Infantine, "The Soul of a Nation: Culture, Morality, Law, Education, Faith", *First Things: A Monthly Journal of Religion and Public Life*, 2013 (234).

118. Ann Dummett, "Race, Culture and Moral Education", *Journal of Moral Education*, 1986 (1).

119. Miriam Bar – Yam, "Moral Reasoning of Students in Different Cultur-al, Social, and Educational Settings", *American Journal of Educa-tion*, 2003 (3).

120. Marie McAndrew, Julia Ipgrave and Amina Triki – Yamani, "The Ed-ucation of Minority Muslim Students: Comparative Perspective", *Jour-nal of International Migration and Integration*, 2010 (1).

121. Holger Daun, Reza Arjmand, "Education in Europe and Muslim De-mands for Competitive and Moral Education", *International Review of Education*, 2005 (5).